DARWINISMO DIGITAL

Tom Goodwin

DARWINISMO DIGITAL

TRADUÇÃO
UBK Publishing House

© 2018, Tom Goodwin
Copyright da tradução © 2020, Ubook Editora S.A.

Publicado mediante acordo com Kogan Page Limited. Edição original do livro *Digital Darwinism:Survival of the fittest in the age of business disruption*, publicada por Kogan Page Limited.

Todos os direitos reservados. Nenhuma parte deste livro pode ser utilizada ou reproduzida sob quaisquer meios existentes sem autorização por escrito dos editores.

COPIDESQUE	Rowena Esteves
REVISÃO	Iana Araújo e Adriana Fidalgo
CAPA ORIGINAL	Bruno Santos
DIAGRAMAÇÃO	Abreu's System
IMAGEM DE CAPA	Jackie Niam/Shutterstock

Dados Internacionais de Catalogação na Publicação (CIP)
(Câmara Brasileira do Livro, SP, Brasil)

Goodwin, Tom
　　Darwinismo digital: a sobrevivência do mais forte na era da disrupção / Tom Goodwin; tradução UBK Publishing House. – Rio de Janeiro: Ubook Editora, 2020.

　　Título original: Digital Darwinism: survival of the fittest in the age of business disruption
　　Bibliografia
　　ISBN 978-65-86032-39-0

　　1. Comércio eletrônico 2. Inovações tecnológicas – Administração I. Título.

20-35202   CDD-658.05

Índices para catálogo sistemático:
1. Transformaçao digital: Administração   658.05

Cibele Maria Dias – Bibliotecária – CRB-8/9427

Ubook Editora S.A
Av. das Américas, 500, Bloco 12, Salas 303/304,
Barra da Tijuca, Rio de Janeiro/RJ.
Cep.: 22.640-100
Tel.: (21) 3570-8150

Sumário

Agradecimentos 7
Prefácio 9

Os negócios na era da disrupção 15

PARTE UM – MUDANÇA DE CONTEXTO
1. A revolução elétrica que nunca existiu 45
2. As três eras da tecnologia 67
3. Libertando o poder da mudança de paradigma 93

PARTE DOIS – LIBERTANDO O PODER DO AGORA
1. Transformação digital 121
2. Iniciando sua disrupção 138
3. A atual dinâmica empresarial 159

PARTE TRÊS – ANTECIPANDO O FUTURO
1. Uma tela de mudança 185
2. Preparação para o novo mundo 208
3. Nos preparando para o futuro 230
4. Um último exame nas pessoas 251

Referências 263

Agradecimentos

Quero agradecer à minha família e a meus amigos, desde que me perdoem por ter sido uma companhia terrível no último ano. Ter um livro dentro de você é como estar grávida em sua cabeça. Essa gestação em meu cérebro foi tão longa que me tornei egoísta, mal-humorado e introspectivo.

Agradeço as respostas que recebi às minhas provocações nas redes sociais, que me levaram a tantas conversas e aprendizados.

Quero agradecer aos meus pais por terem acreditado sempre em mim, mas sem me pressionar. Por me fazerem essa pessoa teimosa cheia de boas intenções que sou, por incutir em mim a crença de que todos e tudo devem ser desafiados, mas de uma forma agradável, e de que ouvir é mais importante do que falar. Quero agradecer a Shann Biglione, Nick Childs e Adi Kurian pelos seus conselhos em momentos-chave na elaboração deste livro.

E quero agradecer especialmente a Adriana Stan, que acreditou em mim desde o primeiro dia e quando eu não acreditei. Por enxergar um certo talento em mim e por alimentá-lo. Você me inspirou e me incentivou a escrever há muitos anos, e você está por trás (de diversas formas) de praticamente todo o sucesso que eu tive até hoje ao escrever e discursar.

Prefácio

Bem-vindo(a) ao meu primeiro livro.

    Esta é uma frase que nunca imaginei escrever, sou um escritor de qualquer coisa muito improvável. Nunca foi meu sonho ser um líder de pensamento de qualquer tipo, ou discursar em eventos. As palavras transbordam dos meus dedos – não como uma espécie de missão romântica, um objetivo grandioso ou um item teimosamente descolado em uma lista de tarefas –, mas porque eu me importo. Este livro é relutante, foi impulsionado por uma enorme necessidade de divulgar alguns pensamentos, suscitar um debate, explorar uma nova maneira de conectar ideias e de ver a mudança no mundo.

    Apesar de já ter publicado 250 artigos nos últimos dois anos, escrever este livro foi a coisa mais difícil que já fiz. Eu raramente exijo mais de trinta minutos da atenção de alguém, então a pressão que sinto para mantê-lo interessado pelas horas que levará até ler este livro é enorme. Suponho que os melhores autores tenham empatia suficiente para lidarem com as dúvidas sobre si mesmos. Será que tenho assunto suficiente para escrever? Isso é novo e profundo? É interessante e relevante? Será que tenho o equilíbrio certo de ingenuidade e confiança, conhecimento e frescor para questionar as coisas a partir de uma visão desinteressada? Como minhas paixões são profundas, estou constantemente me perguntando se me importo muito ou não me importo o suficiente, se estou sendo objetivamente crítico ou simplesmente desprezível. Este livro não está aqui para ser catártico, mas esclarecedor.

Acima de tudo, eu me perguntava se este livro deveria consistir em pensamentos inteiramente novos ou se eu deveria apenas pegar algumas das peças mais provocadoras, interessantes e bem recebidas, e tecer um fio de novo pensamento para conectá-las. No final, este livro é uma mistura. Comecei com uma folha em branco do que eu queria dizer, uma narrativa holística para ajudar, da melhor maneira e em tempos incertos, as empresas, tudo isso enfeitado com alguns trechos dos meus melhores trabalhos. Este livro é uma nova viagem, recorrendo a alguns territórios familiares pelo caminho. Espero que seja tranquilizador, em vez de repetitivo.

Para ter certeza de que você pode acompanhar essa jornada, fiz o meu melhor para estruturá-la de forma muito clara. Há três partes neste livro, abrangendo o passado, o presente e o futuro. Cada uma tem três capítulos que abrangem diferentes lições, ideias, teorias ou pontos de vista. Além desses nove capítulos, há um capítulo para apresentar as ideias que explorei e para fornecer uma plataforma para a compreensão, bem como um capítulo final para focalizar o que foi discutido e para te guiar na sua jornada.

UM MUNDO EM RÁPIDA TRANSFORMAÇÃO

Estou certo de que aqueles que viveram a Revolução Agrária devem ter ficado entusiasmados com esses "tempos de transformação", e aqueles que visitaram os primeiros arranha-céus na Nova York do início dos anos 1900 teriam sem dúvida sentido uma incrível sensação de animação e aceleração da vida, mas é o momento atual que parece ser o melhor de todos para se viver. Estamos em uma era em que as mudanças existenciais percorrem muitos aspectos do mundo à nossa volta, e onde coisas incríveis que mal podíamos imaginar estão se tornando rapidamente possíveis. É uma era onde a vida, a saúde e a riqueza da população mundial progrediram muito mais rapidamente do que jamais imaginávamos; onde o custo de baterias, de energia solar e de outros elementos fundamentais que irão impulsionar a humanidade para uma nova era está caindo mais depressa do que as previsões mais otimistas. Estes são tempos em que o otimismo deve ser abundante e a animação deve ser palpável. Devemos, em todas as indústrias, acordar prontos, energizados e inspirados por isso – mas raramente isso acontece.

Vemos o surgimento de *fake news*, trabalhadores em greve com seus serviços ameaçados pelo Uber ou por robôs ou contratos de trabalho intermitentes. Vemos empresas declarando falência em um ritmo alarmante ou fusões do esperançoso com o desesperado. A imprensa espalha o medo do que a inteligência artificial (IA) trará para nós, as pessoas falam de tributação sobre robôs e da ideia da renda básica universal. Exploramos desafios que parecem diferentes daqueles que os precederam, mais penetrantes, substanciais e existentes. A IA está ameaçando roubar os empregos de "pessoas como nós". Do aumento da desigualdade financeira ao aumento da intolerância política ou do extremismo religioso, podemos sentir o mundo rangendo sob as mudanças.

Parece um planeta no limite. A proximidade de abundância e de saúde vai ao encontro do desespero. Enquanto o mundo desenvolvido parece olhar com confiança para o futuro, muito do ocidente parece estar atraído pela nostalgia e pelo conforto do passado. As tensões entre o otimismo e o pânico estão por todo o lado. A internet deveria estar acabando com a ignorância, espalhando a tolerância e a empatia, e, no entanto, é utilizada como arma para promover pontos de vista extremistas que são normalizados. Será que a globalização é uma coisa boa? Será que a migração está ajudando a diversidade? Será que a liberdade está crescendo? Será que o poder de Google, Apple, Facebook e Amazon está se tornando muito grande, rápido demais, e eles estão fora do alcance do governo?

ENFRENTANDO O CONSENSO

Essas vastas questões, combinadas com a disponibilidade ilimitada de conhecimento na internet, devem conduzir a um grande debate. No entanto, não o vejo acontecendo.

Vejo um consenso casual na maioria das frentes. A minha motivação para escrever este livro vem de um grande sentimento de frustração. Sinto apaixonadamente que muito do que falamos no ambiente de negócios mais amplo é um completo disparate, e que muito do que escrevemos hoje é apenas pensamento coletivo. Sinto-me motivado porque melhores perguntas conduzem a um trabalho melhor e a um progresso mais significativo, e fico frustrado com a vacuidade das conversas e a falta de discurso para o bem. Em tempos em que as coisas parecem caóticas, a maioria das pessoas está tão interessada em sentir que compreende o mundo, que aceita cegamente o que parece fazer sentido sem o desafiar. Prefiro um pouco mais de debate socrático e um pouco menos de retweets automáticos e irreflexivos.

Quando leio sobre os mundos dos negócios e do marketing, da publicidade ou da tecnologia, fico impressionado com a falta de conversas reais sobre as grandes questões e com a banalidade e o pensamento quase-acadêmico que existem em tantos livros de negócios. Neste livro serei curioso e subversivo. Vou questionar o trabalho de pessoas muito mais brilhantes, mais experientes e mais capazes do que eu. Com sorte, vou desafiar *você*. Farei perguntas profundas, existenciais e até ingênuas. Perguntas que as pessoas não vocalizam porque sabem que são tão difíceis que parece estúpido e até rude fazê-las. Sempre acreditei que os melhores consultores de inovação não colam inúmeros papeizinhos de post-it na parede, fazem exercícios de mapeamento em três etapas ou sentam-se em sofás descolados com uma tela em branco: eles são como crianças de oito anos que nunca param de questionar os motivos, não têm certezas e não perdoam desculpas porque são idealistas.

A VIAGEM COMEÇA AQUI

Foram necessários quatro anos de reflexão e pesquisa para escrever este livro em seis meses. Ele foi produzido em trens na Noruega, em centros de conferências no Peru, em hotéis em Sydney, em bares no interior da Turquia. Alguns capítulos vieram das coberturas de arranha-céus em Dubai, outros de estranhos cafés de rua em Deli ou de pequenas aldeias na Úmbria. Fui inspirado em Auckland, confundido na Colômbia e iluminado na Romênia rural.

Tenho sorte de ter um cargo que me permite falar, escrever e observar ao redor do mundo, e aprendo mais ouvindo. O meu trabalho é ligar pontos, ver semelhanças e diferenças. Este livro é baseado no que aprendi ao ler jornal no Canadá, ouvir trabalhadores preocupados em Shenzhen, falar com funcionários do governo na Espanha ou conversar durante jantares em Curitiba. As ideias e os temas deste livro juntaram-se a partir dessa amplitude e profundidade.

Tendo passado por isso, acho impossível não ver os temas comuns, o pânico, a animação e a energia em todo o mundo. O que une cada vez mais as pessoas, de formas que elas talvez ignorem, é o contraste entre a esperança e o medo, o sentimento de confusão sobre a mudança. Este livro foi concebido para simplificar a complexidade desse momento. Destina-se a separar as mudanças que importam das que não importam. Foi pensado para se inspirar no passado de forma a compreender o futuro, olhar para o que está mudando e, acima de tudo, para o que não está. Este livro está aqui para se zangar com o que estamos fazendo atualmente, porque o que podemos conquistar em breve será incrível. Mais do que qualquer outra coisa, este livro é para aqueles que querem ter um ombro amigo no caos desse momento de pico de complexidade.

Este livro tem sido um malabarismo. Tentei traçar um caminho entre opiniões pessoais e um pensamento mais fundamentado e acadêmico. Eu procurei cobrir material suficiente para mantê-lo interessante, mas com profundidade suficiente para torná-lo útil. Espero ter feito perguntas, plantado ideias e coberto soluções potenciais, mas este livro não está aqui para dar todas as respostas. Não me cabe fazer isso. Eu o escrevi da única maneira que sabia. Tornei-o desafiador, pessoal e, espero, alegre. Ele é deliberadamente irritante, porque esse é um momento em que precisamos desafiar o pensamento convencional, explorar tensões que preferimos não explorar, e fico feliz em encorajar conversas vitais.

Então, sente-se. Espero que esteja tão irritado quanto inspirado. Que esteja entretido e informado. Espero que concorde veementemente e discorde massivamente em diferentes pontos dessa jornada e, mais do que qualquer outra coisa, espero inspirá-lo a pensar de forma diferente e a compartilhar suas opiniões sobre esses estímulos, comigo e com qualquer outra pessoa que você julgue melhor.

Para a maioria das indústrias, aqueles com papéis-chave nos negócios enfrentam duas escolhas: gerir o declínio ou reconstruir e prosperar. Sei qual dos caminhos eu preferia tomar, e este livro está aqui para ajudar.

Os negócios na era da disrupção

"EU NÃO COMEÇARIA DAQUI"

Há uma história sobre um homem que, perdido nas mais profundas zonas rurais da Irlanda, aproximou-se de um transeunte que pastorava ovelhas ao longo da estrada. Abaixando a janela do carro, o homem pergunta qual é o caminho para Dublin. O homem local respira fundo e pensa muito antes de responder: "Bem, senhor, se eu fosse você, eu não começaria daqui".

Não é a melhor piada, mas é uma metáfora razoável para os negócios de hoje. Quando confrontados com os ventos da mudança, muitos de nós são instáveis, repletos de um legado de decisões bem-intencionadas e razoáveis, mas que, em retrospectiva, parecem insensatas. Esse efeito cumulativo resultante significa que muitas empresas simplesmente não estão aptas a competir com outras empresas mais jovens hoje em dia. Sem nenhum sinal claro de um caminho à frente, pergunto-me quantas empresas gostariam de poder começar de outro lugar?

As empresas, como as pessoas, são manifestações de todas as decisões já tomadas. São o resultado de anos de acumulação de empregados, aquisição de negócios, herança de bens, sistemas, culturas. Durante muitos anos, o ritmo da mudança foi suficientemente lento para que essas carcaças pudessem se adaptar ao longo do tempo. Os líderes construíam novas unidades, os gerentes começavam novas iniciativas, a mudança poderia ser reforçada. No entanto, três coisas aconteceram.

O MUNDO MUDOU

Como espécie, os seres humanos são projetados para viver em um mundo que é local e linear; no entanto, o ritmo da mudança aumentou, a mudança é global e exponencial, mas as empresas são praticamente as mesmas. O mundo parece mudar mais drasticamente e mais rapidamente do que nunca e, em muitos aspectos, esse ritmo de mudança está acelerando. Ao mesmo tempo, a capacidade de muitas empresas para mudar e adaptar-se não progrediu. Muitas empresas não são suficientemente ágeis para reconfigurar, reestruturar ou mudar tão rapidamente quanto as expectativas dos consumidores e a demanda do ambiente de negócios, ou tão rapidamente quanto seus concorrentes.

Em segundo lugar, as vantagens de tamanho desmoronaram lentamente. As grandes empresas sempre tiveram enormes vantagens sobre as empresas menores. Elas podiam negociar grandes descontos em custo de mercadorias, alavancar sua posição para ganhar distribuição, conseguiam gastar grandes somas em publicidade, atrair os melhores funcionários ou pedir dinheiro emprestado sempre que necessário. Com a internet, a dinâmica de mudança dos negócios significa que, lentamente, muitos dos benefícios de ser grande estão sendo eliminados. Na verdade, cada vez mais, o que antes tornava as empresas poderosas, como proprietários de ativos, especialistas, grandes forças de trabalho, marcas históricas, está, até certo ponto, se tornando empecilho e dificultando a mudança.

Em terceiro lugar, vemos empresas insurgentes, construídas para a era moderna, mudarem o mercado. Observamos a ascensão das companhias que ignoraram toda a sabedoria conhecida. Elas se construíram com a mais recente tecnologia em seu núcleo, contornaram ou ignoraram regulamentações anteriores e dobraram as regras. São construídas com base em novos princípios econômicos e modelos empresariais contra-intuitivos que trataram a responsabilidade jurídica e social como externalidades. Essas empresas, muitas vezes, têm custos operacionais mais baixos, escala rápida e, frequentemente, removem valor de mercados inteiros. A experiência sempre foi vista como uma coisa boa, mas, no momento, são as empresas recém-nascidas, com a mais recente tecnologia incorporada profundamente no cerne do seu negócio, que parecem oferecer a melhor estrutura para o crescimento no futuro.

Essas são as três mudanças – a rápida transformação global, a irrelevância de tamanho e a ascensão das empresas insurgentes – que tornam a vida diferente. Elas significam que as empresas têm de pensar muito, ser ousadas e se desafiarem. Neste capítulo, quero apresentar os principais conceitos do *Darwinismo Digital,* como ele pode conduzir e contextualizar a transformação do negócio, e melhor abordar a mudança no mundo moderno. Quero que as empresas comecem a fazer as perguntas certas: as difíceis e existenciais. Este capítulo é sobre a compreensão do contexto e da razão da transformação, ao mesmo tempo em que fornece uma base mais ampla para os conceitos que desenvolvo em capítulos posteriores.

ESSA É A HORA DE FAZER AS PERGUNTAS DIFÍCEIS

As melhores e mais profundas perguntas que nunca nos atrevemos a fazer são: como seria o seu negócio se fosse criado hoje? O que faria? Como faria isso? Como ganharia dinheiro? O que você ainda teria feito e o que nunca teria criado? Essas são perguntas sobre a existência da sua empresa, melhor feitas em uma casa de férias fora do país, ou olhando para fora da janela de um trem, bem longe da realidade do trabalho do dia a dia. Se a sua resposta é que o seu negócio seria exatamente o mesmo se fosse criado hoje, então você não está raciocinando o suficiente ou criou a sua empresa no fim de semana. Ou o mais preocupante: você é ignorante em relação às mudanças no mundo.

As respostas devem ser irritantes. Provavelmente, você se sente irritado no momento. Você pode se sentir um pouco julgado e incompreendido, e não gostar do tom que estou usando. O seu departamento ou negócio provavelmente trabalhou arduamente para melhorar, para se adaptar gradualmente e para criar um equilíbrio sensato entre modernização e despesas de capital. É mais do que provável que não esteja perfeitamente inserido no mundo de hoje, mas não tão mal colocado que as pessoas estejam enfrentando noites de trabalho. É provável que esteja consideravelmente mal posicionado para o futuro, mas as questões do dia a dia significam que você raramente tem a chance de olhar para tão longe.

A sua empresa provavelmente nunca teve um plano de dez anos. Sua missão é, provavelmente, aquela que mantem todos felizes, não aquela cirurgicamente focada e empoderadora. É improvável que sua organização tenha feito planejamento futuro para perceber a chegada da mudança e se preparar para ela. É provável que a sua empresa seja a melhor possível, dada a realidade moderna.

A maioria das empresas é como o código tributário ou o aeroporto de Heathrow. São a união de inúmeras alterações, acréscimos, correções e contornos que se acumularam ao longo dos anos. Cada mudança incremental é baseada no raciocínio e nas realidades de um momento específico, e cada uma delas permite que o negócio funcione. No entanto, o código tributário do Reino Unido tem 17 mil páginas; Heathrow é uma bagunça e está no lugar errado. Ambos seriam muito melhores se pudessem começar de novo.

A próxima pergunta a ser feita é: você consegue continuar assim? Em que tamanho ou momento de ineficiência faz sentido voltar? O seu negócio pode ser capaz de funcionar todos os dias, mas por quanto tempo? Sabemos que, um dia, Heathrow não existirá, que os fabricantes de automóveis precisarão fabricar carros elétricos, que muitos varejistas precisarão de mecanismos mais eficientes para fornecer diretamente on-line. Sabemos que as empresas de TV terão que mudar em algum momento, que os bancos não podem continuar como estão. A publicidade e o marketing terão que repensar sua estrutura um dia, assim como as empresas de energia ou de tabaco, mas por quanto tempo poderão resistir? Há, evidentemente, alguns setores que podem não enfrentar grandes mudanças: a mineração, a madeiraria, a agricultura, o abastecimento de água vão, naturalmente, enfrentar mudanças, mas provavelmente não ao mesmo nível de caos, ameaça e oportunidade.

Essas perguntas são seguidas por outras mais progressivas e úteis. O que você pode fazer para chegar a esse lugar? Consegue chegar lá com o que tem, ou precisa começar de novo? Quem e o que vai ajudar a fazer isso acontecer? Como isso pode ser feito de forma realista?

A expressão do Vale do Silício "construa um avião enquanto você o pilota" é bastante absurda, mas, de alguma forma, as empresas precisam pensar em sua estratégia de sucessão. Será que elas constroem um novo sistema e migram para ele de um dia para o outro, ou podem reestruturar o que têm? Talvez devessem criar uma nova entidade em uma nova categoria. À medida que os capítulos avançam, a minha intenção é acender as chamas da intriga, ser irritante a ponto de trazer o desejo de mudar, mas depois expor passos razoáveis de como chegar lá.

Temos que melhorar a forma como olhamos para o futuro. Podemos aprender com o passado e com o fracasso da Kodak, Nokia, Blockbuster ou Borders, mas essas histórias foram contadas muitas vezes e as dinâmicas de hoje são diferentes. Durante anos, os varejistas físicos não se preocuparam com a Amazon, porque ela era diferente, era para "compras on-line" – como isso parece ingênuo hoje. Se o Facebook tem acesso a dois bilhões de pessoas nesse planeta, pode rapidamente tornar-se um varejista ou uma empresa de entretenimento, se as pessoas confiarem no Google, não há nada que o impeça de se tornar um banco. Uma parte fundamental da preparação para a mudança é olhar para a frente, não para trás.

LEMBRE-SE DO QUE NÃO ESTÁ MUDANDO

A parte mais difícil do meu papel é manter o equilíbrio. Embora as coisas possam estar mudando mais rápido, a realidade é que nem tudo é diferente. Na verdade, a maior parte dos aspectos de nossas vidas continua a mesma. Neste momento, você ainda está olhando para um pedaço de árvore morta pintado (a não ser que tenha comprado o e-book!). A mudança está realmente aqui, mas não uniformemente distribuída. A vida das pessoas de classe média em Mumbai, Sydney, Manila, Tóquio, Nova York e Londres parece tornar-se cada vez mais semelhantes entre si, ao mesmo tempo que se torna cada vez mais diferentes da vida daqueles que vivem nas zonas rurais que as rodeiam. Cada vez mais, os habitantes rurais de todo o mundo enfrentam desafios que são mais semelhantes entre si do que quando comparamos os desafios dos habitantes rurais e urbanos do mesmo país.

Por causa de sua natureza, a maioria dos leitores deste livro será mais parecida comigo e entre si do que com o que poderíamos chamar de pessoas "típicas". Da mesma forma, seríamos provavelmente considerados "atípicos" em comparação com cidadãos "médios". Mesmo em 2018 e nos países desenvolvidos, o "cidadão médio" não compra mercadorias on-line e não aluga apartamentos no Airbnb. Ele não transfere dinheiro para outros através do seu celular e nem possui um *smart speaker*. Precisamos lembrar que um terço das pessoas nos EUA ainda aluga e compra vídeos em DVDs (Rodriguez, 2017), e, até meados de 2015, apenas um em cada sete adultos estadunidenses havia usado Uber, Lyft ou outra plataforma de *ride-sharing* (Smith, 2016). Nós, leitores "não-medianos", vivemos uma vida maciçamente pouco representativa e temos de nos lembrar disso e mudar o nosso ponto de vista.

As linhas de tendência são importantes. É provável que os DVDs não acabem, que os carros compartilhados se tornem mais populares e se espalhem para as zonas rurais. É provável que usemos mais as nossas vozes para interagir com os computadores. Vamos continuar comprando mais coisas não em lojas físicas, mas on-line, a propulsão elétrica vai mudar a face da fabricação de automóveis e as empresas que os servem.

No entanto, a base da civilização humana não mudará. As marcas e nossa necessidade de formar laços sociais expressando quem somos, ou de ajudar na seleção pela confiança, não vão desaparecer por causa da Amazon. As companhias aéreas não vão à falência porque não têm funcionários usando fones de ouvido de realidade aumentada (VR, na sigla em inglês), os hotéis não vão implodir de repente porque não têm assistentes inteligentes ligados à sala.

Quando me sento para beber em Frankfurt, é óbvio que as cervejarias familiares que remontam a 1695 não estão enfrentando crises existenciais iminentes. Acho que elas não precisam de sessões de inovação para estabelecer o que a impressão 3D ou os fones de ouvidos de realidade virtual podem significar para sua empresa, assim como não acho que passem noites sem dormir pensando no que o "Uber das cervejas" poderia ser para elas.

Meu papel é decidir o que está em transformação e o que importa, é saber o que mudar e o que não mudar. Estou firmemente convencido de que a tecnologia não necessariamente transformou o mundo ou vai transformá-lo no futuro. Se você é uma marca de leite, um padeiro ou cabeleireiro, uma mudança radical que está por vir não é óbvia, nem que, quando ela aparecer, será rápida e catastrófica. As empresas que possuem marcas de café e fazem café moído para os varejistas não precisam necessariamente se tornar "empresas de tecnologia que por acaso fazem café". Nem todas as empresas vão parecer radicalmente diferentes.

Nós tendemos a não ouvir opiniões equilibradas sobre o futuro, porque, em palavras atribuídas a Bob Hoffman, "Nunca ninguém ficou famoso prevendo que as coisas permaneceriam praticamente as mesmas" (The Ad Contrarian, 2017). No entanto, mesmo para aqueles que afirmam que a mudança não vai afetá-los, mesmo para aqueles que estão mais distantes das tecnologias que lemos com mais frequência, ainda é sábio manter os olhos abertos ao futuro, mesmo que seja para que eles possam estar mais confortáveis em não mudar, ou para que possam abraçar o poder do que está por vir, apesar de não terem que fazê-lo.

A MUDANÇA É UMA AMEAÇA A UM NÍVEL CENTRAL

Quando pergunto como seria o seu negócio se tivesse começado hoje, temos que ser diretos e honestos. Temos que penetrar no âmago do que são as empresas, questionar suas fundações e depois olhar para elas no contexto de um mundo em mudança. Temos que analisar a razão pela qual as empresas existem, e os conceitos e princípios fundamentais em que se assentam.

As empresas modernas podem ser entendidas como arranha-céus. Existentes sobre vastos alicerces, construídos na forma e com as técnicas que o melhor pensamento da época teria sugerido como mais eficaz e sensato, e que sustentam o projeto do edifício. A localização da fundação do arranha-céus é definida pela otimização do conhecimento local e global, forças econômicas e uma pulverização do que foi aprendido através de anos de melhores práticas.

Sobre essa fundação, é construída uma enorme estrutura de aço ou concreto que se projeta no ar, formando os principais elementos estruturais e delineando a forma e a função do edifício.

A moldura de aço ou concreto desse edifício é uma metáfora para a forma organizacional das empresas. São os elementos organizacionais do negócio, as estruturas departamentais, as regras, os elementos centrais que fazem os negócios serem da maneira que são, que criam a sua fisicalidade, sua função, como eles a implementam, os modelos operacionais e de negócios.

Construídos sobre tudo isso e fixados ao redor dos elementos estruturais principais, estão os elementos de serviço, os elevadores, as escadas de incêndio, os corredores de serviço e a canalização, a fiação eléctrica, o aquecimento e os sistemas de ventilação. Nessa metáfora, eles representam a cultura e os processos de negócios de hoje. São a forma como o edifício ou o negócio funcionam, o pulso do edifício ou da empresa, a força vital que o faz funcionar.

Finalmente, sobre esses alicerces, fixados pelos elementos estruturais, servidos e contextualizados pelos elementos de serviço, estão os elementos mais visíveis, mais decorativos. Eles incluem o design de interiores, o mobiliário, a aparência da área de recepção, as plantas de interior, a escolha da cor das paredes, e assim por diante. Nesse arranha-céu metafórico, são as cadeiras descoladas no lobby, o trabalho artístico nos banheiros, o filme corporativo que se passa na recepção e os pequenos detalhes que aumentam a experiência do visitante na empresa.

Em um negócio, representado pelo edifício, esses elementos são equivalentes ao que a empresa faz para se representar. Eles são onde o edifício encontra os hóspedes, ou onde a própria empresa se comercializa. O marketing, o *branding*, a assessoria de imprensa, a publicidade, tudo o que é a representação visível do que uma empresa produz. Isso é o que as pessoas veem em primeiro lugar: é o aspecto mais superficial do design, mas também o que mais eficientemente representa o que a empresa quer se tornar. Mas, tanto para o edifício como para o negócio que representa, essa guarnição visual, essa camada superficial, é tanto a coisa mais fácil de mudar como a mais ilusória – de fato, é uma forma eficiente de mudar a aparência em vez de mudar o que realmente importa. Em um mundo que se transforma mais rápido e significativamente do que nunca, quando consideramos essa analogia, temos de perguntar: o que faz um negócio quando não está no lugar certo? E se o arranha-céu fizesse sentido em Londres, mas tivesse que estar em São Paulo? E se ele fosse construído para abrigar mil trabalhadores altamente remunerados que só trabalhariam em Manhattan em um edifício de prestígio, e com a terceirização significasse que a maioria dos empregos deveria estar em Bangalore?

O que aconteceria se a fundação fosse planejada para suportar um prédio de 30 andares, mas, à medida que as necessidades cresceram, adicionássemos novos andares ao topo? O que aconteceria se a estrutura fosse construída para paredes de tijolo e quiséssemos janelas grandes? Ou se as normas indicassem que precisaríamos de outra escada de incêndio? E se os elevadores não fossem feitos para servir tantos trabalhadores? E se já não precisássemos de trabalhadores?

Na verdade, o mundo da construção oferece muitas metáforas para os negócios. O Reino Unido gastou bilhões de libras na manutenção de antigas linhas ferroviárias, em vez de construir novas linhas de alta velocidade. As linhas de trem caras, lentas e de capacidade máxima de hoje são o resultado de anos de mudanças incrementais. Elas resultam do que foi um fluxo constante de investimento, não de um grande investimento único que teria sido mais difícil de ser aprovado. Existem porque o trabalho poderia ser feito continuamente, sem levar dez anos para ser construído, o que reduziria a extensão da ruptura. Elas existem porque ninguém teve a coragem de tomar uma decisão difícil, que teria levado muito tempo para mostrar os resultados.

A realidade é que a natureza mutável dos negócios criou um ambiente de mudança em que modelos de negócios modernos, novas tecnologias, novos comportamentos de consumo e novos concorrentes significam que a grande infraestrutura de madeira serrada das empresas parece cada vez mais a coisa errada, construída no lugar errado, com base no velho pensamento. Nessa metáfora, em muitos casos, a maior parte do que as empresas construiu é totalmente inútil. Hoje, novas empresas que começaram do zero e são erguidas com base em novos pensamentos, sistemas, código, tecnologia e cultura estão fazendo com que os negócios antigos pareçam arcaicos.

Vemos questões de legado em todo o mundo, manifestando-se de formas muito diferentes e em escalas muito distintas. Temos varejistas que gostariam de não ter tido lojas próprias, empresas de entretenimento que gostariam de ter comprado direitos globais quando produziram o conteúdo, empresas de automóveis que gostariam de não ter investido em usinas de motores de combustão de bilhões de dólares ou redes de concessionárias próprias. Vejo com frequência restaurantes de sucesso vazios e me pergunto se os donos gostariam de usar apenas serviços como Uber Eats e iFood, e não alugar aqueles vastos espaços onde as pessoas não se sentam mais para comer. O papel dessas empresas parece ter mudado. Temos bancos que não querem estar vinculados à regulação do que significa ser um banco, companhias aéreas que gostariam de não ter trabalhadores sindicalizados, e muitas empresas que desejam não ter trabalhador algum.

Por vezes, essas rupturas são pequenas: empresas de táxis que chamam a si mesmas de "Carros AAA" para serem colocadas na capa das Páginas Amarelas; números de telefone memoráveis e caros; e um acúmulo de praças de táxi, no valor de mais de um milhão de dólares, que já foram um investimento muito seguro.

A mudança afeta os proprietários de empresas, mas também pode afetar os indivíduos. Mais uma vez, utilizando os táxis como exemplo, os motoristas do táxi preto londrino têm de aprender o ofício e comprar veículos oficiais muito caros. Os carros compartilhados não alteraram essas necessidades; eles as destruíram. O Google Maps não tornou o tempo de dois a quatro anos gasto no aprendizado do ofício um pouco menos útil; ele destruiu o seu valor de um dia para o outro, não só minando o valor do conhecimento dos nomes das ruas, mas também fornecendo informações de tráfego em tempo real, tornando redundantes as décadas de experiência e conhecimento das rotas mais rápidas. Um negócio de táxis não é transformado pela tecnologia, ele é virado de cabeça para baixo. O melhor ponto de partida para uma empresa de táxis hoje em dia é uma folha de papel em branco, e não uma velha empresa de táxis que pode ser modificada.

O grau de mudança necessário, a localização errada da empresa, a despesa, o tempo e o risco envolvidos na realização dessas mudanças significam que a paralisia ataca e que nós favorecemos ilusões rápidas e fáceis de mudança: na decoração, não na fundação – colamos papel de parede por cima das rachaduras.

À medida que esse ritmo de mudança no cotidiano acelera, as empresas vão achar mais difícil, e não mais fácil, acompanhá-las. Em algum momento, como no aeroporto de Heathrow, ou no JFK, em Nova York, vamos nos perguntar se não seria melhor começar de novo, em vez de fazer mudanças no que já temos.

Se você fosse substituir o Heathrow, construiria um outro aeroporto antes de fechá-lo. Você o construiria em um local muito melhor, não exigindo as manobras mais delicadas sobre o centro de Londres, com muito mais capacidade de crescimento e com as necessidades do consumidor moderno em mente: ele seria construído com o software mais recente e usando as técnicas de construção mais avançadas. Ele seria projetado para a inauguração, assumindo o papel do antigo aeroporto, seria projetado para ser o seu futuro. Esse novo aeroporto abriria antes do encerramento do aeroporto anterior, e aumentaria o potencial futuro do aeroporto, mas também poria fim aos danos e desperdícios que teriam ocorrido se não tivesse sido construído.

Isto é autodisrupção. É caro, parece desnecessário, é arriscado, leva tempo e não é o que geralmente se faz. Preferimos modificar, esperar, reduzir a possibilidade de as coisas correrem mal. A autodisrupção significa dominar o seu futuro, antes que seja tarde demais, pela construção do futuro da sua empresa. Significa decisões difíceis, fazer mudanças existenciais profundas e talvez até empreender atividades que pareçam ser canibais por natureza.

AUTODISRUPÇÃO

O seu maior risco não é um fracasso ocasional, é a mediocridade sustentada.

Wroblewski, 2017

Uma das reviravoltas mais estranhas no mundo moderno é que a internet reescreveu as regras do jogo. Os ativos que outrora fizeram empresas bem-sucedidas na era industrial parecem hoje, muitas vezes, funcionar contra elas na era digital. As métricas que antes mais importavam – capacidade de lucro, receita – parecem ter se tornado menos vitais do que o potencial para o futuro. A valorização do Uber ou da Amazon pelo mercado baseia-se mais na trajetória do que na realidade, no crescimento de usuários, não na capacidade comprovada de ganhar dinheiro com isso. Esses são tempos desconcertantes. Durante muito tempo, as antigas empresas foram confortadas por ativos que estão se tornando cada vez mais passivos.

Em meu artigo para a TechCrunch intitulado *The Battle is for the Customer Interface*, afirmo:

O Uber, a maior empresa de táxis do mundo, não possui veículos. O Facebook, o proprietário de mídia mais popular do mundo, não cria conteúdo. O Alibaba, o varejista mais valioso, não tem inventário. E o Airbnb, o maior fornecedor de acomodações e meios de hospedagem do mundo, não possui bens imobiliários. Algo interessante está acontecendo.

Goodwin, 2015

Foi essa citação que muitos sentiram resumir a dinâmica de mudança no mundo. É evidente que as empresas precisam mudar. Para acompanhar um crescimento rentável significativo e sustentado no século XXI, as empresas terão de explorar mais do que meras melhorias incrementais nos modelos de negócio existentes. Terão que fazer mais do que preencher espaços ou pequenas inovações com alguns novos produtos. Em comparação com os novos participantes explosivos que definem as expectativas do mercado, essas ações simplesmente não mais gerarão crescimento suficiente.

As expectativas estão mudando. Os preços das ações de grandes varejistas, especialmente das lojas de departamento, mostram que a confiança nos antigos negócios está diminuindo, e o aumento do preço das ações da Tesla em relação às grandes empresas de automóveis dos EUA mostra o mesmo. Isso também é verdade para as expectativas dos clientes: já não toleramos reservas perdidas ou esperar em uma fila para poder pagar.

Nem o mercado nem os clientes perdoam. Você pode ter desculpas e explicações para a sua incapacidade de funcionar como uma empresa moderna construída hoje, mas nem o mercado de ações nem os clientes vão se importar por muito tempo. Eles precisam de ação.

ESTAMOS NA ERA DA INOVAÇÃO COMO DISTRAÇÃO

Qualquer inovação que seja empreendida é geralmente destinada ao exterior, física e rapidamente. No nosso arranha-céu metafórico, é o equivalente a pendurar novas obras de arte ou remodelar a cantina dos funcionários quando o prédio está prestes a cair. Vivemos em um tempo da inovação como gesto. De um aplicativo Apple Watch a campanhas publicitárias sofisticadas usando inteligência artificial para *chatbots*, a inovação é menos sobre fazer uma diferença significativa nas experiências dos consumidores, e mais sobre a transmissão, para o mercado, a imprensa comercial e o mercado de ações, da ideia de que a companhia está atenta. Hoje em dia, a inovação é feita com o objetivo de sinalizar a virtude, em vez de compensar comercialmente. Os robôs usados em lojas de teste permitem o aprendizado e a captura de dados, mas provavelmente eles estão lá para criar uma imagem agradável no relatório anual da empresa. Um fone de ouvido de realidade aumentada usado para mostrar um quarto de hotel do futuro rende um ótimo vídeo para ser postado no YouTube, já o voo de um Boeing 747 com algum biocombustível em um dos motores ainda é registrado para tv. A mudança é objeto de merchandising, e as empresas apenas criam um verniz de novidade. Não é profundo ou difícil de reconhecer; são sempre manifestações tangíveis do que pensamos que a linguagem corporal da inovação deve parecer. Para grandes empresas, a inovação em 2018 é apenas a construção de um laboratório de inovação, realizar passeios regulares pelo Vale do Silício, trabalhar em uma startup e sempre divulgar um comunicado de imprensa de intenção, nunca de realização.

Precisamos de uma mudança adequada, e o momento é agora. Essa mudança é vital, e a lacuna entre o que se sabe ser necessário e o que se faz, enorme. Um estudo da KPMG de 2016 destacou que 65 por cento dos CEOs estão preocupados com a possibilidade de novos empreendimentos interromperem seus modelos de negócios, e 53 por cento acreditam que não estão modificando suficientemente os próprios modelos de negócios (KPMG, 2016). Em um estudo da McKinsey, oitenta por cento dos CEOs acreditavam que seu modelo de negócios estava em risco; e apenas seis por cento dos executivos estavam satisfeitos com o desempenho inovador de sua empresa (McKinsey, 2013).

A PROFUNDIDADE DA MUDANÇA É SUBESTIMADA

As empresas que precisam se transformar estão por todo o lado, e a profundidade da mudança é muitas vezes mal compreendida. Se você começasse, hoje, uma empresa de comunicação como um jornal, você não teria as fábricas de papel e não empregaria centenas de jornalistas experientes, fotógrafos ou verificadores de fatos relevantes, como o *The New York Times* já fez. Ter trabalhadores não sindicalizados, uma sede mais barata, publicar mais artigos apelativos e empregar indivíduos mais jovens e baratos também não seria o suficiente. Contratar os melhores cientistas de dados, desenvolver softwares que entendam o que as histórias estão provocando, publicar mais e fazer conteúdo com marcas ainda não seria suficiente para ganhar dinheiro. Tudo isso ajudaria sua sobrevivência e aumentaria a probabilidade de uma morte lenta, mas não é assim que você gostaria de pensar sobre o assunto.

Não, se abrisse uma empresa de comunicação, você gostaria de replicar o Facebook, o Instagram ou o Twitter. Você não faria nada, mas seria uma linha fina entre pessoas que querem coisas e pessoas que fazem coisas. Você coletaria grandes quantidades de dados, venderia publicidade automaticamente para o licitante que pagasse mais, não se responsabilizaria por qualquer conteúdo que aparecesse no site e reduziria todas as externalidades, fossem custos ou responsabilidades. Você seria capaz de subir globalmente com o toque de um botão, e seria capaz de adicionar vídeos.

Um negócio de comunicação antigo não pode chegar a essa posição por meio de reequipamento. Precisaria começar do nada. Memória, expertise, habilidades e relacionamentos não são apenas inúteis, provavelmente seriam problemáticos.

Os proprietários na área de comunicação não estão sozinhos em sua necessidade de mudar tudo. Será que os varejistas físicos com enormes ramos de ação e sistemas de distribuição algum dia serão capazes de aproveitar os novos sistemas que podem servir aos clientes diretamente em suas casas? Mais do que isso, serão capazes de fazê-lo de uma forma que vá ao encontro das expectativas dos consumidores modernos em termos de preço e velocidade, tornando os seus custos unitários lucrativos? Ou estariam melhor começando do zero?

Será que os fabricantes de automóveis precisam admitir o fato de que seu conhecimento incrivelmente vasto sobre motores de combustão e sistema organizacional complexo de fornecedores e subfornecedores pode não apenas ser inútil, mas pode até mesmo sabotar seu desenvolvimento em um mundo de carros elétricos? Eles serão capazes de ter sucesso em um mundo em que os carros elétricos são montados como smartphones, e não fabricados como carros do passado? Será que as grandes empresas de automóveis já compreenderam que os carros estão se se equiparando a aparelhos eletrônicos, com valor no software em vez de hardware, em que as interfaces do usuário são uma consideração primária para o comprador? As empresas de automóveis compreenderão que, em breve, os veículos poderão ser "acessados" como dados sobre uma tarifa móvel, em vez de uma propriedade? Que a experiência de propriedade holística – como você compra o carro, recebe a manutenção, renova o aluguel – pode ser mais importante do que o carro em si?

É preciso coragem para entender que a disrupção não se trata de mudanças superficiais; trata-se de reconstruir a entidade que revolucionará o que a sua empresa atual faz. Não se trata de declínio gerenciado ou redução de custos para atingir as metas de lucro. Trata-se de um voto de confiança, um investimento no futuro do que o seu negócio precisa ser. É um processo melhor descrito como "autodisrupção" – realizando as mudanças ousadas necessárias, em um nível central, para se preparar melhor para um novo futuro. O objetivo da autodisrupção é tornar-se a entidade que tem o controle do futuro da própria empresa, em vez de ter outra pessoa fazendo isso.

A evolução dos negócios é um pouco parecida com a evolução das espécies. É uma série de pequenas mudanças incrementais para desenvolver bons resultados. É como as mutações da norma tornam a mudança possível. É experimentar e aprender, tentativa e erro, uma mudança repentina para uma abordagem diferente, onde novas formas e funções aparecem de repente. Neste mundo, as organizações mais adaptáveis, as que possuem menos amarras e as mais rápidas na mudança é que terão a maior probabilidade de sobreviver. É um momento em que é crucial ser sensível ao ambiente, à alteração das necessidades dos consumidores e à entrada de novos operadores industriais agressivos. Ser capaz de aprender, saber quando ficar e quando mudar e, acima de tudo, ter uma visão é o que vai impulsionar uma empresa para a frente. Nas palavras de Jeff Bezos sobre a Amazon, "Somos teimosos com a visão e flexíveis nos detalhes" (Levy, 2011).

A única questão com a evolução como base para a mudança é que vivemos em uma época em que as forças da natureza são maiores, e os períodos, encurtados. As empresas tendem a operar como espécies que evoluem gradualmente não tanto em todo o planeta, mas em um ambiente que passa por grandes mudanças.

A ÚNICA CERTEZA É A INCERTEZA

As mudanças no mundo não estão acontecendo apenas mais rápido, mas também de forma mais desordenada e inesperada. No dia em que esse capítulo foi escrito, uma Bitcoin valia onze mil dólares; quando eu verifiquei a versão final quatro meses depois, o preço tinha caído para 8.500 dólares, depois de ter atingido 19.700 dólares seis semanas antes. Honestamente, ninguém tem a mais remota ideia do que vai acontecer com o seu valor no futuro. Aqueles que o explicam fazem com base em pouco mais do que fé. Quando você ler esse livro, o preço pode ser cem vezes menor, ou maior, ou até mesmo zero; não temos ideia de como essa moeda e a sua tecnologia se desenvolverão, muito menos temos compreensão do que ela significará e como mudará.

Parece que poucos viram o Brexit chegando ou perceberam os resultados da eleição presidencial de 2017, nos EUA. O aumento do Índice Dow Jones no final de 2017 parece estranho. Os *fidget spinners* chegaram e foram embora, e o Desafio do Balde de Gelo já acabou. O Pokémon Go passou da "grande tendência do momento" para "você se lembra disso?" em cerca de dois meses. Os preços das ações das empresas de impressão 3D caíram, e o Amazon Echo surgiu do nada e se tornou o sucesso de 2017. Coisas improváveis parecem prováveis. Durante anos, assumimos que o ritmo da mudança era o maior problema para as empresas; atualmente parece cada vez mais que é a imprevisibilidade. Hoje em dia, poucas pessoas em poucas indústrias podem tomar decisões pessoais ou empresariais com base no pressuposto de que o mundo permanecerá dentro das "normas". O desvio de padrão de vida parece estar aumentando, e as tecnologias se unem de tantas maneiras novas que é difícil ver como novos padrões vão surgir.

Será que algo como o Magic Leap, um fone de ouvido de experiência de realidade aumentada, será lançado e fará com que as televisões pareçam obsoletas? Será que os carros automotores chegarão mais cedo do que o esperado e se espalharão mais rapidamente do que o previsto, mudando os fundamentos do desenvolvimento urbano? A impressão 3D prejudicará todo o cenário do varejo? Os drones farão com que a infraestrutura no solo pareça obsoleta? O custo dos painéis solares já despencou muito mais do que as projeções mais otimistas, portanto esse não parece ser um bom momento para se investir na construção de uma usina nuclear. O clima global pode ser pior ou diferente do que qualquer um espera e, honestamente, não temos ideia do que isso significará para o futuro.

Hoje em dia, o mundo parece estar em uma espécie de limiar. Temos smartphones há cerca de 10 anos, e não conseguimos imaginar a vida sem eles, mas também não sabemos qual será o seu impacto. Não sabemos como eles mudam a infância e o desenvolvimento do cérebro ou o que significam para a educação. Eles podem desbloquear capital humano e riqueza incríveis em todo o mundo ou, ao contrário, poderiam maximizar os nossos medos e criar mais barreiras. Parece que temos um declínio da classe média em grande parte do mundo, e pessoas ricas mais ricas – é uma combinação explosiva e imprevisível. Quando a expectativa de vida humana atingir mais de 100 anos, que novos problemas surgirão? E quanto ao mercado imobiliário e à transferência intergeracional de riqueza? Será que os *millennials* finalmente terão algum dinheiro para gastar com os anunciantes que têm tentado alcançá-los há anos?

É preciso lembrar, porém, que a vida está destinada a se tornar mais complexa e caótica: as leis da física e da entropia sugerem que não há alternativa. À medida que a tecnologia gera cada vez mais escolhas, a gama de opções aumenta e o número de maneiras em que novas coisas podem se unir e combinar se torna maior. Uma habilidade para todas as empresas no futuro será existir em tal incerteza, estar preparada para eventualidades razoáveis, mas não ficar paralisada por indecisão e medo. Na vida é melhor nos concentrarmos apenas no que realmente importa e no que podemos controlar. Uma maneira de fazer isso é pensar menos sobre o mundo em constante mudança, e mais sobre o que Bill Bernbach chamaria de homem imutável.

É HORA DE NOS CONCENTRARMOS NAS PESSOAS

A inovação não é perturbadora; a adoção do consumidor é.
JEFF BEZOS (BISHOP, 2017)

Tradicionalmente, os consultores de gestão têm feito um excelente trabalho ajudando as empresas a passar por períodos de mudança. Eles têm sido excelentes na compreensão de novas tecnologias e teoria de gestão e, ao enfrentar o CEO e outros funcionários seniores, têm ajudado as empresas a produzir de forma mais eficiente, mais barata e, talvez, com qualidade superior. Essas consultorias têm feito um excelente trabalho de compreensão do negócio e de criação de mudanças incrementais.

Esses são tempos diferentes. A mudança requer que as empresas acelerem a transformação, em vez de melhorarem gradualmente. Os melhores fabricantes de velas do mundo fabricavam continuamente velas melhores, mas nunca inventaram a lâmpada. Hoje, as empresas precisam saltar para novos modelos de negócios e repensar os fundamentos e o que eles representam, e não ajustar lentamente o que funcionou antes. Os consultores de gestão continuam praticando o pensamento desenvolvido nos anos 1960 e 1970 na Era Industrial. Eles mudaram pouco nesse tempo; até a Matriz BCG tem 47 anos.

Parte da questão é que as consultorias de gestão servem às necessidades do negócio, não do consumidor. O seu trabalho é gerar recursos, ter todas as respostas e ser incansáveis. No entanto, ter certeza muitas vezes significa que você não está aplicando a quantidade certa de imaginação, não está explorando o suficiente. O mundo precisa de consultorias para trabalhar em torno das necessidades do consumidor, consultorias que promovam um novo pensamento, que olhem para o passado, que olhem para o mundo e para os livros didáticos.

Mais do que em qualquer outra época, vejo uma maior necessidade de empatia e imaginação, e não de consultoria tradicional. As empresas construídas para a era errada, sobre os alicerces errados, não vão prosperar por causa de um sistema de gestão de relacionamento com o cliente (CRM, na sigla em inglês) ou de uma nova estratégia de dados, apesar de ser o projeto mais fácil de vender.

Os benefícios da Internet das Coisas – ou do 5G, do rastreamento em tempo real, do armazenamento na nuvem ou de qualquer um dos grandes tópicos em que grandes consultorias adoram apresentar liderança – só ocorrerão para as empresas ousadas o suficiente para reinventar o que fazem, e para aquelas que estão trabalhando em torno das necessidades dos clientes modernos, que criam serviços que as pessoas querem e que criam as melhores experiências da categoria para os clientes.

Mais do que qualquer outra coisa, eu adoraria que este livro fosse um chamado para as agências de inovação ou consultorias digitais, e especialmente para as agências de publicidade, para voltarem às salas de reuniões, para serem ousadas e acreditarem em si mesmas. Esse é o seu momento de fazer a diferença.

TÓPICOS-CHAVE PARA INSPIRAR

Este livro compreende três partes: uma focada no passado e no que podemos aprender, outra no que pode ser feito e está acontecendo hoje, e a terceira e última parte em um olhar para o futuro. Cada uma delas contém três capítulos que representam diferentes contextos ou elementos a ser considerados. Há cinco noções-chave que são vitais para a mensagem do livro. São esses cinco tópicos, abordados a seguir, que devem espelhar as conclusões desse trabalho.

DARWINISMO DIGITAL

O princípio dominante desse livro é o *Darwinismo Digital*, o conceito guarda-chuva que envolve todas as linhas de pensamento e o os bastidores de cada ideia e princípio discutido. A ideia do *Darwinismo Digital* é que, como qualquer espécie, as empresas são projetadas para melhorar lentamente ao longo do tempo, para otimizar, criar seletivamente, tornar-se melhor através de uma evolução bastante lenta, mas consistente e bem comprovada.

Isso funcionou tanto para grandes como para pequenas empresas, mas as coisas estão diferentes. O ritmo das mudanças tecnológicas e sociais tornou-se tão rápido que o contexto empresarial muda mais rapidamente do que qualquer empresa consegue acompanhar. A adaptação natural e a agilidade típica não são mais o bastante. As empresas precisam olhar mais adiante, tentar ser não apenas ágeis, mas preditivas, estar confortáveis com o desconforto, e buscar constantemente maneiras de mudar a essência central do que são. Elas precisam abraçar o risco. Os negócios de hoje precisam de um novo estilo de liderança, uma nova forma de pensar a remuneração, uma nova forma de mudar a cultura. Isso requer novas abordagens à tecnologia, à utilização de dados, à compreensão das pessoas. Embora nem todas as empresas estejam enfrentando ameaças à sua existência, muitas delas estão ou estarão em breve, e as ondas de mudança estão espalhando-se externamente mais rápido do que nunca. Nessa posição, você pode gerenciar o declínio da melhor forma possível, ou ousadamente repensar e reimaginar a si mesmo para o futuro. Se você quiser fazer o último, então aqui estão alguns princípios a considerar.

ENTRE ERAS DIGITAIS

Até este momento, estamos nos estágios iniciais da transformação digital. Não pensamos da seguinte maneira: temos smartphones há dez anos, estamos acostumados a aplicativos de carros compartilhados, *internet banking* e redes sociais. Parece que já convivemos com isso há algum tempo. No entanto, em termos gerais, adicionamos guarnição digital ao que já sabíamos antes. A maioria dos programas de televisão tem 30 minutos de duração porque pausavam para anúncios, mas o *streaming* não requer mais isso. As lojas falam sobre "checking out" e "carrinhos de compra", temos "desktops" e "lixo" em nosso laptop. Geralmente tomamos o pensamento, as unidades e os processos do passado e, com o menor esforço, os digitalizamos. Estamos em um período em que muita coisa não funciona, para ninguém. Muitas vezes perdemos chamadas, não conseguimos acessar o Wi-Fi porque a página inicial é pesada, muitas indústrias perderam bilhões em lucros e o mundo ainda não chegou a um acordo com a globalização ou a casualização da força de trabalho. Estamos na fase de pico de complexidade.

Estamos em um período híbrido entre duas idades. Vivemos em um mundo analógico ampliado pelas novas possibilidades do digital, mas não repensado ou reconstruído para essa era. É essa existência em dois sistemas – em que podemos assistir televisão e transmitir o mesmo programa, fazer pagamento com o Apple Pay, mas usamos a caneta para assinar a autorização do pagamento, aprender on-line, mas ver o valor de um diploma diminuir – que mostra como a vida é confusa. Parece provável que um dia as coisas farão sentido, que o mundo vai funcionar, que não teremos e-passaportes ou cartões de embarque digitais ou bilhetes eletrônicos, apenas pagaremos ou teremos acesso com nosso rosto. Não usaremos dinheiro porque ele não existirá, não usaremos conversores para TV porque com o 5G em nosso celular se tornará nossa porta de entrada para todo o conteúdo. Um dia, as coisas *vão* funcionar, e precisamos começar a pensar em como construir coisas para esse mundo.

O DIGITAL NO CENTRO DAS ATENÇÕES

Em 2006, as maiores empresas do mundo eram, principalmente, empresas de energia, bancos e grandes conglomerados industriais como a General Electric. De fato, na lista da Bloomberg das dez maiores empresas do mundo em 2006, a maioria tinha mais de cinquenta anos, empregava grande força de trabalho, e apenas uma era considerada uma empresa de "tecnologia". Em 2016, as coisas foram radicalmente diferentes: apenas duas empresas permaneceram na lista, e as cinco maiores foram categorizadas como empresas de tecnologia (*The Economist*, 2016).

Da Amazon à Apple, da Alphabet (empresa controladora do Google) à Microsoft, do Facebook à China Mobile, a maioria dessas empresas é relativamente jovem, mas também cresceram maciçamente nos últimos anos. Embora gostemos de pensar nelas como empresas de "tecnologia", acho que é um termo estranho. O Facebook e o Google ganham mais de 95 por cento das suas receitas e lucram com a venda de publicidade, então são proprietários de meios de comunicação. A Apple fabrica produtos eletrônicos de consumo. O que essas empresas têm em comum é que elas foram construídas a partir do zero com o pensamento digital no centro. Por "pensamento digital" entendo tanto a compreensão da tecnologia como a evolução do comportamento dos consumidores. As empresas que foram construídas para o ambiente de negócios de hoje, com a tecnologia em seu núcleo, são as mais bem-sucedidas, e isso se mostra uma maneira valiosa de pensar sobre como se tornar a empresa que você precisa ser.

SALTO DE PARADIGMA

Todo projeto de design precisa de um briefing, mas também precisa de suposições; questionar tudo levaria muito tempo. Assim, como todos os esforços criativos, os processos de design seguem fases tanto convergentes como divergentes. Extrapolamos e depois aperfeiçoamos para uma boa solução. Durante o processo, usamos esses pressupostos para moldar o que fazemos. Isso explica porque, quando olhamos à nossa volta, a maioria das coisas são semelhantes. A maioria dos carros de quatro portas parece ser iguais, a maioria das recepções de bancos parecem as mesmas, assim como os produtos que oferecem. O Airbus não é radicalmente diferente dos aviões da Boeing ou da Bombardier, tal como a classe executiva da American Airlines é muito semelhante à da Delta. Os sites tendem a ter o mesmo layout, os varejistas criam lojas com as mesmas normas... você entendeu.

Há momentos em que as empresas, muitas vezes empresas novas em um setor, violam todas as regras. A Tesla fabrica carros que mudaram toda a realidade automotiva: o Modelo S tem menos de vinte componentes móveis no total, enquanto um carro de motor de combustão típico tem quase 1.500 peças móveis e leva um sexto do tempo para ser montado (Sawhney, 2017; O'Connor, 2013). A empresa vende automóveis diretamente, não por meio de concessionárias. Os problemas que precisam resolver são totalmente diferentes daqueles encontrados no paradigma anterior; a Tesla precisa de engenheiros de software, e não de especialistas em transmissão, precisa construir redes de recarga e não reparar a infraestrutura. As empresas mais bem-sucedidas hoje em dia não são aquelas repletas de experiências, mas aquelas sem experiência, que fizeram perguntas ridículas. O Facebook perguntou: por que precisamos criar conteúdo? A Apple perguntou: um telefone não deveria ser também um prazer? A Amazon questionou: por que precisamos vender apenas nosso estoque? Trump indagou: e se um político não agir como um político? As empresas mais bem-sucedidas hoje são as que têm a coragem de desafiar as regras, são as que constroem elas mesmas sobre diferentes pressupostos, que desafiam o *status quo*, mas o fazem com base no próximo paradigma, não no anterior. São as empresas que esperam sobreviver fazendo pequenas mudanças incrementais que perdem para as que apostam em inovação e mudança radicais.

LEAPFROGGING

Os conceitos de construir com foco no digital e desencadear o poder do salto de paradigma vão ao encontro da próxima ideia deste livro, o conceito de *leapfrogging* (salto do sapo).

A tecnologia tende a operar dentro de paradigmas. Vivíamos na era da energia hídrica, depois do vapor, depois da eletricidade e estamos na era digital. Já usamos conchas como dinheiro, depois moedas, depois notas de papel e usamos, hoje, moeda digital. O Reino Unido viu a era da tração animal, depois o transporte fluvial, por ferrovias e, depois, por estrada. A computação passou de computadores pessoais locais para mainframes locais, sistemas baseados em nuvem e bancos de dados, mas talvez estejamos à beira de novos sistemas descentralizados, usando tecnologia de blockchain.

À medida que viajamos pelo mundo, vemos o poder de construir um país ou uma empresa com a mais recente tecnologia e o mais recente ambiente de negócios e cenário de consumo. Os trens mais avançados do mundo estão na China, assim como os programas de energia renovável de maior crescimento; as moedas digitais se estabeleceram no Quênia antes dos EUA; os primeiros drones de passageiros provavelmente sugirão em Dubai; a Estônia, de certa forma, tem a infraestrutura de governo e a governança mais avançados graças à construção, nos últimos anos, de todo um sistema baseado em tecnologia de blockchain.

As atuais empresas bem-sucedidas chegaram a esse ponto ao investir com frequência em recursos significativos em um determinado sistema que, quando se torna obsoleto, se revela muito dispendioso para reparar ou alterar. Se os EUA fossem descobertos hoje, provavelmente não teriam sido gastos 500 bilhões de dólares no sistema de rodovias interestaduais do país (Planes, 2013). De acordo com um relatório do Departamento de Transportes dos EUA, apenas manter as atuais rodovias e pontes até 2030 custará 65,3 bilhões de dólares – por ano. E isso é uma estimativa conservadora; em vez disso, poderiam ter gasto a mesma quantia em carros autodirigidos que usariam estradas mais estreitas

(Abruzzese, 1988; Marshall, 2017). Se a China tivesse esperado mais alguns anos, poderia ter construído uma rede ferroviária com tecnologia Hyperloop e gasto talvez dez vezes menos do que os mais de 500 bilhões de dólares que está gastando para conectar a nação com trens de alta velocidade (Medlock, 2017; Davies, 2013). Também parece que cada vez mais a resposta a problemas no futuro não será um hardware caro, mas sim um melhor software. Talvez em 2026, depois do Reino Unido gastar 23 bilhões de dólares em uma nova pista de pouso em Heathrow, descobriremos que um software melhor poderia ter aumentado a capacidade em duas pistas por um custo muito menor, ou que não precisamos mais viajar tanto porque podemos explorar lugares através de realidade virtual.

Chegou-se a um ponto em que a velha infraestrutura e os sistemas se metem no caminho, e a economia unitária para sustentar o sistema não permite a rentabilidade. É extremamente difícil, mesmo para empresas criadas do zero, ganhar dinheiro com a venda varejista on-line; é ainda mais difícil para aqueles que têm de modificar mecanismos antigos suplantar sistemas antigos e adaptar-se para competir com os novos participantes. No entanto, é precisamente quando as empresas antigas, construídas para o passado, enfrentam as menores margens de lucro, as vendas em queda e o escasso investimento que um maior investimento no novo se faz necessário. O sapo ferve até à morte em água lentamente aquecida porque, no momento em que precisa saltar, é mais letárgico. Todos temos de agir antes que se torne vital.

As empresas que são grandes, bem capitalizadas, mais estáveis e menos vulneráveis precisam pensar em maneiras de criar crescimento no futuro e se defender contra startups jovens e insurgentes que tentam crescer rápido o suficiente para irritá-las. Essa estratégia provavelmente não envolverá grandes mudanças estruturais em uma vasta organização, mas exigirá um trabalho proativo para criar a entidade que se tornará o futuro da própria empresa.

É HORA DE AGIR

Não sou fã a ponto de assistir a ciclismo na televisão, mas algo sobre o Tour de France me anima. Eu amo a noção de pelotão e os competidores que se destacam da multidão; parece uma analogia sensata aos negócios. Durante a maior parte do tempo, enquanto eles varrem a ensolarada paisagem francesa, há um grupo organizado na frente, o pelotão. Neste grupo de liderança, os ciclistas se revezam na frente; isso significa que pedalam com mais força para quebrar o vento, enquanto os que estão atrás podem economizar energia devido à menor resistência do ar. Quando fica exausto, o líder pedala para o lado, ficando trás do pelotão, e outro ciclista assume a liderança. Parece que é assim que as empresas devem funcionar. Elas devem ter unidades que estejam constantemente avançando, abrindo novos caminhos, testando e aprendendo, testando coisas que não foram feitas antes, desafiando convenções e permitindo que toda a empresa avance. Temos de abraçar esses ciclistas pioneiros.

Então é a hora de aceitar a injustiça, aceitar que é um momento de vida ou morte, e traçar um plano. Você pode continuar da maneira que está ou é preciso se transformar? Se a transformação é necessária, qual será a melhor maneira? A partir deste capítulo, você poderá ver como é essencial estar preparado, pronto para a mudança, não apenas para ser ágil, mas para ser preditivo e olhar adiante. E para melhor compreender o futuro, olhe para o passado.

Ao fazer isso, podemos evitar os erros de como aplicamos a tecnologia incorretamente no passado, e encontrar uma maneira diferente de abraçar novos desenvolvimentos tecnológicos.

PARTE UM

MUDANÇA DE CONTEXTO

1
A REVOLUÇÃO ELÉTRICA QUE NUNCA EXISTIU

Falamos sem parar sobre mudanças no mundo dos negócios, mas muita coisa permanece igual. Ainda fazemos mais pagamentos em dinheiro do que eletronicamente. Não é que ainda não tenhamos o escritório sem papel; é que nunca usamos mais papel do que hoje (Schwartz, 2012). As mensagens de texto estão aqui há mais de 20 anos, mas não posso usar mensagens instantâneas para alterar um voo. O e-mail não é de forma alguma novo, mas não posso enviar um para o meu banco. As hipotecas são dadas para aqueles com uma história de trabalho estável registrada em resmas de papel, não para aqueles que criaram uma startup de sucesso ou que vivem uma realidade nômade. O mundo não mudou tanto como gostamos de pensar. Em particular, falhamos em compreender o poder do digital. Neste capítulo, quero voltar atrás no tempo e, ao compreender os erros do passado, aprender a melhor forma de abordar o hoje.

Por mais de quatro décadas, a eletricidade se espalhou proposital e lentamente por todo o mundo, trazendo pequenas mudanças incrementais para fábricas e casas, mas sem acrescentar nada de transformador.

Na maioria dos anos, mudanças incrementais pequenas mantiveram os gerentes de fábrica felizes e a vida doméstica parecia melhorar bastante. Mas é apenas em retrospectiva que podemos ver como o poder transformador da eletricidade não foi devidamente aproveitado.

Desde donos de fábricas a trabalhadores, proprietários de casas a varejistas, todos pensaram que tinham compreendido essa nova tecnologia e pensaram que tinham feito as mudanças necessárias. Eles pareciam tratar a eletricidade como uma coisa nova não muito importante, um ajuste baseado em pequenas melhorias, nunca digerindo verdadeiramente o significado dessa tecnologia ou pensando as novas possibilidades que oferecia. É esse paradoxo de potencial transformação versus mudança real com que todos devem se preocupar em qualquer negócio hoje em dia.

A VENDA FORÇADA DA ELETRICIDADE

Era o ano de 600 a.C. quando os gregos antigos descobriram que esfregar peles em âmbar (resina fossilizada de árvores) causava uma atração entre elas, e descobriram eletricidade estática. Mas foi apenas em 1831 que Michael Faraday começou a gerar energia de forma consistente e prática. Não demorou muito para que a corrente fosse revertida e o primeiro motor elétrico nascesse. Era de esperar que algo tão transformador tivesse um efeito quase imediato no mundo, mas não foi esse o caso. Assim como no início da internet, poucos conseguiam ver o significado desde o começo.

A iluminação foi uma das primeiras aplicações claras e óbvias da eletricidade, mas levou ainda vinte anos para ser refinada em algo que iluminasse mais e causasse menos risco de incêndio do que suas primeiras instalações. Em 1850, 29 anos após a primeira produção constante de eletricidade, a National Gallery em Londres, bem como os faróis ao redor da costa do Reino Unido foram iluminados por lâmpadas elétricas (The Victorian Emporium, 2011). Isso não foi propriamente uma mudança de vida.

A procura por energia elétrica nos lares pode ser descrita como leve. A eletricidade tinha uma venda difícil, e, no final do século XIX, apenas uma porcentagem muito pequena de habitações domésticas dispunha dela. Como a maioria das novas tecnologias, ela foi primeiro vendida para casas de famílias ricas como uma espécie de *gadget*: primeiro como uma solução melhor para iluminar as árvores de Natal, e depois como uma maneira melhor de iluminar os cômodos. Numa época em que os ricos não se preocupavam com a carga de trabalho e a carga mental colocada sobre os seus funcionários, a eletricidade não parecia tão útil, e também era complexa. As empresas procuravam aproveitar o pouco crescimento que havia, tentando criar os próprios jardins murados. Apareceram vários sistemas fechados e não compatíveis. Como não havia nenhum equipamento padrão da indústria, qualquer um, seja dono de uma empresa, gerente de um edifício público ou proprietário de uma casa rica, poderia pedir a uma empresa como a Edison ou seus concorrentes para criar um sistema personalizado para suas necessidades. Poucos equipamentos eram intercambiáveis entre os fabricantes.

A principal questão continuou a ser a procura. A falta de exemplos comprovadamente animadores de uso significou que a energia elétrica foi amplamente empurrada para as pessoas, e não impulsionada por potenciais clientes sedentos. As pessoas compram e querem soluções, não tecnologias. A morte prematura das televisões curvas ou telefones de vídeo Amstrad mostra que, a menos que os aparelhos se manifestem como maravilhosos, valiosos ou úteis, eles permanecem frívolos e murcham. A difusão da eletricidade foi lenta porque os exemplos de uso foram pouco satisfatórios. Ninguém criou nada de novo em torno da energia eléctrica. O mundo simplesmente pegou os itens existentes e considerou como eles poderiam ser "eletrificados".

Não havia efetivamente nenhum pensamento novo. Nós replicamos o passado em forma elétrica sem a menor imaginação; até replicamos suas limitações. A iluminação a gás e a óleo sempre foi controlada na própria luminária – você entrava em um quarto escuro, usava um fósforo para localizar a luminária e a acendia manualmente. Assim, a maneira padrão de ligar as luzes elétricas era a mesma – usava-se um fósforo para encontrar a luminária suspensa e girar um interruptor na base da lâmpada. A ideia de um interruptor de luz montado na parede nunca ocorreu aos primeiros usuários, e então, quando finalmente foi proposto, parecia uma exigência bastante luxuosa e cara.

A falta de ambos os soquetes de energia e dispositivos para ligá-los causou um círculo peculiar curioso. Como seria possível ligar algo que ainda não tinha sido inventado? E como poderia se criar algo que não tinha fácil acesso à energia? Os primeiros produtos de uso doméstico foram máquinas de lavar roupa, aspiradores de pó, ferros e frigoríficos elétricos, torradeiras e chaleiras. Lentamente, com o passar do tempo, novos itens foram inventados para a era elétrica e mudaram nossa relação com a eletricidade. Os ventiladores elétricos e os aquecedores com radiadores criaram as primeiras expectativas de controle climático; os secadores de cabelo, telefones e rádios elétricos começaram a alargar as utilizações da eletricidade, desde o simples funcionamento de uma casa até a melhoria real da qualidade de vida.

A principal maneira de pensar a energia em casas era que ela teve muitas fases. Primeiro, uma época de pessoas descobrindo e refinando uma tecnologia para que ela pudesse ser usada. Depois, um período em que ela era só para os ricos, em que as suas possibilidades eram difíceis de reconhecer, em que adicionávamos energia aos itens antigos para melhorar a sua funcionalidade. Finalmente, um período em que o preço da tecnologia caiu, tornou-se muito mais acessível a todos, mas, acima de tudo, foi então que novos itens surgiram em torno do potencial da tecnologia. O que começou como uma forma de tornar as nossas árvores de Natal mais fáceis de serem acesas por nossos empregados tornou-se uma tecnologia que libertou a classe média do trabalho árduo de gerir uma casa e colocou milhões de mulheres no mercado de trabalho.

ELETRIFICAÇÃO DE FÁBRICAS

Em comparação com a lenta absorção de eletricidade para uso doméstico e a falta de animação que a acompanhou, a eletrificação das fábricas foi rápida e facilmente atingida. Para entender melhor como a energia elétrica foi adotada na indústria, precisamos primeiro entender como, onde e por que as fábricas foram construídas e a forma como foram projetadas.

O SISTEMA DE ACIONAMENTO DE LINHA

As fábricas projetadas a partir do século XVIII, durante a Revolução Industrial, foram construídas em torno de um sistema de energia baseado em um "eixo de transmissão de linha", um eixo giratório enorme e longo que alimentava direta ou indiretamente todos os equipamentos em um layout de fábrica. Nas primeiras fábricas, essa condução era acionada por energia hídrica, com rodas d'água convertendo água corrente em fonte de energia. Ao longo daquele século, as máquinas a vapor tornaram-se a fonte de energia preferida. O vapor fornecia mais torque e muito mais energia, era mais controlável e permitia que as fábricas fossem construídas onde as pessoas desejassem, desde que o carvão pudesse ser facilmente entregue em grandes quantidades. O primeiro uso das máquinas a vapor, notavelmente, não foi para alimentar diretamente os equipamentos nas fábricas, mas, estranhamente, para bombear água para cima até os reservatórios de armazenamento e permitir que as rodas d'água operassem. É incrível como tendemos a aplicar novas tecnologias a sistemas antigos.

O eixo de acionamento da linha dominou o layout das fábricas. Executando todo o comprimento de qualquer planta, ele ditou praticamente todos os aspectos do design da planta. As fábricas tinham formas retangulares longas, para garantir que todo o equipamento pudesse retirar energia dali. As paredes eram enormes e pesadas para suportar o seu peso. Era necessário um enorme reforço de ferro, o que tornava a construção de uma fábrica extremamente cara. As janelas para luz ou ventilação eram muito difíceis de fazer, e a construção em um único andar parecia, de longe, a mais sensata.

Figura 2.1 *Um moinho de algodão em Lancashire, 1914*
Fonte: http://www.wikiwand.com/en/Cotton_mill>

A partir de eixo de linha, um sistema complexo de correias, polias e engrenagens conhecido como "millwork", como ilustrado na Figura 2.1, garantia que todas as máquinas pudessem ser acionadas pela fonte de energia e permitia um pequeno grau de controle. Era possível desligar a energia, aplicá-la e, por vezes, alterar a velocidade, tudo isso simplesmente puxando uma alavanca!

Desenhar fábricas era uma tarefa difícil. As máquinas de fabricação não eram dispostas da maneira mais eficiente para a produção de mercadorias, mas no layout mais lógico para as máquinas em relação ao eixo de acionamento da linha. Máquinas que exigiam torque, velocidade de rotação e tempos de operação similares eram colocadas juntas. A grande quantidade de espaço ocupado pelas próprias máquinas, os produtos que estavam sendo fabricados e as necessidades do eixo de transmissão significavam que as fábricas eram espaços incrivelmente apertados, com os produtos sendo movimentados frequentemente à medida que passavam pelo processo de produção.

Olhando para a Figura 2.1, que mostra uma fábrica típica em Lancashire em 1914, podemos apenas imaginar como seria um local perigoso para se trabalhar: máquinas a vapor que produziam calor e ruído incríveis; enormes eixos giratórios que geravam ruído ensurdecedor; equipamentos vibratórios que faziam tudo tremer; falta de ventilação para remover o calor ou cheiros, e certamente muito pouca luz natural. Acima de tudo, a quantidade infinita de polias, correias e eixos criava um ambiente de trabalho extremamente perigoso.

O DESLOCAMENTO ELÉTRICO

As fábricas sabiam como se adaptar a novas fontes de energia: isso já tinha sido feito antes. A transição da água para a energia a vapor na Revolução Industrial, no final dos anos 1700, primeiro nas minas, depois lentamente nos moinhos, foi suave, já que as fábricas existentes, com sistemas de energia hidráulica, simplesmente passaram para instalações a vapor e mudaram o mecanismo de acionamento. As novas fábricas usavam o mesmo modelo e eram construídas em qualquer lugar onde as fábricas a vapor fizessem sentido.

Em 1900, o mundo ainda considerava a mudança da eletricidade e motores elétricos da mesma maneira. Nessa data, menos de cinco por cento da energia mecânica de acionamento nas fábricas dos EUA provinha de motores elétricos. Eles eram uma nova forma de energia. Uma forma de potência que podia oferecer mais torque, podia entrar em operação mais rapidamente, podia ser mais barata e mais eficiente, e que exigia menos manutenção do que as muitas partes móveis de uma fábrica de vapor. Foi uma coisa excitante.

Contudo, os proprietários de fábricas em todo o mundo logo fizeram seus cálculos, e o *business case* nem sempre estava claro. Na maioria dos casos, era evidente que a energia necessária para o funcionamento das fábricas era um custo bastante reduzido, muitas vezes de 0,5 a 3% de todos os custos de funcionamento. O custo dos funcionários usados para manter as instalações a vapor não era exorbitante, e todos se sentiam confortáveis com o que sabiam. Não era perfeito, mas era familiar. A mudança para motores elétricos trouxe o risco do desconhecido. Esses motores eram novos e ainda não testados. Os proprietários da fábrica precisariam requalificar o pessoal de manutenção e fechar a fábrica durante um período de tempo moderado. Isso implicaria uma despesa de capital direcionada para algo cujos benefícios só seriam visíveis a longo prazo, se é que seriam visíveis. Eles sentiam que um negócio não iria acabar imediatamente só porque não mudaram de vapor para eletricidade.

No entanto, ao longo de algumas décadas, as coisas mudaram lentamente. As fábricas com necessidades pequenas de energia deram o primeiro salto. A substituição de motores a vapor menores por motores elétricos menores trouxe os maiores ganhos, pois eles tendiam a ser mais potentes e os motores a vapor eram, em grande parte, excessivamente projetados e desnecessariamente volumosos. O mundo começou a ver levemente as mudanças, pequenos movimentos e passos cautelosos. No entanto, em 1899, cerca de dezoito anos após a introdução da Edison Central Generating Station, apenas cinco por cento da energia utilizada nas fábricas era fornecida eletricamente (Clark, 1920).

A CHEGADA DA UNIDADE DE GRUPO

As indústrias e fábricas mais antigas e tradicionais eram as mais relutantes em adotar a nova tecnologia. As indústrias mais recentes, com menos preconceitos sobre a aparência das fábricas, adotaram-na mais facilmente. Esta nova forma de propulsão de linhas de produção teve realmente início nas décadas de 1920 e 1930, nas indústrias que demonstravam um rápido crescimento ou necessitavam de novos processos de produção, como a do tabaco, a do processamento de metais e a do transporte, sobretudo porque precisavam aumentar a dimensão das unidades de produção existentes e construir novas fábricas.

A concorrência na concepção e desenvolvimento de motores elétricos fez com que o equipamento se tornasse menor e mais barato, e gradualmente a engenhosidade foi empregada não só para mudar o mecanismo da propulsão, mas também para mudar o próprio layout da fábrica.

Em fábricas maiores que exigiam mais potência, parecia sensato dividir os eixos de acionamento da linha em unidades menores e agrupar os equipamentos de tal forma que as máquinas que precisavam da mesma velocidade de rotação, tinham as mesmas horas de operação e se encaixavam de forma pensada fossem colocadas próximas umas das outras. Os designers de fábrica tinham mais uma vez baseado o seu pensamento no que era conhecido anteriormente – o conceito de eixos de transmissão em linha –, e as técnicas conhecidas existentes foram adaptadas para melhorá-las gradualmente com base em metodologia testada e comprovada. Isso era conhecido como unidade de grupo.

O custo da modificação das fábricas existentes para esse modelo era elevado, por isso essa técnica só foi inicialmente adotada em fábricas recém-construídas. Repensar as coisas a partir de esquemas tornou a mudança muito mais viável economicamente. Também fazia mais sentido, porque, muitas vezes, essas novas instalações de produção fabricavam bens mais complexos, tinham necessidades mais detalhadas e variadas, ou exigiam uma vasta gama de controle de velocidade, incluindo um domínio mais preciso de operações sensíveis, tais como trefilagem de arame ou martelamento de ferro.

As unidades de grupo ofereciam um enorme potencial. Os sistemas de acionamento de linha que serviam toda a fábrica desperdiçavam cerca de 40 por cento da energia gerada devido ao seu tamanho. Esses sistemas não permitiam praticamente nenhum controle local: se as máquinas fossem engatar, desengatar ou usar velocidades diferentes, um sistema complexo de polias, alavancas para remover conexões de energia e novas correias seria necessário, tornando a energia ainda menos eficiente.

A primeira operação em grande escala de acionamento de grupo foi a fábrica da General Electric Company, em Schenectady, Nova York, na década de 1890. Lá, 43 motores DC giravam cerca de quarenta eixos de transmissão de linha diferentes. Grandes matrizes de máquinas próximas umas das outras poderiam ser alimentadas por uma versão local, ligeiramente menor, de uma unidade de linha, cada uma com o próprio motor elétrico (Schurr *et al*, 1990).

PENSAMENTO IMPULSIONADO POR ECONOMISTAS

Em termos econômicos, a mudança para a unidade de grupo era mais fácil de ser justificada do que a construção de fábricas totalmente novas, uma vez que o sistema de acionamento por linha existente permaneceria normalmente *in situ* como um dos componentes na unidade. Era possível justificar a despesa de capital como uma despesa para aumentar a capacidade total da energia central, explicando essa decisão de forma lógica e matemática. Funcionou psicologicamente também: ninguém gosta de comprar algo novo com a implicação de que a compra anterior foi uma má decisão. O sistema de acionamento em grupo foi um grande sucesso: ao tornar os motores menores e remover grandes quantidades de trabalho do eixo de linha, as fábricas testemunharam saltos de qualidade. Esses sistemas de acionamento mais curtos produziam muito menos atrito, levando à economia de energia. Os riscos de incêndio foram um pouco reduzidos, e o equipamento pôde ser organizado pela velocidade de rotação necessária, permitindo a remoção das caixas de velocidades e roldanas complexas.

Foi a aparente mudança no pensamento para a condução em grupos e o entusiasmo por essa nova forma de pensar que, indiscutivelmente, atrasaram ainda mais a implementação da eletricidade. Esse sistema provou ser uma distração. Fez com que os gestores de fábrica ficassem satisfeitos, deu a ilusão de uma grande mudança, quando, em comparação com o que era realmente possível, muito pouco tinha acontecido. As melhorias resultantes removeram qualquer insatisfação com a situação atual e reduziram a sede de explorar novos caminhos. Se a eletrificação das unidades de linha fez com que os fabricantes descansassem e se sentissem orgulhosos de terem feito tudo o que precisavam, a criação de unidades de grupos elétricos cimentou ainda mais essa sensação de conquista. Sentia-se que tudo o que podia ser feito já tinha sido feito.

Então lentamente, enquanto os motores elétricos se tornavam mais eficientes, baratos e duráveis, com mais exemplos de negócios embasados por dados, os motores a vapor foram lentamente substituídos. Em 1920, os EUA viram a eletricidade se tornar fonte de cerca de 50 por cento da sua energia.

A VERDADEIRA MUDANÇA: REIMAGINAR AS FÁBRICAS EM TORNO DA ELETRICIDADE

Como muitas vezes acontece, a verdadeira mudança surgiu quando vários movimentos aparentemente diferentes se uniram.

A produção de eletricidade ficou mais barata e muito mais confiável, e a distribuição melhorou lentamente durante os anos 1920 e 1930. Era possível as fábricas mudarem para a unidade elétrica e não se sentissem vulneráveis sem uma segunda opção. As pessoas que recomendavam essa mudança sentiam-se mais confiantes, porque a tecnologia tinha evoluído.

Os motores elétricos ficaram mais baratos e mais eficientes. Era simples, os anos de refinamento permitiram que os motores tivessem custos de funcionamento mais baixos, com ambas as peças e manutenção se tornando mais baratas, uma maior reserva de mão de obra para manter o equipamento estava disponível, e a potência por unidade de custo era muito maior. Acima de tudo, os motores que eram acionados eletricamente se tornaram muito menores.

As exigências das fábricas tornaram-se mais complexas, uma vez que se afastavam da tecelagem de linho e se aproximavam da fabricação de aviões ou de bens de consumo complexos. Essa nova demanda surgiu entre uma geração que tinha eletricidade em casa e que queria eletrodomésticos.

Quando as fábricas foram construídas a partir do zero, foram concebidas e erguidas de forma totalmente diferente de como seriam se tivessem sido construídas em operações antigas ainda movidas a água ou vapor. Pela primeira vez, em vez de simplesmente assumir que grandes eixos de transmissão seriam essenciais para a arquitetura e processos de fábrica, os designers trabalharam em torno da maquinaria e do fluxo de trabalho que melhor se adequava ao processo fabril.

As fábricas foram reimaginadas. Tudo o que era conhecido, assumido e fixo foi desafiado. A eletricidade significou que o poder se tornou efetivamente difundido: tornou-se uma coisa fácil, vital, transformadora, que permitiu novas formas de considerar a energia e proporcionou uma economia mais nova. Fábricas e projetos originais poderiam ser construídos no contexto de uma energia fácil, rápida, barata e abundante, os cabos elétricos eram infinitamente mais fáceis de gerenciar do que os eixos de transmissão.

Os layouts das fábricas poderiam seguir os layouts mais sensatos para a fabricação de bens da maneira mais eficiente. Grandes ganhos de produtividade, visíveis a partir dessa mudança, também reduziram a bagunça do fluxo de mercadorias de uma só vez. Os trabalhadores, de repente, tornaram-se treinados e capacitados; eles trabalhavam mais e viam os grandes efeitos da própria responsabilidade. As fábricas poderiam acabar com (ou nunca construir) os eixos de linha. Poderia haver janelas, o risco de incêndio foi imediatamente reduzido e a ventilação melhorada. A noção de potência ou energia tornou-se não um elemento físico que impulsiona o layout, mas a entidade de fundo que tornava tudo possível. Foi o facilitador, não a limitação. Grandes caixas de engrenagens e polias foram substituídas por interruptores e reostatos.

Livres das restrições decorrentes da distribuição de energia, as atividades na fábrica poderiam ser reorganizadas para proporcionar arranjos de produção muito melhores. Elas já não precisavam ser alongadas com fluxos complexos; podiam ser como a empresa precisasse. Os edifícios podiam ser construídos de forma muito mais eficiente, e era possível construir vários andares. Com equipamentos instalados em torno do melhor fluxo possível de itens através da fábrica, uma produtividade muito maior reduziu o custo por unidade de produção.

Os benefícios do novo sistema eram de grande alcance e de natureza incrivelmente variada. As fábricas, de repente, ficaram mais silenciosas. Eixos de transmissão longos se expandiam e contraíam com o calor, o que acabou com as vibrações infinitas que quase ensurdeciam os trabalhadores. A remoção desse sistema significou que as fábricas ficaram muito mais silenciosas durante a noite.

Elas poderiam ter muito mais espaço aberto; os edifícios, sem a necessidade de suportar os trabalhos pesados das linhas, ganharam mais ventilação e luz natural, sem gotas de óleo que caíam da tubulação.

Não existia mais correias ou polias suspensas capazes decepar um braço com um movimento em falso. Todas essas características significavam um trabalho de melhor qualidade, gerando funcionários mais felizes e mais qualificados, a quem era dado mais controle sobre a sua produção. Eles eram treinados para operar máquinas específicas, com mais controle e poder para tomar decisões localmente, poderiam começar e parar as coisas por si mesmos, sem depender de fazer parte de um sistema maior.

Foram introduzidas máquinas mais avançadas, produzindo peças mais intrigantes, graças ao controle e à estabilidade da potência do motor. Como consequência, a qualidade das mercadorias disparou.

Mas, de longe, a maior mudança aconteceu a um nível macro. Durante centenas de anos, a localização das instalações era definida pelas necessidades energéticas. No início, a era preciso estar perto de grandes fluxos de água para alimentar as rodas, depois era necessário estar perto do carvão ou perto de uma rota de transporte que oferecia acesso fácil e barato a enormes quantidades do mineral. A energia nunca foi algo que pudesse ser transportado.

Essa exigência foi completamente eliminada pela eletricidade, e, pela primeira vez na história, as fábricas estavam livres. Poderiam estar perto de fontes de emprego nas grandes cidades, ou localizadas perto de portos onde os materiais de entrada e os produtos fabricados a partir deles poderiam ser transportados muito mais livremente.

Os paralelos com a vida profissional moderna são bem claros. Mesmo os trabalhadores intelectuais e os das indústrias contemporâneas têm experimentado poucas mudanças em sua vida profissional desde o advento da eletricidade. As estruturas hierárquicas das empresas, os silos departamentais, o design do escritório, os processos de fluxo de trabalho mudaram pouco nos últimos 60 anos. Nunca abraçamos verdadeiramente o trabalho remoto, nunca repensamos o design organizacional, mesmo os escritórios de plano aberto parecem mais preocupados em economizar dinheiro do que em repensar a melhor forma de fazer o que é necessário. Mas temos muito mais a aprender.

O QUE PODEMOS APRENDER COM TUDO ISSO?

O que podemos aprender com a transformação muito lenta e muito relutante em torno da eletricidade é o seguinte.

AS PESSOAS ACHAM QUE JÁ ALCANÇARAM TUDO QUANDO ISSO NÃO É VERDADE

Durante quase 40 anos, não só pouco mudou realmente, como durante esse tempo, com todas as reuniões anuais, as apresentações de vendas, os consultores, os teóricos de gestão, os dados, parece que cada um acreditou que tinha realmente compreendido o poder da mudança. O período de melhorias incrementais não exibia pessoas reclamando que o progresso não era rápido o suficiente. Não houve nenhum movimento que exigisse "vamos fazer mais". Durante várias décadas, todos ficaram satisfeitos com o que tínhamos realizado, que era simplesmente trocar um mecanismo de potência antigo por um novo. Foi só em retrospectiva que percebemos os erros que tínhamos cometido.

Esse parece ser, muitas vezes, o que acontece com a digitalização. Os supermercados parecem pensar que, ao adicionar o autosserviço, já fizeram o suficiente; não pensam como a tecnologia poderia redirecionar seus negócios fundamentalmente. Os varejistas de Big-box acham que a experiência *click-and-collect* pode ser suficiente para deter a investida da Amazon. Sinto que os bancos veem a M-Pesa no Quênia como um curioso estudo de caso, e o Venmo como coisa de criança, e que com um novo aplicativo bancário e um site de aparência revolucionário estão aproveitando o poder do novo.

As empresas precisam perceber que, até então, a maioria delas não fez nada. Precisam encontrar essas mudanças emocionantes, ficar encantadas em repensar seus negócios em torno de um conjunto de novas possibilidades, não usar como medida o quanto caminharam, mas o quanto poderiam saltar para o futuro e sobre seus concorrentes de hoje e de amanhã.

A ECONOMIA ATRAPALHA POR NÃO SER SUFICIENTEMENTE IMAGINATIVA

Os diretores financeiros (CFOs, na sigla em inglês) e os consultores de gestão da época estavam completamente enganados na forma como pensavam a eletricidade. Ao pensar na eletricidade como apenas uma fonte de energia, como uma nova forma de alimentar as máquinas, os economistas não conseguiram entender os benefícios secundários que realmente revolucionaram o estilo de vida e abriram as portas para novos produtos e serviços.

A maioria dos negócios, como as fábricas do passado, são geridos com grande influência (no mínimo) do líder financeiro da empresa. As decisões de investimento, em especial, baseiam-se em procedimentos de contabilidade complexos, em que os custos irrecuperáveis, os ganhos esperados e o tempo necessário para reembolsar os investimentos são, com toda a razão, o caminho a seguir. É claro que naquele período, como hoje, a contabilidade era feita em um prazo relativamente curto. Ninguém procurava por um retorno em sessenta anos, mas nos próximos dez anos. Ninguém estava calculando o custo de não fazer nada e da concorrência alcançar esse novo poder. A economia encontrou modelos antigos com premissas e limitações antigas para avaliar o custo e o benefício do novo, sem imaginação para os benefícios que eram de segunda ordem.

Quando as fábricas eram construídas *em função* da eletricidade, e não como um *complemento*, alguns dos benefícios eram claros e previsíveis: seguro menor contra incêndio, os custos de energia mais baratos, a economia em manutenção. Mas, embora previsíveis, muitos desses benefícios não poderiam ser facilmente contabilizados matematicamente. Qual é a vantagem financeira de ter condições de funcionamento mais calmas ou de ter trabalhadores com menos dias de folga? Qual é o valor de um quadro de funcionário mais feliz e de produtos feitos com mais precisão?

E muitos benefícios eram totalmente impossíveis de prever, particularmente as mudanças secundárias. Poucas pessoas poderiam ter previsto que a eletricidade permitiria o deslocamento de fábricas dos arredores dos portos, ou que uma iluminação mais clara melhoraria a inspeção do produto e aumentaria a qualidade. A maioria dos modelos contábeis são bastante racionais, mas isso não significa tudo o que pode ser medido. Da mesma forma, isso não significa que o que não pode ser inserido em uma planilha não tem uma implicação financeira, não importa o quão aparentemente desconectado.

Assim, à medida que a sua empresa procura empreender mudanças, esteja ciente de que a mudança transformacional é muito difícil de prever. A indústria da música era dedicada à transmissão do som, mas ela trata a maioria das músicas como marketing de conteúdo para o dinheiro feito em shows ao vivo. A indústria da televisão aprendeu a lição errada, e está atrasada em seus programas de *streaming* porque não consegue ver que, quando o conteúdo televisivo é transmitido, surge o potencial de utilizar dados pessoais para tornar os anúncios televisivos muito mais valiosos. Mas isso requer imaginação além da maioria dos pensadores financeiros. Poucos planos financeiros contabilizam o custo de não fazer nada. Pode ser que a Ford prefira não fabricar um carro eléctrico. Isso reduz sua capacidade de ganhar dinheiro em peças de reposição e manutenção, mas ela não terá essa escolha se a Tesla e outros criarem esse mercado.

A MEMÓRIA MUSCULAR É FORTE: APLICAMOS O NOVO AO VELHO

Quando enfrentamos algo novo, achamos difícil repensar. Não podemos começar com uma folha de papel em branco; para nos sentirmos mais no controle, rapidamente conectamos o novo ao que compreendemos. Nós focamos em processos, sistemas, infraestrutura, suposições do passado e usamos isso como um óleo para lubrificar o que temos. Não reparamos o que estamos fazendo. Ninguém vê como é estranho quando relógios digitais em anúncios mostram a hora como 10:10 porque essa hora parecia boa em um relógio analógico. Poucas pessoas notam como é estranho que seus pais compartilhem um e-mail porque o endereço postal era um endereço único para todos.

As empresas utilizam sistemas informáticos em que as pessoas são normalmente procuradas pelo endereço postal, porque era isso que os sistemas utilizados no passado faziam, quando hoje em dia é muito mais provável que as pessoas mudem de casa do que mudem o seu número de celular ou o seu e-mail — mas nenhum sistema foi ainda concebido tendo isso em conta.

As empresas de hoje precisam ser cautelosas com as suposições que fazem e com a bagagem que carregam. Os varejistas sempre precisavam manter um inventário do que vendiam; eles podem ser uma vitrine para qualquer produto de qualquer pessoa. Na verdade, se você tem um público, qualquer um hoje pode se tornar um varejista em segundos. Tornam-se a vitrine para outra pessoa preencher. A Turo ilustra que você pode ser uma empresa de aluguel de automóveis, e não possuir carros. O Airbnb mostra que, com pouco esforço, você pode ir da acomodação à experiência. Ao pensar no futuro, tenha cuidado para que as necessidades assumidas não o limitem. Um banco precisa de agências hoje? Você precisa ser dono de coisas? Você precisa de funcionários ou pode terceirizar? Você deveria realmente se estruturar como seus concorrentes ou em torno do desejo das pessoas?

A MUDANÇA PRECISA SER PROFUNDA

Como será abordado nos próximos capítulos, mudanças profundas na tecnologia exigem mudanças igualmente profundas na estrutura do pensamento. Tais mudanças fundamentais exigem que repensemos até mesmo os elementos mais essenciais do que fazemos. Simplesmente aumentar ou melhorar é compreender mal que a transformação é possível. Se os negócios tivessem sido mais positivos sobre o poder do novo, se, em vez de tentarem simplesmente digerir as possibilidades, tivessem gasto tempo entendendo-a, a vida teria mudado mais rapidamente.

Ao não dar importância ao novo, fazemos o que é mais fácil e requer menos mudanças. É mais rápido e exige menos esforço. Para quê fazer um novo gráfico de processo quando você pode simplesmente manter tudo onde está? Mas como vou explorar mais tarde, a mudança tem que vir do centro, não das extremidades.

NÃO HÁ PREVISÕES SOBRE O QUE NUNCA ACONTECEU

Não era como se os proprietários da empresa pudessem ver o potencial da eletricidade e tivessem tomado as decisões com base nessa previsão. Pelo contrário, eles não podiam imaginar algo que nunca tinha existido antes. Nenhuma pessoa, orientada matematicamente por engenharia e focada na produção, poderia ter previsto o que a eletricidade significava. As equipes precisavam de talentos diversos, precisavam de sonhadores, pensadores, pessoas criativas para realmente ver o impacto que as mudanças e implicações secundárias acarretariam.

A TECNOLOGIA É COADJUVANTE, NÃO PROTAGONISTA

São as pessoas, não a tecnologia, que transformam os negócios. Embora seja fácil pensar que todas as mudanças possibilitadas pela eletricidade foram provocadas pela tecnologia, elas foram realmente impulsionadas pelas pessoas. Foram as pessoas que trabalhavam nas fábricas que passaram a ver melhor os produtos sob a luz do sol, que produziam mais porque tinham mais controle, que passavam menos tempo transportando produtos de forma ineficiente ou deslocando-se para o trabalho. Foram pessoas cuja saúde melhorou, que trabalharam em condições mais seguras e menos barulhentas. Em cada uma das mudanças, a tecnologia foi sempre essencial, mas na maioria das vezes é realmente uma questão de pessoas: trabalhadores, clientes, vendedores ou marketing. A empatia para o que é necessário é mais essencial do que a compreensão da tecnologia complexa. Mais do que qualquer outra coisa, vemos que as pessoas querem soluções, e não tecnologia. Temos de nos concentrar muito mais em formas melhores de fazer as coisas, ou em novas formas de fazê-las, e não na tecnologia em si.

MUITAS VEZES EXISTE UM ESTÁGIO INTERMEDIÁRIO

A dinâmica de unidade de grupo fornece uma boa estrutura para ver o que acontece quando uma forma de pensar é ousada o suficiente para desafiar o que foi feito antes, mas não determinada, imaginativa ou profunda o suficiente para realmente fazer a diferença. Embora seja fácil olhar para trás na seção sobre as unidades de grupo e ver seu mérito na mudança, também é possível vê-la como um fator de atraso sem permitir que mudanças apropriadas fossem concluídas. Foi uma melhoria incremental em relação a uma velha maneira de fazer as coisas, uma mudança que era comprável e realizável. Era confortável e tinha a ilusão de fazer a diferença possível. São essas mudanças aparentemente grandes, mas em retrospectiva minúsculas, que muitas vezes atrapalham a verdadeira inovação, como discutiremos mais tarde. Vemos, a partir da dinâmica de unidade de grupo e dos estágios iniciais da eletricidade doméstica, as batalhas entre os sistemas AC e DC e a natureza proprietária fechada dos sistemas de energia doméstica antigos, que muitas vezes a vida se torna mais complexa antes que se torne mais simples.

O TEMPO É VITAL

Ser dono de uma fábrica em uma época em que as coisas mudavam rapidamente era difícil. Os custos de geração de energia caíam rapidamente, assim como o custo dos próprios motores, o número de especialistas que poderiam eletrificar as fábricas aumentava e os custos de modernização também caíam. Visto de fora, é muito fácil mapear o que as companhias deveriam ter feito e quando, mas, naquele momento, saber o que mudar e quando deve ter sido extremamente difícil. À medida que nos aventuramos por todo o planeta e vemos empresas colocando cabos de fibra ótica para fornecer internet ultrarrápida, nos perguntamos se, talvez, devessem ter esperado por redes 5G e não quebrado as ruas. Quando vemos aviões com grandes telas nos encostos de banco, é interessante considerar, já que temos telefones e tablets, se eles não deveriam ter gasto o dinheiro em uma Wi-Fi de boa qualidade. Devemos construir comboios de alta velocidade ou esperar pelo Hyperloop? Devemos embarcar no uso de inteligência artificial (IA) precoce em nosso negócio ou esperar até que ela melhore e trabalhe com um sistema central melhor?

SÃO AS EMPRESAS CONSTRUÍDAS PARA O MOMENTO QUE ALCANÇAM O VERDADEIRO PODER

Uma combinação de todos os fatores acima significou que não foram as fábricas existentes as primeiras usuárias da nova tecnologia. No entanto, penso que o fator principal foi outro: os custos irrecuperáveis e o entrincheiramento mental dos antigos proprietários de fábricas.

Se você está comandando uma fábrica têxtil de sucesso e sua empresa cresce há quarenta anos, como uma fábrica que funciona muito bem, seria pouco provável que você acordasse de repente e investisse muito dinheiro em mudança. Mesmo que as coisas possam quebrar, você tem décadas de experiência com seu sistema e equipamento. Seria mais confortável fazer pequenas alterações em um sistema existente do que jogar tudo fora e recomeçar. Seria preciso uma perda de rendimento desastrosa para conseguir contemplar algo assim. Esta perda de rendimento só aconteceria se e quando outra fábrica, em concorrência direta com o seu produto avançasse com mudanças, ultrapassando-o e fabricando produtos melhores. Levaria décadas para que isso acontecesse, e, quando você finalmente percebesse o que estava acontecendo, seria tarde demais.

Como resultado dessa relutância em mudar, não foram as antigas fábricas têxteis ou os negócios estabelecidos e lucrativos que lideraram a mudança em unidade; foram as empresas mais novas e menores, mais famintas por sucesso. As empresas que construíam coisas que nunca tinham sido feitas antes – aviões, frigoríficos, cigarros – abriram o caminho.

Ao considerar o *status quo* e o seu negócio hoje em dia, é fácil ver a razão pela qual você não mudou. Como o sapo apócrifo que ferve até a morte, você talvez esteja aquecido e mais relaxado do que nunca. Talvez seja tarde demais para reunir a energia para saltar, e mais difícil do que nunca seria fazer isso acontecer – assustadoramente, é o que você mais precisa fazer.

Os empresários dizem a si próprios mentiras o tempo todo para se sentirem confortáveis e eficientes. As pessoas sempre vão querer tocar nas coisas antes de comprar, elas não vão pagar por notícias, as pessoas sempre precisam de X, o concorrente Y é diferente porque é on-line, nós conhecemos melhor os nossos clientes, temos melhores relacionamentos com os nossos fornecedores... a lista continua.

No entanto, talvez você esteja apenas se confortando, talvez esteja apenas compreendendo o mundo da maneira que lhe convém, da maneira que requer o menor risco e mudança. Pode ser que você precise fazer grandes alterações e que a hora de agir seja agora. Como diz a Lei de Amara, as pessoas muitas vezes superestimam a quantidade de mudança de curto prazo e subestimam as de longo prazo, mas também acho que subestimam a profundidade à qual a tecnologia mais significativa precisa ser aplicada (Amara, 2006). Primeiro, nós moldamos nossas ferramentas, depois elas nos moldam – esse é um pensamento de John Culkin, (embora tenha sido amplamente atribuído a Marshall McLuhan) sobre o qual não ponderamos o suficiente (Culkin, 1967).

É MELHOR ASSUMIR QUE TUDO VAI MUDAR DO QUE SUBESTIMAR AS MUDANÇAS

Após o crash bancário em 2006, os governos de todo o mundo injetaram rapidamente mais de 12 trilhões de dólares na economia. Fizeram isso porque sentiram que era melhor reagir com força e rapidez do que agir com cautela e tarde demais. Da mesma forma, quando se trata de planejamento e transformação de negócios, é melhor aplicar mais a imaginação ao futuro, olhar mais adiante, superestimar as mudanças no mundo, do que presumir que as coisas não vão mudar.

Tenho certeza de que já está claro que os erros que tomamos com a era da eletricidade fornecem a lente perfeita para ver nossos erros com a transformação para a era digital. Cada aspecto e lição aprendida tem um paralelo no mundo moderno, como, por exemplo, só aplicarmos a nova tecnologia nas periferias, não no centro. Ou como os processos contábeis diminuíram seu valor, e os donos das fábricas se recusaram a investir o suficiente, assumindo que poderiam se livrar deles. Ou então, em aplicações domésticas, as pessoas não podiam realmente ver o benefício, e as empresas criaram sistemas fechados a partir do protecionismo. Vemos que o que realmente muda não é a tecnologia em si, mas os sistemas, os equipamentos, as formas de trabalho que são construídos sobre esse novo mundo. A tecnologia profunda cria uma mudança existencial, reconectando tudo. É mais sensato assumir que tudo vai mudar do que subestimar o futuro. O próximo capítulo vai explorar como a nova tecnologia chega, como ela se apresenta e o que fazer com ela.

Assim, ao procurarmos estabelecer a melhor forma de aplicar a nova tecnologia, é evidente que temos de compreender não só a tecnologia em si, mas também o seu significado. Temos de olhar para as formas como a tecnologia já efetuou as mudanças anteriormente.

2
AS TRÊS ERAS DA TECNOLOGIA

Vimos como no século passado o mundo, coletivamente, interpretou mal o significado da eletricidade. Examinar tal século nos permite aprender ainda mais com outros exemplos recentes. É estudando como a tecnologia é adotada, como as empresas e a sociedade respondem além de quando, como e onde a mudança deve ser aplicada, que podemos aproveitar melhor o potencial da tecnologia e estabelecer quando e como usá-la.

Neste capítulo, vamos investigar o processo de adoção e a noção de três eras: as três etapas distintas na adoção de qualquer tecnologia. Espero que, compreendendo os conceitos, possamos ter mais confiança em como, quando e onde aplicar a mudança. Neste capítulo, vou estabelecer padrões que podemos usar para dar sentido à mudança, para nos tornarmos mais confiantes e para ilustrar uma visão mais otimista que possamos abraçar.

Apesar de todo o progresso feito na era digital – nossas vidas embelezadas por smartphones, programas de televisão *on demand*, varejistas

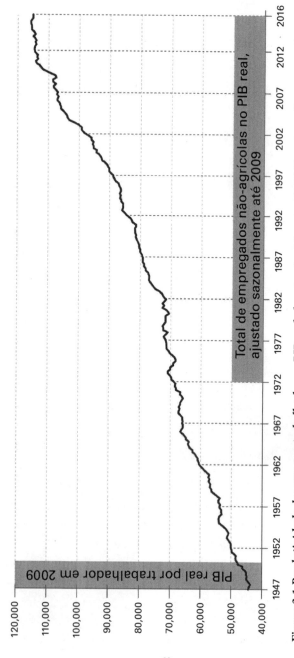

Figura 3.1 *Produtividade dos EUA por trabalhador no PIB real: do primeiro trimestre de 1947 ao segundo trimestre de 2016*
Fonte: An Economic Sense, https://aneconomicsense.files.wordpress.com/2016/07/gdp-per-worker-1947q1-to-2016q2rev.png>

on-line, todos os serviços que podemos acessar diretamente sozinhos –, e para todas as fábricas de automóveis centradas em robôs e a alavancagem de novas técnicas de gerenciamento que melhor utilizam essas novas forças, não é imediatamente óbvio que a produtividade tenha sido drasticamente alterada pela "revolução digital". É claro que a produtividade por trabalhador aumenta ao ano, mas não há mudança drástica de gradiente, como ilustrado na Figura 3.1. Como isso se explica?

AS TRÊS FASES

A falta de mudança na produtividade já foi vista antes. Como aprendemos com a introdução e uso da eletricidade na Revolução Industrial, há três momentos para a adoção de uma tecnologia:

1. Primeiro, temos um ambiente pré-tecnológico, antes que a nova tecnologia fosse descoberta ou utilizada de alguma forma. Nesse período, as coisas são geralmente compreendidas, o ritmo da mudança é lento e as melhorias são incrementais.
2. Então uma nova tecnologia ou forma de pensar com potencial para mudança é instalada ou disseminada. Isso acontece em torno de mentalidades e processos existentes, aumentando e azeitando o que acontecia antes. Nessa fase temos tanto o novo como o velho, com sistemas concorrentes, protocolos herdados, o sentimento de mudança e pânico, e, onde muitas vezes, vivemos com confusões e incertezas.
3. Depois temos um terceiro momento em que damos sentido à nova tecnologia, em que os sistemas são reconstruídos para o novo mundo. É nessa fase final, quando a sociedade e o mundo comercial parecem ter dado sentido à mudança, que a tecnologia passa para segundo plano e é amplamente compreendida e desenvolvida. É nesse momento que as coisas parecem simplesmente funcionar.

Muitas vezes as coisas parecem ficar mais complexas antes de se simplificarem. Quase todo mundo que ler este livro em 2018, provavelmente, terá energia elétrica na ponta dos dedos e ao seu redor. A energia é abundante, confiável, relativamente barata e simples. Com exceção das tomadas diferentes ao redor do mundo (cada vez mais padronizadas como as USB), ela parece ser uniforme e simples. Como resultado, não pensamos na energia porque ela funciona.

No passado, reparávamos muito mais nos computadores. Tínhamos Macs que não funcionavam com PCs. Tivemos dispositivos para carregar programas de computador, as máquinas ficavam sem armazenamento, falhavam o *tempo todo*. Na universidade, os computadores eram todos mantidos em uma sala especial. Os computadores eram novos, escassos, excitantes, provavelmente você teria que esperar para entrar em uma sala dessas. Lembro-me da primeira máquina na escola com um disco rígido. Não entendia como poderia ter todos os programas ali dentro; era mágico.

Por muitos anos, notamos quantos dos nossos aparelhos tinham uma fonte de alimentação, reparamos as coisas que tinham "computadores dentro", não mais. Ligamos e desligamos TVs e PCs. Tudo tinha um interruptor de ligar/desligar proeminente. Hoje, raramente prestamos atenção. Até é difícil definir o que é e o que não é um computador. Um tablet é um computador, mas e o Amazon Echo? Um roteador Wi-Fi do Google é um computador? Um alto-falante Sonos também? Minha televisão pode ou não ter um processador: não é importante para mim. Tudo é cada vez mais inteligente.

Quando se pensa em tecnologia, quando se repara, é sinal de que ela ainda não está funcionando perfeitamente. É bastante paradoxal que o que menos se nota seja o que funciona melhor. O fato de você ficar irritado quando seu celular não está renderizando filmes imediatamente é um testemunho de suas expectativas de que ele deve ser sempre perfeito. É com esse pensamento que podemos ver que somos pós-eletricidade e pós-computação, mas estamos na metade da parte mais complicada da era digital.

A ERA PRÉ-ELÉTRICA

Durante milênios, vivemos na era da pré-eletricidade. Ou não tínhamos energia nem fábricas ou, quando começamos a construí-las no início da Revolução Industrial, as fábricas dependiam da água ou do vapor para produzir energia. A localização e o design dessas fábricas e os processos de fabricação que utilizavam evoluíram ao longo do tempo. O progresso foi relativamente simples, a mudança foi lenta e cada vez mais focada. A tecnologia de lubrificação pode ter tornado a motorização em linha um pouco mais eficiente, os novos materiais melhoraram as polias, as caixas de engrenagens melhoraram o controle da velocidade, as fábricas de vapor tornaram-se mais potentes, mas todas as mudanças foram projetadas para otimizar os equipamentos e processos existentes em um ambiente bastante fixo.

Os lares também foram ambientes de mudança relativamente limitada. Nesse momento, as casas estavam concentradas em um melhor fornecimento de água corrente e na redução do risco de doenças através de um saneamento de qualidade. Foi uma era de melhoramentos incrementais na tecnologia de aquecimento, desde lareiras aos fogões a lenha. Outra atenção foi sobre como reduzir o risco de incêndio ou como melhor responder a ele. Antes das grandes mudanças que ocorreriam à medida que a eletricidade se espalhava pelo mundo, a vida era simples: não havia problemas de compatibilidade entre moinhos de vento e rodas d'água, não havia caos quando as pessoas trocavam os cavalos por bois para puxar seus arados. Nenhuma consultoria de gestão apareceria para contar aos telhadores sobre a prática Seis Sigma. Resumindo, em retrospectiva, foi um período de mudanças lentas, em relação a otimização para uma solução melhor, independentemente de como ela foi sentida na época.

A ERA MESO-ELÉTRICA

A descoberta da eletricidade e a capacidade de aproveitar a sua potência, tanto na geração como na transmissão, e o poder de utilização tiveram efeitos enormes em praticamente todas as direções. Foi um tempo de grandes mudanças, complexidade, caos e grandes desentendimentos.

Durante uma longa etapa intermédia, as pessoas viviam em uma idade híbrida: um mundo pré-elétrico que estava se adaptando, com um esforço mínimo, para a idade da eletricidade. Ao longo desse período, tivemos o pensamento e as concepções pré-eletrônicas funcionando em paralelo aos negócios e processos já eletricamente alterados.

Nos negócios e nas fábricas, havia um espectro de empresas que operavam com a eletricidade sendo aplicada de formas muito diferentes. Algumas empresas não mudaram nada, recusando-se obstinadamente a ver qualquer benefício. Outras fizeram pequenas alterações na periferia do que era feito antes. No entanto, outras fizeram mudanças maiores, abraçando o potencial do que era possível, mas – tal como a unidade de grupo elétrica – fizeram isso com imaginação e investimento limitados. E tivemos o início de empresas "elétricas" puras: empresas construídas para a era moderna, fundadas conceitual e operacionalmente sobre a nova fonte de energia.

Durante esse período houve confusão em massa, pouco acordo e muitas escolhas. Não havia práticas melhores, mas a matemática não comprovada e as novas teorias eram abundantes. A confusão levou à criação de consultores. A primeira empresa de consultoria de gestão reconhecida foi fundada em 1890 por Arthur D. Little, inicialmente dedicada à pesquisa técnica, mais tarde se especializando no que ficou conhecido como "engenharia de gestão", que depois evoluiu para consultoria de gestão como a conhecemos hoje. As empresas empregavam mão de obra especializada e bem remunerada para avaliar o impacto potencial da eletricidade e, em seguida, para impulsionar a transformação do negócio com a mesma.

Foi um período de grande incerteza e não-padronização, exigindo novas regulamentações, acordos e protocolos para melhor aproveitar o potencial daquele poder.

No Reino Unido, o The Electricity Supply Act de 1926 levou à criação da Rede Nacional para padronizar o fornecimento de eletricidade do país, e estabeleceu a primeira rede AC sincronizada. No entanto, durante muito tempo, por ser nova, confusa e incompreendida, a eletricidade não foi considerada particularmente importante. Um pouco como a internet atualmente, que ainda é considerada uma coisa boa de se ter, e não um direito humano, não foi até 1934 que a Lei das Empresas de Holding de Utilidade Pública reconheceu as empresas de eletricidade como bens públicos de importância junto às empresas de gás, água e telefone, delineando restrições e fornecendo supervisão regulatória de suas operações.

Como foi discutido no capítulo dois, em lares, escolas, universidades, serviços de saúde e muitas outras áreas, a eletricidade levou à proliferação de novos aparelhos, a novas formas de viver a vida, de pensar o mundo e à entrada das mulheres no mercado de trabalho. Foi um tempo de grande debate sobre a natureza mutável da sociedade, de modelos de gênero, um tempo de grandes questões filosóficas sobre a natureza da humanidade, de resistência à mudança e de desejo de retornar a tempos mais simples. Houve temores de perda de empregos em massa e protestos de trabalhadores, e o nascimento do movimento do artesanato como uma rebelião contra a grande padronização e perda de práticas manuais. Houve períodos inteiros em que a nova tecnologia foi perturbadora para além de qualquer bem que pudesse trazer. Houve enormes aumentos de riqueza para aqueles que se aproveitaram, enormes mudanças no tecido social e no valor e significado do trabalho – e duas guerras mundiais!

Foi enquanto essa nova tecnologia estava sendo adotada de forma desigual e injustamente distribuída geográfica, demográfica e culturalmente que mais debatemos sobre as implicações dessas mudanças. E isso aconteceu durante um longo período, quando a eletricidade se espalhou pelo mundo e se deslocou para nações em desenvolvimento, para diferentes setores e diferentes exemplos de uso. A Figura 3.2 mostra as linhas de tendência n-grama das referências à eletrificação nos livros de língua inglesa. É óbvio que virou um grande tópico de conversa em 1870, antes de levar mais de cem anos para se tornar algo que não notamos, pensamos, discutimos ou trabalhamos.

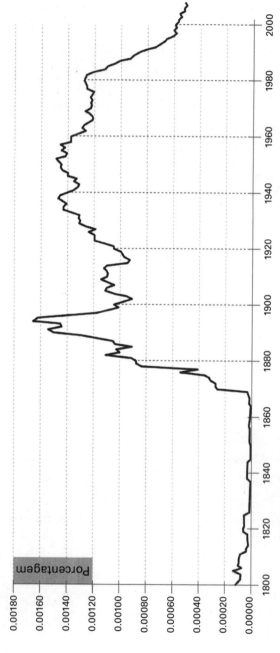

Figura 3.2 *Frequência do termo "eletrificação" no corpus de língua inglesa, 1800-2000*
Fonte: Google Books

A ERA PÓS-ELÉTRICA

O pós-modernismo na arquitetura foi um movimento iniciado por uma geração de designers que cresceram com a arquitetura modernista. Eles estavam tão próximos e confortáveis com ela, era tão arraigado e natural que não precisavam jogar segundo as suas regras. Não precisavam sinalizar aos outros que a compreendiam; sabia-se simplesmente que compreendiam. Essa confiança e compreensão inata do modernismo permitiu-lhes desenhar de forma lúdica, confiante e consciente um mundo que pudesse superar isso. Assim, quando uso o termo "pós" neste capítulo, falo da mesma ideia: um grupo de pessoas ou uma sociedade com confiança e maturidade para aceitar a ideia de avançar, criar coisas novas no mundo, e depois olhar coletivamente para o próprio progresso.

A eletricidade teve o mesmo momento de divisor de águas que a arquitetura. Muitos anos depois da chegada da eletricidade, alcançamos um lugar onde a eletricidade não era uma novidade. Não estava lá para ser desenhada. Não era simplesmente algo "não novo" – era uma coisa adquirida. Não houve celebração alguma. Tal como o oxigênio, era apenas a ordem natural da vida. Não havia nenhum momento definido, nenhuma história na imprensa, nenhum aniversário que celebramos; chegamos ao ponto em que se tornou notável pela sua ausência.

Uma tecnologia está verdadeiramente instalada quando se encaixa ao cenário. Normalmente pensamos que aqueles que crescem com uma tecnologia, que a adotam naturalmente e a compreendem inatamente são "nativos". Mas as pessoas de hoje não são "nativas da eletricidade": estamos para além disso. O mundo de hoje só faz sentido na era da eletricidade. Não vemos as empresas se esforçando para se adaptar, não falamos de "diretores da eletricidade" como falamos de "diretores financeiros", não definimos as empresas no mercado de ações como sendo centradas na eletricidade. Não há tópicos de controvérsia, não há novos padrões a serem lançados, não há processos judiciais enraizados na estranheza do significado desse novo poder. As coisas estão muito simples hoje. Não há duplicidade, não somos donos de dispositivos tanto elétricos quanto a vapor. Nós conseguimos. Vivemos na era pós-elétrica.

O pensamento das três eras foi confirmado por outros tecnólogos. Outro bom exemplo desse mesmo padrão é a informatização, que ocorreu entre o início da década de 1970 e o final da de 2000.

A ERA PRÉ-COMPUTADOR

Antes do *mainframe* e depois dos computadores pessoais, a vida nas áreas de negócios, educação, casa e transporte era, em grande parte, estabelecida na era pós-elétrica. O progresso foi, em geral, simples, convergente e sem controvérsia. Os consultores de gestão trabalhavam com as fábricas para aumentar a eficiência, novas teorias como a produção *just-in-time* e a Six Sigma foram introduzidas e depois aperfeiçoadas. Quando se olha para trás, parece incrível. Pessoas em trens carregando pastas para o trabalho, o uso de máquinas de Xerografia, e não de impressão, pessoas ao redor do mundo telefonando (e de suas mesas!), calendários em papel. Nessa época, os escritórios eram alinhados como sistemas de comando e controle replicados das forças armadas, com uma hierarquia organizacional rigorosa, uma estrutura essencial quando a comunicação é demorada e custa dinheiro.

Os negócios nessa época consistiam em formulários, selos de carimbo e protocolos internos de correio. Os progressos foram lentos, e as melhorias limitadas: fotocopiadoras ligeiramente mais rápidas, tinta mais barata, melhores fluxos de trabalho, calculadoras mais baratas e mais avançadas desenvolvidas lentamente. As mesas eram repletas de pastas de entrada e saída. Não existiam as telas azuis de computadores, nenhum "sistema desligado para manutenção" nos finais de semana, nenhum problema de servidor ou escândalos de *hacking*. Sem salas de informática, sem função de suporte de TI. Não estou sugerindo que a vida fosse melhor, mas tudo funcionava bem e devagar. A vida era simples e eficaz, e prestes a passar por uma grande mudança.

A ERA MESO-COMPUTADOR

O advento dos computadores não mudou o negócio da noite para o dia. Tal como aconteceu com a eletricidade, demorou algum tempo, foi ignorado por muitas empresas, e adotado com diferentes velocidade, entusiasmo e profundidade pelas companhias, setores e nações. Foi talvez, em parte, devido a esta assimetria que as coisas pareceram muito complexas.

Para esse momento, foram necessárias novas habilidades, novos equipamentos precisaram ser adquiridos e novos sistemas criados. Primeiro os usamos para embelezar as estruturas e sistemas existentes. Criamos um novo departamento de TI, relutante e inteiramente com função de suporte. No início foi preciso que os computadores se adaptassem à nossa volta, depois foi preciso que nos adaptássemos em torno deles. O que mudou foi, em grande parte, uma adição, e não uma substituição do que tínhamos no passado. Inicialmente, ainda tínhamos pastas e calendários em papel. Imprimíamos e-mails e guardávamos a correspondência interna. Ao longo do tempo, as pessoas começaram a falar sobre a gestão do fluxo de trabalho de novas formas. O correio se tornou eletrônico, passamos a convidar pessoas para reuniões por meio de agendas digitais (que algumas pessoas ainda nem usavam!), usamos intranets, e laptops permitiram que as pessoas trabalhassem em casa e ficassem conectadas. Depois, as coisas voltaram a tornar-se extremamente complexas. Tínhamos protocolos mistos com Mac *versus* PC, e diferentes tipos de impressoras (você se lembra das impressoras Daisy wheel?!). Os sistemas antigos foram suplantados pelos novos, não repensados. Foi doloroso. Na verdade, a única coisa mais difícil do que mudar a tecnologia é mudar a forma como as pessoas a utilizam. Os departamentos de TI até hoje têm uma expressão PICNIC, que significa *Problem In Chair, Not In Computer* (Problema de quem está sentado na cadeira, não no computador) para expressar até que ponto são as pessoas que estão ficando obsoletas.

Diante da complexidade e de coisas novas para aprender, replicamos as unidades familiares do passado. Pegamos todos os sistemas do Velho Mundo e os digitalizamos. O Skeuomorphism, conceito de design de fazer itens digitais semelhantes aos seus homólogos do mundo real, foi uma forma de ajudar a transição para a nova era. O correio tornou-se e-mail, com "endereços" e caixas de entrada. Criamos "pastas", "lixeira" e "*desktops* ou áreas de trabalho" como equivalentes digitais. O Power-Point tinha "slides" como os projetores de slides e disquetes representados como "forma de guardar", o que é maravilhosamente anacrônico, assim como o "retorno" que significa "retorno de carro" das máquinas de escrever – e não vou nem mencionar "cc" para cópia de carbono.

Lentamente, novas coisas foram feitas, os varejistas usaram códigos de barras para permitir uma melhor manutenção de estoque, tornando os caixas mais lentos e depois mais rápidos à medida que as pessoas se adaptavam. Esses tempos de mudança e incerteza provaram que eram tempos incrivelmente difíceis para consultorias de gestão e especialistas. O poder extremamente potente dos computadores era claro de se ver, mas o cuidado era essencial.

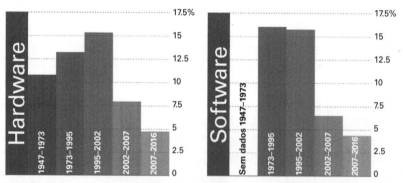

Figura 3.3 *Investimento de capital de empresas em hardware e software*

Fonte: Economic Policy Institute, http://www.epi.org/publication/robots-or-automation--are-not-the-problem-too-little-worker-poweris/?utm_content=buffer27c7b&utm_ medium=social&utm_ source=twitter.com&utm_campaign=buffer>

As perguntas mantinham os líderes empresariais acordados à noite: que novos equipamentos, pessoal e treinamento eram necessários, o que isso realmente significava para as empresas e o que poderia ser terceirizado? É ao mesmo tempo que aconselham as pessoas nos momentos de maior mudança, maior complexidade, maior potencial e medo que os consultores podem cobrar mais e criar vantagens tão valiosas. Conforme ilustrado na figura 3.3, foi nessa época que as empresas mais investiram em novos hardwares e softwares para melhor se adaptar a essa mudança, atingindo um pico no período de 1973 a 2002. No entanto, ao mesmo tempo, as empresas mantiveram-se fiéis à ordem e às metodologias do passado. A computação em nuvem não levou necessariamente à era do trabalho remoto. O poder computacional extra não precisava ser usado nas escolas, mas sim em quadros digitais. Não usamos menos papel, e o escritório sem papel do futuro nunca chegou. Em vez disso, tivemos uma vida paralela. Nessa era meso-computação, os computadores eram mais visíveis. Universidades e escolas tinham grandes salas de informática, a novidade era reunida em um lugar e quase exibida.

A ERA PÓS-COMPUTADOR

Enquanto ainda sofremos com coisas que não funcionam, preenchendo uma quantidade excessiva de formulários a mão e aguardamos o escritório sem papel, estamos na era do pós-computador. Você não encontra muitos varejistas que não digitalizam suas mercadorias e as conectem automaticamente a inventários, funcionários de escritório carregando pastas, ou calculadoras em muitas mesas. As coisas geralmente funcionam: mesmo o meu Mac consegue se conectar ao meu PC, ambos usam o Google Drive e a internet tem sido o que os une. O poder computacional por trás do que fazemos foi praticamente esquecido.

Hoje nenhum consultor de gestão fala sobre estratégias de informatização, nenhuma companhia tem pessoas encarregadas de adicionar energia de computação para as empresas. O próprio TI passou do trabalho do futuro para um papel de suporte, com a função de manter, não de construir. Não temos conferências sobre "libertar o poder dos computadores"; ele é apenas conhecido por ser parte dos elementos fundamentais do mundo em que vivemos. A Figura 3.4 mostra a queda no uso do termo "computação" em livros de língua inglesa de 1800 a 2000, ilustrando como o termo decolou nos anos 1960 e depois gradualmente desapareceu de nossa consciência coletiva.

É claro que poderíamos utilizar melhor os computadores, mas o foco está cada vez mais na conectividade dos dispositivos que utilizamos, na "automodernização" possibilitada pela partilha e processamento de dados, tudo é mais sobre a próxima era: a era digital.

OS CICLOS DE ENCURTAMENTO

Neste ponto, é importante notar a mudança de ritmo que caracteriza a adoção de novas tecnologias. Muitos teóricos falam das quatro "Revoluções Industriais". E enquanto as descrições e pontos de partida de cada um variam entre os proponentes, uma mudança é impossível de passar despercebida – a velocidade com que esses ciclos começam e terminam:

- *A primeira revolução*: a chegada da água e da energia a vapor, bem como a criação de grandes fábricas e a produção industrial aconteceram durante um período de cerca de cem anos.
- *A segunda revolução*: a adoção da eletricidade e a criação de novos aparelhos baseados na eletricidade levou cerca de cinquenta anos.
- *A terceira revolução*: a última revolução a ser concluída, o uso de computação e automação para aumentar a produtividade, levou talvez vinte e cinco anos para que o mundo a abraçasse plenamente.

Hoje vivemos em uma era pós-elétrica, pós-computador. Não refletimos sobre quantas horas por dia usamos energia, não pensamos em quais aparelhos são elétricos, ou quantos têm chips, mas provavelmente sabemos quais e quantos itens estão conectados à internet. Vamos explorar o que está acontecendo na revolução atual:

- *A quarta revolução*: a era digital e conectada.

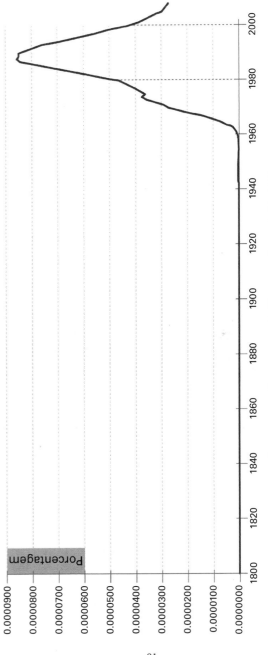

Figura 3.4 *Frequência do termo "computação" no corpus da língua inglesa, 1800-2000*

Fonte: Google Books

A ERA PRÉ-DIGITAL

Lembra-se da época em que os dispositivos tinham apenas uma função? Isso acontecia quando a mídia era física, e quando as tecnologias viviam em paralelo umas com as outras, mas raramente entrelaçadas. O varejo estava na loja ou por correspondência, ou, se você estava tinha pressa, por telefone. "Ligue agora, se os operadores estiverem ocupados, tente mais tarde" e "aguarde de seis a oito semanas para a entrega".

Os canais de mídia eram rotulados de acordo com o dispositivo em que os consumíamos: TVs, jornais, revistas, rádio. Não havia confusão ou sobreposição. Você não veria o conteúdo de uma TV que não fosse transmitido na sua região. As notas e moedas eram a nossa principal forma de gastar dinheiro no mundo. Também tínhamos cartões de crédito, o "shunk" de papel carbono, e talões de cheques, uma espécie de nota promissória que as pessoas levavam a sério. Mas o nosso uso da tecnologia não era complicado.

Pode não ter parecido assim na época, mas, em retrospectiva, a vida era simples. O progresso foi constante, mas largamente linear. Claro que as coisas mudaram: passamos do VHS para DVD; as fitas cassetes foram postas de lado quando o disco compacto assumiu o controle. As compras por correspondência melhoraram um pouco, mas ainda tinham cem anos de existência. As mudanças foram pequenas. O cenário do varejo ou a cadeia de suprimentos de logística não foram modificadas. Não houve atualizações de software para fazer com que os fones de ouvido funcionassem, um interruptor de luz não precisava de um flash de firmware, em um mundo sem conectividade sua torradeira não parava de se comunicar com sua chaleira porque simplesmente jamais começara uma conversa. Não havia termos e condições para usar o seu forno.

Nós nos preocupávamos com as fotos que tirávamos porque só podíamos tirar o máximo que os filmes que carregávamos podiam guardar, e revelá-los (a única maneira de ver o que fotografamos) era caro e levava tempo. Era a terra do físico. Os carros eram escolhidos de acordo com a sua aparência, como lidavam com a estrada, como eram feitos. As especificações e melhorias eram muito táteis: uma TV melhor era uma TV maior com uma imagem mais nítida. Melhores caixas de som poderiam projetar o som mais alto ou um pouco mais baixo. À medida que as coisas iam envelhecendo, de rádios a carros e câmeras, elas se desgastavam, e pior, as cassetes ficavam mutiladas, os CDs riscados. Essa era a vida na era analógica.

Tínhamos muitas coisas, mas tínhamos que as possuir. Sem uma câmera você não poderia tirar fotos, sem uma TV você não poderia assistir à nada, sem um rádio você não ouviria as notícias locais. Apesar de gastarmos muito do nosso rendimento disponível em coisas, isso nunca pareceu extravagante. As sobreposições eram pequenas, de modo que o benefício que cada dispositivo trazia era simples e claro.

A ERA MESO-DIGITAL

No início, a idade pré-digital evoluiu lentamente. Os produtos foram digitalizados. As fotos transformaram-se em bits. O conhecimento passou de volumes de enciclopédias para enciclopédias digitais em um CD (ou vinte). No início, a mudança não foi grande coisa. Embora os CDs fossem tecnicamente digitais, eles eram físicos por natureza. Alugar um DVD não era um comportamento diferente de alugar uma fita cassete. Ainda vivíamos em uma era de escolha limitada da maioria das coisas, onde a geografia era a chave para o varejo, e a distribuição era um custo-chave.

A internet começou a mudar as coisas, mas nós ainda olhávamos o passado no espelho retrovisor. A lista telefônica tornou-se um diretório on-line. Revistas impressas tornaram-se websites. Os jornais tornaram-se versões de "papel digital" do que sabíamos, e subiam o mesmo conteúdo "on-line".

O mundo conectado tornou tudo mais complexo e criou desafios. Já que a música ou o vídeo são apenas dados em um servidor, não um CD que se toca, torna-se mais difícil cobrar dinheiro por isso, o que destruiu todas as indústrias de produção, distribuição e varejo.

Voos ou hotéis, apólices de seguro e praticamente tudo o que podemos possuir podem ser comparados on-line. De repente, acabaram-se as pequenas empresas e criou-se um mercado aberto e global, no qual as antigas assimetrias de informação, que permitiam às empresas obter lucros, deixaram de existir. A era meso-digital viu o papel de muitas empresas desaparecer, especialmente as camadas intermediárias dos processos. Por que precisamos de lojas de departamentos, agentes de talentos, gravadoras, agentes de viagens, corretores de seguros? Não faz sentido. Sentiu-se muita a destruição. A Blockbuster foi morta pela Netflix. Apesar de inventar a fotografia digital, a Kodak perdeu o seu caminho, e a Nokia passou a ser irrelevante apesar de ter sido pioneira no smartphone. Chegar primeiro e ser pioneiro não tem sido bom para as empresas nesta era. Há muita confusão e incerteza. Jornais e revistas enfrentaram os maiores desafios; eles achavam mais difícil ganhar dinheiro com anúncios on-line, mas não ousavam colocar conteúdo atrás de paywalls, quando as pessoas esperam tudo de graça.

As fases iniciais da internet foram brutais para muitos. Falhamos coletivamente em encontrar formas de criar valor. Existimos no meio das fundações, dos princípios e do ambiente construído a partir do mundo pré-digital, embelezado apenas pelo potencial do que está por vir. Seguramos o pensamento do passado e o implementamos nos recipientes do futuro, onde não cabe. É um pesadelo para as empresas incumbentes, para as marcas, para os reguladores, mas um tempo maravilhoso para os advogados e consultores.

Chamo a isso "complexidade de pico". Estamos na era meso-digital. Essa energia – as forças disruptivas, o vasto sentimento de mudança, a aceleração da complexidade, o estresse das empresas que lutam pelas margens de lucro do passado – é onde estamos no momento. A complexidade se encontra em todos os aspectos de nossas vidas e tendemos a não a perceber porque estamos encantados com a maravilha do novo.

Em 2005, eu acordaria com, talvez, cinquenta e-mails e três mensagens de texto. Tinha um e-mail pessoal, um e-mail de trabalho e um telefone. Hoje, como a forma segue o financiamento, todos os aplicativos crescem em direção ao sol que é a monetização e todos eles oferecem mensagens. Temos o mesmo número de pessoas para alcançar, mas mensagens para verificar no Yammer, Dropbox, Slack e 45 outras caixas de entrada. Temos de pensar não em com quem queremos conversar, mas como. O fardo cognitivo é abundante nessa época, assim como as oportunidades perdidas. A BBC não reproduzirá qualquer conteúdo fora do Reino Unido porque os direitos de uso global não foram eliminados, apesar da internet ser popular há mais de 10 anos.

Os sistemas de pagamento não fazem sentido. Se você entrar em qualquer táxi em qualquer cidade e perguntar se eles aceitam cartões de crédito, eles zombam com um "claro que sim" ou "lógico que não". Você só pode pagar com dinheiro (não em cartão) na American Eagle (marca regional da American Airlines), mas só pode pagar em cartão (e não em dinheiro) em voos da American Airlines. Você pode autorizar um pagamento com trinta mil pontos de dados com sua impressão digital do Touch ID, mas depois precisa riscar uma caneta em um recibo de papel para combater a fraude. É um tempo em que os problemas iniciais da digitalização e as batalhas pelo território definem a nossa experiência. O Facebook quer mantê-lo em seu aplicativo, o Amazon Echo não quer mostrar o YouTube, o Google Home não vai conversar muito bem com a Apple. Alguns varejistas não aceitam a coleta ou devolução de produtos on-line em lojas reais. Em outras lojas, se você quiser saber se eles têm um item em estoque, eles podem ter que fazer chamadas telefônicas para cada filial.

Mais do que tudo, temos a promessa maravilhosa e surpreendente do novo construído sobre os alicerces do passado. Websites que à primeira vista parecem incríveis, mas com apenas quatro cliques levam a um antigo sistema de *backend* que eles esperavam que você nunca encontrasse. Aplicativos móveis incríveis para companhias, claramente desenhados por equipes melhores e com mais dinheiro do que era disponível para seu pesado site. Companhias aéreas que oferecem aos pilotos iPads para acelerar a burocracia, mas que ainda precisam de impressões matriciais em papel timbrado. É uma época em que o próprio conceito de canais de TV e guias eletrônicos de programação não fazem sentido: as duas coisas que menos importam para a maioria dos jovens são a empresa que encomendou o programa e quando ele será transmitido – as duas dimensões que são usadas para navegar pela grade dos programas de televisão.

O que une todas essas experiências sem brilho e todos os erros percebidos, e o que mais positivamente mostra o caminho para o futuro, é que traduzimos o pensamento pré-digital e o interpretamos através de uma lente digital. Resgatamos em todos os comportamentos, produtos ou artigos físicos e modificamos notavelmente muito pouco. Recanalizamos o velho através do novo, simplesmente puxamos as coisas velhas através de novos quadros, nunca repensando o que é possível. Os primeiros programas de rádio eram leituras de jornais, os primeiros programas de televisão eram apenas jogos com câmeras apontadas para eles, os primeiros websites eram jornais digitalizados. Na verdade, grande parte do mundo moderno, quando olhado criticamente, parece surpreendentemente inalterado. Tudo o que vemos hoje é uma mera repetição do passado, melhorias incrementais do antigo com tecnologia agregada. Isso explica porque as compras on-line parecem novas, inovadoras e elegantes, mas são exatamente a mesma escolha e arquitetura de design dos catálogos de uma época passada. Fazemos compras por catálogo dos anos 1960, mas em um site e com funcionalidade de e-mail. É tão excitante pensar no que podemos fazer se nos atrevermos a trabalhar em torno do que a tecnologia pode permitir. Como podemos repensar as compras on-line? O que um seguro de automóvel pode se tornar? Como as pessoas podem pagar as coisas mais facilmente? Esses são tempos maravilhosos para se estar no mercado.

É nessa era que as empresas contratam "líderes digitais" para defender novos pensamentos e novas tecnologias, a fim de responder a algumas dessas questões. Testemunhamos isso nos artigos intermináveis, nos tópicos de tendências, nas *hashtags* sobre disrupção e na infinidade de conferências.

A ERA PÓS-DIGITAL

A primeira era da internet: digitalização de interfaces que já existiam (catálogos de jornais). Agora: criar os que deveriam ter existido.

LEVIE, 2014

O novo sistema de identificação facial da Apple, recentemente lançado, utiliza uma câmera para capturar dados precisos, projetando e analisando mais de trinta mil pontos invisíveis no seu rosto. Ele se adapta automaticamente às mudanças na sua aparência, como o uso de maquiagem ou o crescimento de pelos faciais. É um sistema bastante avançado.

Ao mesmo tempo, e aparentemente não relacionado, no momento os EUA estão considerando construir um muro de cerca de cinquenta bilhões de dólares para manter algumas pessoas fora, porque aparentemente se preocupam muito com a segurança. Para voltar para os EUA, o Reino Unido ou qualquer outra nação, você precisa entregar um pedaço de papel, um passaporte, que pode ou não ter um microchip. Um funcionário da alfândega vai olhar para você e determinar se é essa pessoa. Todo o movimento global atual do sistema de pessoas, que custa centenas de bilhões de dólares por ano, está enraizado em pessoas que se parecem um pouco com suas fotos, carregando livrinhos de papel, visitando embaixadas para colar ali outros pedaços de papel, que depois são carimbados com carimbos de borracha e tinta.

Não sei se isso te surpreende, mas parece-me um pouco estranho. Seria interessante imaginar um sistema em que gravássemos os rostos das pessoas, tivéssemos uma base de dados global, vistos como permissões digitais armazenadas em uma base central, e nunca exigisse de ninguém um passaporte. É aterrorizante para muitos imaginar isso (e o papel da privacidade no futuro é explorado mais adiante neste livro), mas é difícil crer que teremos mais privacidade à medida que o mundo avança, e é interessante considerar os benefícios que isso pode trazer. Seria divertido considerar o seguinte: e se não tivéssemos cartões de embarque como equivalentes digitais dos cartões de papel, mas pudéssemos embarcar em um avião sem nada além do nosso rosto? Ou nunca precisássemos de um cartão de crédito, porque o nosso pagamento estaria ligado ao nosso rosto ou impressão digital? Tendemos a adicionar o pensamento digital em cima de dispositivos antiquados, bilhetes de papel, passaportes, cartões de embarque, em vez de repensar sistemas novos.

Continuamos a cometer esses erros. Continuamos adicionando tecnologia a sistemas quebrados. Não é difícil para um banco perceber que o depósito de cheques e o desenvolvimento de aplicativos para sua digitalização são uma dor de cabeça, mas está pensando sobre a tecnologia da maneira errada. Criamos robôs que podem realizar alvenaria, mas não deveríamos estar pensando em métodos de construção inteiramente novos? Tudo isso mostra que é o ato de repensar o processo que é difícil. O que precisa de mudança é o sistema subjacente.

Nessa era pós-digital, vamos pensar em *pessoas* na era da tecnologia, não na tecnologia em si. Vamos reinventar o varejo físico porque os comportamentos on-line significam que esperamos encontrar as coisas rapidamente, ver itens que combinam e nunca precisar ficar na fila para pagar.

Vamos fabricar produtos melhores, que fazem mais do que a soma das suas peças, como o termostato Nest – não apenas o primeiro termostato que se pode programar sem ter um diploma de informática, mas um termostato que aprende e torna a sua casa mais eficiente, sem que você faça nada.

A era pós-digital será incrível. Como na era pré-digital, ninguém vai pensar no "digital" nesse momento. O conceito se moverá para o fundo do poço, e, assim como o oxigênio ou a eletricidade, entenderemos que o digital é transformador, mas irrelevante. Não haverá mais um "diretor digital" da mesma forma que um "diretor elétrico" não existe hoje.

Na era pós-digital, a tecnologia digital será um elemento vasto e silencioso, formando a espinha dorsal da vida. A internet será um utilitário de fundo, perceptível apenas pela sua ausência. As casas inteligentes vão funcionar. O vídeo vai nos seguir por todo o lado. O conteúdo será pago... tudo sem problemas e sem esforço.

Nós não vamos mais falar em TVs on-line, ou celular *versus* computador. Os varejistas não vão considerar on-line versus físico como uma divisão digna de nota; vão apenas celebrar as vendas. A publicidade vai funcionar em torno das pessoas, com narrativas para motivá-las a comprar. O conteúdo não vai se preocupar com as fronteiras nacionais; mesmo as noções contemporâneas, como moeda ou língua, serão menos centrais na vida.

Na era pós-digital, talvez não construamos bibliotecas para acessar livros, talvez estabeleçamos que devemos garantir que todos tenham um smartphone. Talvez votemos de forma segura e imediata, e praticamente sem custos, em questões-chave de governança, como pagamentos de assistência social ou detalhes de saúde.

As pessoas nascerão verdadeiramente nativas digitalmente. Os pais não se sentirão tão ansiosos como se sentem atualmente com o uso dessas tecnologias por seus filhos. As crianças vão instintivamente usá-las quando bebês, e continuaram a desenvolvê-las e alimentá-las à medida que crescem ao lado da tecnologia. Talvez a linha mais turva seja aquela entre o real e o virtual. Nosso senso de realidade, tempo e lugar, será o mais complexo para entendermos.

COMO AS EMPRESAS PODEM ALAVANCAR O PODER DA ERA PÓS-DIGITAL?

ACORDE, ANIME-SE, MUDE

Vamos nos superar. A internet e os aparelhos smart não são remotamente novos. Nós nos enganamos, achando que ainda não precisamos lidar com eles porque tudo aconteceu tão rápido. Varejistas que ainda não adotaram PayPal, Apple Pay ou Klarna, aplicativos que não conseguem usar o Touch ID para fazer login, empresas que não usam e-mail para permitir que os clientes entrem em contato – venham todos, se apressem. Também não acho que as empresas mostrem qualquer entusiasmo com as novas tecnologias; elas arrastam os pés. Não creio que as empresas entendam o quanto isso importa. Se os bancos foram construídos, durante anos, em mármore e com grandes pilares dóricos, como é que não compreenderam que os seus pontos de contato digitais refletem a sua identidade da mesma forma? A presença digital da maior parte dos bancos oferece as mesmas garantias que um banco que opera de uma instalação móvel em um estacionamento no meio de um terreno baldio.

SIMPLIFIQUE AS COISAS

Muitas vezes parece que somos atraídos para fazer e desejar tudo o que é novo. As empresas querem mostrar ao mundo que possuem realidade virtual, por isso fazem uma experiência de VR. Elas precisam mostrar às revistas de comércio que são rápidas para adotar *chatbots*, que querem ter uma impressora 3D em uma loja, criar publicidade personalizada e dinamicamente renderizada. Mas será que os consumidores se importam? Faz alguma diferença para eles? Em tempos complexos as pessoas procuram a simplicidade. Se o aplicativo da sua companhia aérea que diz às pessoas quando o avião está pronto para embarque funciona noventa por cento do tempo, saber que só vai perder um em cada dez voos não é reconfortante; é pior do que inútil. Se você trabalha para a Apple, não crie um laptop que ofereça a maravilha de uma conexão USB-C, mas não te permite carregar seu telefone sem um adaptador caro. Seja atencioso. Em momentos de pico de complexidade, esteja atento o suficiente para considerar o ponto de vista do cliente. Faça bem as coisas simples. Diga não a tudo o que não ajuda as pessoas de forma demonstrável. Não prometa demais, gerencie expectativas, faça as coisas que simplesmente funcionam.

CONSTRUA EM TORNO DAS POSSIBILIDADES, NÃO EM TORNO DO PASSADO

A principal lição do que vimos é o alto grau em que a nossa memória muscular depende do passado. Os primeiros navios a vapor tinham mastros para as velas porque era assim que os navios se pareciam. As primeiras carruagens sem cavalos pareciam iguais às carruagens puxadas por cavalos, porque era isso que os fabricantes sabiam fazer. A primeira publicidade para relógios digitais foi apresentada com o mostrador no horário de 10:10 porque era o que parecia mais atrativo em rostos e ponteiros analógicos. É espantoso como frequentemente construímos em cima do que já foi feito antes, sem repensar.

Imagine se alguém no século XIX, vendo um carro puxado por cavalos, mas plenamente consciente de motores, sistemas de transmissão, motores de combustão e máquinas mais avançadas pensasse que havia uma maneira melhor. Imagine que ele procurou fazer uma versão melhor com seu conhecimento, mas sem imaginação. Ele não mudaria o formato do veículo e criaria uma forma extremamente avançada de cavalo animatrônico para puxá-lo. Seria uma maneira espetacularmente estúpida de repensar o carro, mas é praticamente a forma como nós levamos a cabo a maioria das mudanças no mundo.

Nosso papel é esquecer tudo o que aconteceu antes de nós – não aplicar a tecnologia às soluções existentes, mas repensar como poderíamos criar negócios hoje, no contexto da era pós-digital.

ENSINE SOBRE DADOS RAPIDAMENTE

A promessa da idade pós-digital é ter ainda mais dados a que possamos recorrer e processar mais rapidamente, e aprender mais com eles; isso é excitante, mas temos de ter cuidado. A quantidade de dados que acessamos cresceu mais rapidamente do que o nível geral da "alfabetização" em dados nas empresas. A maioria das empresas tem muitos dados, armazenados em vários locais, que não são "limpos" e, muitas vezes, são mais confusos do que úteis quando se trata do que interessa – usá--los para tomar decisões. Precisamos garantir que as empresas criem estratégias de dados centralizadas, porém centradas no cliente, para encontrar uma maneira de garantir que os dados sejam acessíveis a todos, úteis e superseguros.

No entanto, precisamos também nos concentrar na utilização correta dos dados. Recentemente, o equilíbrio oscilou entre as decisões tomadas com base nos sentimentos e as decisões tomadas com os dados. Isso é preocupante, pois os dados nunca são objetivos; eles refletem a agenda de quem os coletou, filtrou e apresentou. Os dados frequentemente apresentam o que é mais fácil de medir, não o que mais importa, e então as empresas tendem a otimizar os aspectos que podem mudar e implementar com maior rapidez, não as coisas que realmente importam. Mais do que tudo, os dados não refletem a nuance e a riqueza do mundo. Quando lidos em uma planilha, o horror da Penn Station e a beleza sublime da Grand Central Terminal, ambas em Nova York, não são enxergados. Conforme medidas pelo Excel, são estações ferroviárias maciças, em Manhattan, cobrindo vários quarteirões da cidade, com linhas de metrô e trens. São semelhantes em todos os sentidos, mas sentem-se diferentes. Seja cuidadoso com avaliação por números em um mundo onde o significado vive fora de tais parâmetros.

3
LIBERTANDO O PODER DA MUDANÇA DE PARADIGMA

O melhor espadachim do mundo não precisa temer o segundo melhor espadachim do mundo; não, ele deve ter medo de algum antagonista ignorante que nunca teve uma espada em mãos, esse não faz as coisas como deveria fazer, e assim o especialista não está preparado para ele.

MARK TWAIN, 1889

É fascinante que uma citação que melhor explica o espírito de disrupção não venha de um criador iniciante da TechCrunch do ano passado, ou de um especialista em capital de risco do Vale do Silício, mas de um escritor, nascido há mais de 200 anos, em um texto sobre conflito medieval. Às vezes parece que as empresas líderes são ignorantes e antagônicas.

Quando o iPhone foi lançado, em 2007, foi o melhor telefone que o mundo já vira e o primeiro da Apple. O primeiro aspirador de pó da Dyson foi o melhor já feito na época de seu lançamento.

Quando Tony Faddell fez o primeiro termostato do Nest Lab, era claramente o melhor do mundo.

Desde o primeiro carro da Tesla a estabelecer o padrão para toda a indústria automotiva, passando pelo primeiro negócio de táxis da Uber, até à primeira tentativa de venda a varejo da Amazon, parece que o verdadeiro passo muda na forma como as coisas são feitas por aqueles que nunca as fizeram antes. O Facebook é, de longe, o maior e mais rentável proprietário de mídia que o mundo já viu, liderado por um CEO que nunca trabalhou em uma empresa de mídia sequer um dia de sua vida. O primeiro papel de Donald Trump na política é ser o líder do mundo livre: ele quebrou todas as regras, não deixou a falta de conhecimento sobre governo ou política, ou como os políticos deviam se comportar, impedi-lo. Longe disso: levanta uma grande questão. Essas empresas ou pessoas conseguiram mudar o jogo *apesar da* falta de experiência, ou *por causa* dela?

Por que é que o Space X está fazendo as coisas muito além do que a NASA com a sua longa história poderia realizar? Por que a Sonos criou alto-falantes conectados antes da Sony ou da Bose? Por que uma empresa de trens não inventou o Hyperloop, por que uma empresa de helicópteros não inventou o primeiro drone que pode transportar uma pessoa, por que um banco ou uma operadora móvel que possui a relação financeira com os clientes não inventou o Apple Pay? Por que foi preciso a Amazon para inventar o alto-falante Echo quando a Apple tinha a Siri anos antes? O programa de "televisão" que mais cresce hoje em dia, o *HQ Trivia*, não é feito por uma empresa de TV nem é transmitido por ela.

As coisas mudaram.

É fácil pensar que esse é um viés de sobrevivência, que só os vencedores conseguem escrever a história, que a sorte desempenhou um papel vital. Então, neste capítulo, vamos ver como isso aconteceu. O que essas empresas fizeram de tão notável? Por que a expertise é aparentemente inútil? O que significa disrupção? E o mais importante de tudo: o que minha empresa pode fazer sobre isso hoje?

UMA NOVA TEORIA PARA A DISRUPÇÃO

Quando falamos de disrupção, pensamos, naturalmente, na ideia conhecida de Clayton Christensen de que é sobre empresas que minam *players* antigos, com base em uma nova tecnologia a um preço mais baixo.

Isso é calcado na ideia de que as organizações são transformadas devido ao seu sucesso, que investem tanto em uma forma maravilhosamente lucrativa de extrair a maior parte do dinheiro do produto, e que o fazem tão bem que nunca procuram explorar maneiras diferentes de fazer as coisas. É por causa dessa feliz complacência que elas se tornam vulneráveis.

Então outra empresa, utilizando uma nova forma de tecnologia, entra no que parece ser um mercado diferente, a um preço muito mais baixo. O novo operador expande-se repentina ou lentamente em qualidade ou papel, para minar o sucesso do operador histórico.

Podemos ver como, por exemplo, os livros de couro da Enciclopédia Britânica foram rapidamente minados pelo conteúdo da Wikipédia, baseado na web e com recursos comunitários. Podemos ver como a Kodak fez rios de dinheiro com filme fotográfico e seu processamento e que, embora reconhecessem a importância da fotografia digital, não era um setor que quisesse investir.

O espírito dessa ideia – outra empresa com conhecimentos diferentes e uma forma diferente de ver as coisas – é um conceito-chave, mas o pensamento de que a ruptura acontece de baixo para cima é extremamente enganadora. Acredito que a ideia de que os disruptores oferecem produtos inicialmente inferiores, porém mais baratos, é absolutamente errada.

O Uber nunca foi uma forma mais barata de chamar um táxi; era uma forma mais conveniente de obter um meio de transporte muito mais agradável e mais caro. Os carros da Tesla não são, de modo algum, mais baratos para se comprar ou produzir, mas estão mudando toda a indústria automotiva porque eles alteraram tudo, desde como os carros são projetados e montados, até como são vendidos e reparados. Estão lentamente mudando toda a indústria automobilística, não por serem mais baratos ou por prejudicarem as empresas históricas de alguma forma, mas por redefinirem todos os elementos do setor.

Embora o Airbnb esteja alterando muitos aspectos da indústria hoteleira e sendo "disrputivo", o produto é muito diferente; é para pessoas que querem ficar em um local maior, mais pessoal, que querem ter uma experiência genuína. Em muitos casos, as pessoas gastam mais dinheiro na sua estadia em um Airbnb do que em um hotel.

De Netflix para Facebook, da Amazon para Alibaba, e na maior parte do mundo em que vivemos, as novas empresas que se desenvolveram não têm sido em grande parte mais baratas, mas melhores. Elas criaram melhores experiências para os clientes, ofereceram entregas mais rápidas, permitiram que as pessoas fizessem mais, ajudando-as a obter o que queriam. A teoria de Clayton Christensen não explica como a Nest se tornou uma empresa de 3,2 bilhões de dólares fazendo um termostato muito mais caro, ou como a Dyson foi capaz de cobrar mais de três vezes o preço médio de venda de aspiradores em 2002 e ainda capturar uma grande parte do mercado.

Sua teoria não explica como o Zipcar entrou nos mercados de aluguel de carros, ou como a Virgin America (ou Virgin Atlantic) ou RedBull ou Slack ou WhatsApp prosperam. A teoria da disrupção não explica a ascensão do Skype, Snapchat ou Buzzfeed, drones DJI ou WeWork, Vice Media, BlueApron ou ZocDocs, Stripe ou muitos outros fenômenos modernos.

Parece que "disrupção" foi uma teoria baseada em dados selecionados de uma janela de tempo estreita, em um mundo linear da manufatura de produtos físicos, com exemplos do mundo da tecnologia em armazenamento de dados e design de escavadeiras há cerca de 40 anos.

É prejudicial pensar em tecnologia dessa forma. Basear o pensamento de negócios na teoria de Clayton Christensen limita o desejo das empresas e capacidade de ver e conduzir mais oportunidades emocionantes. É muito mais empoderador, animador e lucrativo concentrar-se no que a tecnologia pode nos permitir fazer ou no que os consumidores realmente sonham em ter. É muito melhor se concentrar em fazer mais e mais, do que ser paranoico sobre as empresas que o prejudicam e são mais baratas. Precisamos que o espírito de disrupção seja sobre otimismo e criação, não sobre paranoia e defesa.

Disrupção é uma palavra muito usada. Ela se tornou conteúdo de comunicados à imprensa, redação padrão para vídeos insanos sobre o futuro e material básico para slides de PowerPoint. No entanto, embora eu pense que a definição de Clayton Christensen não é mais importante para o mundo moderno, sinto falta do fato de que foi um termo que já significou algo.

O PODER DA MUDANÇA DE PARADIGMA

Como é possível que a Tesla, com menos de 10 anos de experiência na indústria automobilística, faça veículos que aceleram mais rapidamente do que qualquer outro carro de estrada jamais visto? Quem Elon Musk pensa que é para entrar nesse mercado e fazer o que é amplamente considerado impossível? É preciso coragem para competir com vastas empresas globais de automóveis, que empregam os melhores engenheiros para reforçar as opiniões dessas empresas de que o que a Tesla está fazendo não é possível. Como pode o Tesla Model S P100D superar carros que custam tipicamente mais de dez vezes o preço, com metade da capacidade, e apesar de todos os seus concorrentes terem dez vezes mais experiência na fabricação do mesmo produto? Como conseguem fabricar um automóvel que melhora à medida que envelhece, aprimorando-se durante a noite graças às atualizações de software? O Tesla Model S é radicalmente diferente de carros muito mais lentos, carrega cinco adultos, não é rebaixado. Esse é um carro que quebra praticamente todas as regras de mercado que foram formadas e aprendidas durante décadas. Este capítulo explora uma forma totalmente nova de pensar sobre o progresso e a disrupção do negócio e cria uma nova teoria para isso.

Thomas Kuhn, físico, historiador e filósofo da ciência americano, escreveu um livro em 1962 chamado *The Structure of Scientific Revolutions* e nele cunhou o termo "mudança de paradigma" (Kuhn, 1962).

O livro de Kuhn centra-se na forma como o conhecimento científico progride. Discute a ideia de que o mundo se une e se alinha de uma forma particular de ver o resultado. Tipicamente, há um sistema de crenças ou pontos de vista ou verdades universais que permitem que as pessoas entendam o mundo. Por toda a história, essas crenças são baseadas em suposições das quais a maioria das pessoas está feliz em considerar imutáveis.

Esses ponto de vista e estrutura mental formam a base de outras experiências e procedimentos, e idealmente continuarão a construir confiança no ponto de vista ou no paradigma. Hoje em dia, estamos certos de que existem átomos, que a terra não é plana e que gira em torno do sol.

No entanto, por vezes, é feito um avanço que desafia tudo o que pensávamos anteriormente. Neste ponto, é claro que tudo o que pensamos ser conhecido, todas as características ou variáveis que corrigimos podem já não ser mais certas. É essa enorme mudança de uma maneira de ver as coisas para outra que foi cunhada como "mudança de paradigma".

Na área da cosmologia, por exemplo, tínhamos a noção de que a Terra estava no centro, um ponto de vista ptolemaico de egocentrismo que foi universalmente aceito até Copérnico provar que o Sol estava no centro do sistema solar, fato também conhecido como heliocentrismo.

O pobre Ptolomeu é muitas vezes usado como um exemplo de ciência de má qualidade e dos perigos de pensar irracionalmente, mas isso não é justo. Baseados nas suposições sensatas e no acesso a equipamentos disponível à época – sem telescópios, matemática limitada e poucas pessoas com o mesmo nível de conhecimento que ele –, sua teoria e métodos apresentavam poucos erros. Esse é o perigo de um paradigma: procuramos dar-lhe sentido mais do que o desconstruir. A humanidade encontra conforto na simplificação, nós gostamos de ter razão e que tudo faça sentido. É desconfortável aceitar que podemos estar errados ou que pode haver uma maneira melhor. Muitas vezes na vida é melhor estar errado, tendo todos os outros errado também, do que lutar pelo melhor e acabar sozinho, apesar de certo. Esse é um sentimento com que a maioria das empresas pode se identificar.

A teoria dos paradigmas de Kuhn é geralmente aplicada apenas às crenças científicas, ou formas de ver o mundo, mas há mérito na ideia de tensões entre grupos de pessoas que, naquele momento, fixam suposições, antes que alguém as esmague e se faça um enorme progresso. Quero aplicar esse tipo de mecânica à forma como a criatividade e o design evoluem. Quero explicar como a disrupção nos negócios é o salto para um novo paradigma, muito parecido com a teoria de Kuhn.

O DESIGN COMO FUNIL EVOLUTIVO

Se você pedir a uma pessoa para desenhar qualquer coisa em qualquer suporte, ela ficará paralisada. Se você pedir a um designer gráfico para desenhar um logo e não der nada para ele trabalhar, ele não conseguirá criar nada. Um arquiteto sem um briefing ou orçamento, um criador em uma agência de publicidade sem problemas para resolver, é tudo igual. O design precisa de limites e da moldura dos elementos.

No entanto, se você casualmente pedir a um grupo de pessoas para desenhar uma casa, a maioria das pessoas vai desenhar algo notavelmente infantil e semelhante. Fixamos inerentemente na nossa cabeça uma ideia do que deve ser uma casa, como desenhá-la, qual o seu tamanho no papel, de que qual perspectiva devemos retratá-la. Essa ideia preconcebida de como uma casa deve ser é baseada em como pensamos que as coisas devem ser feitas e em como as coisas já foram feitas antes.

Supomos mais do que pensamos quando projetamos. As suposições podem ser baseadas em coisas que inventamos, coisas que lembramos do passado, criações coletivas ou muitos outros critérios desnecessariamente engessados. Isso é natural. Num mundo extremamente complexo, temos de lutar para fazer sentido, não podemos desafiar tudo continuamente. Não acordamos de manhã inseguros se devemos aceitar que a gravidade existe, ou que o em cima não está para baixo;

seria exaustivo. Também não podemos estar abertos a tudo. Se você está criando um sofá novo, você não pode ser um especialista em curtimento de peles e ergonomia, e ainda ponderar sobre as implicações para o seu desenho dos novos desenvolvimentos em grafeno (uma substância incrivelmente flexível, duzentas vezes mais forte do que o aço, que é atualmente impossível de usar).

Como resultado, qualquer processo de criação segue um ritmo repetitivo baseado em um determinado conjunto de premissas. Normalmente, começamos com um objetivo, problema ou resumo; depois partimos para explorar opções com base em critérios de design; e, ao longo do tempo, coletiva ou individualmente, melhoramos e refinamos o design. Muitas vezes esse processo não é tranquilo; muitas vezes o progresso é interrompido ou chega a um beco sem saída. De um modo geral, o progresso para soluções cada vez melhores começa rapidamente, com enormes melhorias iniciais. Lentamente, o processo então atinge o que gostamos de chamar de lei do retorno decrescente, em que as melhorias produzem aumentos relativamente menores no resultado.

Uma parte fundamental desse processo é que, à medida que a tecnologia amadurece, ela tende a convergir para soluções otimizadas relativamente semelhantes, conforme ilustrado na Figura 4.1. Hoje em dia, os sites são mais parecidos entre si do que quando as pessoas começaram a fazê-los; os quartos de hotel hoje são mais parecidos porque as lições foram compartilhadas; os telefones celulares, que antes pareciam radicalmente diferentes, são quase iguais. O design é como a evolução – nós lentamente mudamos e nos adaptamos de maneiras diferentes, antes de nos tornarmos mais semelhantes. Se a cirurgia estética continuar como ela é hoje, imagine quantas pessoas terão o "nariz perfeito" no futuro. Eventualmente, assim como tudo foi convertido para uma solução otimizada que todos adotam, um salto de paradigma pode ser feito, no qual os parâmetros assumidos podem mudar para novos parâmetros, e uma nova busca por uma nova solução otimizada pode começar, como ilustrado na Figura 4.2.

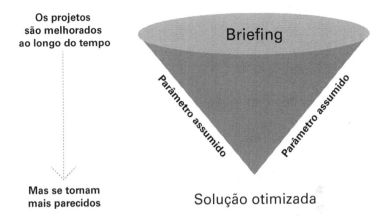

Figura 4.1 *O briefing para a solução otimizada*

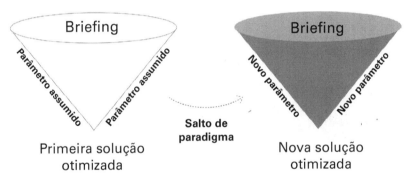

Figura 4.2 *O briefing para a nova solução otimizada*

O que essas empresas fazem é libertar o poder da mudança de paradigma. Elas saltam de um mundo de possibilidades para outro, de um paradigma para outro, para uma solução melhor baseada em um novo mundo de pensamento. Isso é um salto de paradigma, e é a essência da disrupção.

EVITAR O MÁXIMO LOCAL

Por favor, imagine que você está andando em terreno um pouco íngreme, mas montanhoso e com bastante neblina. Por alguma razão, te pediram para encontrar a colina mais alta que pudesse. É provável que você olhe ao redor, veja o que parece ser o terreno mais elevado e caminhe até ele. A todo momento, o seu objetivo é continuar a subir mais alto. Quando escurecer, seu único ponto de referência será sentir que continua para cima. Seria uma maneira segura de chegar ao topo do monte. No entanto, você nunca saberá se esse era o terreno mais alto de toda a área, ou simplesmente o único que você pode ver.

Isso é chamado de diferença entre o máximo local e o máximo global, e é um grande problema no design. Na vida, somos incapazes de ver todas as opções. Não sabemos o que a ciência material tornará possível, o que os novos pensamentos desenvolverão, ou como o mundo mudará. Só podemos avançar com base no que podemos ver. Esse processo é ilustrado na Figura 4.3, que mostra a diferença entre o design localmente otimizado e o design global máximo ou ideal, e o salto entre ambos.

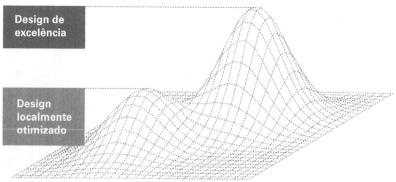

Figura 4.3 *O salto entre design localmente otimizado e o design ideal*

Historicamente, assumimos que os sinais de TV são melhor transmitidos por ondas eletromagnéticas. Assumimos que os cartões de comunicação por campo de proximidade, ou *near-field communication* (NFC) são a melhor forma de criar soluções de bilheteria para sistemas subterrâneos. Há muito tempo que assumimos que os carros com motor de combustão são o caminho certo a ser seguido, ou que a imagem por ressonância magnética (IRM) é a melhor forma de varrimento do corpo. Assumimos que a fusão nuclear será um dia a melhor fonte de energia, ou os comboios de levitação ou Maglev serão a melhor forma de circular. Mas ainda não temos certeza.

Pode ser que haja melhores soluções; pode ser que, quando chegarmos ao topo desses picos, percebamos que deveríamos ter explorado outra rota, subido um monte totalmente diferente. É esse processo, das pessoas atingindo o topo de outros picos, que melhor explica a dinâmica da disrupção hoje. As empresas disruptivas são aquelas que tomaram uma rota alternativa, viram as coisas de forma diferente e chegaram ao problema por um outro ângulo. Não foram os especialistas em aeronáutica ou balonistas que foram pioneiros no voo humano motorizado, mas sim os engenheiros de bicicletas. Não são os fabricantes de helicópteros que são pioneiros em drones humanos, mas as empresas chinesas de brinquedos. Temos de explorar melhor essa dinâmica e investigar as ações necessárias.

O SALTO DE PARADIGMA EM AÇÃO

Em 1º de julho de 1979, o primeiro Walkman da Sony chegou às lojas, iniciando uma nova era na música (Haire, 2009). A Sony tinha acabado de criar o primeiro tocador de música pessoal do mundo. Podíamos levar conosco a música que amávamos, e sem a dor no ombro causada pelo ghetto-blaster. Veio com um custo. Os primeiros leitores de cassetes pessoais eram gigantes, custavam o equivalente a quinhentos dólares nas taxas de câmbio de hoje, tinham uma qualidade de som terrível, avançavam mal, ofereciam uma péssima duração da bateria e o melhor (ou pior!) de tudo, nem sequer tinham uma função de rebobinar.

Tínhamos que rodar as fitas com um lápis. É maravilhoso olhar para trás e ver o nosso consumo de álbuns em fita e a ideia de que havíamos conseguido. O produto foi um sucesso razoável, vendendo 30 mil unidades nos primeiros três meses no Japão (Adner, 2012).

Durante décadas, com enormes investimentos em P&D da Sony e de seus concorrentes, muitos erros, bem como infindáveis rodadas de feedback de clientes, as coisas ficaram muito, muito melhores, começando pelo nome. Comercializado pela primeira vez nos EUA como Soundabout, foi rapidamente mudado para Walkman, e veio com uma seleção de cores. Apesar da competição, a Sony manteve-se à frente dos seus rivais. Mesmo dez anos após o seu primeiro dispositivo, o Walkman da Sony manteve uma cota de mercado de cinquenta por cento nos EUA e 46 por cento no Japão, em um espaço em ebulição com concorrentes. A Sony manteve a sua margem de lucro, independentemente da entrada de muitos novos concorrentes no mercado, com uma margem de lucro de cerca de vinte dólares sobre ofertas rivais (Adner, 2012).

Com o tempo, o dispositivo melhorou. Chegou o Dolby (B, depois C), pilhas recarregáveis, até botões de rebobinar. Os engenheiros melhoraram a fabricação de componentes menores, como sempre fazem, então o tamanho do leitor de cassetes pessoal ficou menor, até que finalmente, com uma carcaça de alumínio inteligente, era apenas um pouco maior do que a própria fita. A miniaturização não era fácil, as baterias precisavam ser melhoradas, os motores precisavam ser mais eficientes, os conversores *step-up* foram inventados e reduzidos. Ao mesmo tempo, o dispositivo ficou *muito* mais barato. Em 2002, não era raro ver leitores de fita cassetes pessoais em postos de gasolina para as compras de impulso. Os designers se divertiram: conseguimos modelos esportivos com plástico amarelo, funções de rádio foram adicionadas. A vida era boa.

As melhorias vieram depressa e depois abrandaram, chegando a um ponto em que diminuíram. Era fácil reduzir o tamanho inicialmente, mas uma vez que ele tinha encolhido até quase não ser maior do que uma fita cassete, as melhorias eram secundárias, e a lei dos retornos decrescentes que mencionamos anteriormente entrou em vigor.

O Walkman foi o que mudou a nossa relação com a música. Tornou-se algo que podíamos fazer a curadoria, copiar e levar conosco. Fez-nos amar a música, e como a trilha sonora da nossa vida, era a música de fundo que embelezava o que tínhamos.

A ERA DO LEITOR DE CDS

Na época em que o design do Walkman atingiu o auge – a melhor máquina de reprodução de música que o mundo já tinha feito coletivamente – surgiu o pior leitor de CDs pessoal já criado. Era enorme, muito mais caro do que o melhor Walkman que ele substituiu por 450 dólares, e tinha uma horrível vida útil de bateria. Saltava de música o tempo todo. O display LCD era minúsculo e apresentava muito pouca informação. Era o pior CD player de todos os tempos, mas, ainda assim, era melhor que o melhor Walkman. Era som digital. Veio sem degradação da fita e sem mastiga-la igual a um espaguete após um acidente.

Demos um salto no paradigma. Passamos por melhorias de design cada vez menores e incrementais que visavam um objetivo ideal cada vez mais fácil de visualizar, com todos na mesma página e trabalhando para resolver os mesmos problemas, para uma tela totalmente nova de design onde o resultado não era claro.

Tínhamos novos critérios para otimizar o design, novas restrições para moldar o progresso em direção ao design ideal e novos problemas para resolver. Os critérios, que antigamente prejudicavam o leitor de fitas cassetes, tornaram-se diferentes. Os problemas para ser resolvidos eram novos e os conhecimentos necessários muito diferentes. Os engenheiros de laser substituíram os especialistas em sensores eletromagnéticos, e os engenheiros da Dolby foram substituídos por pessoas que entendiam de *caching* de memória digital para parar o pulo das músicas. Os projetistas que adoravam motores lentos e de torque alto precisavam saber sobre projetos de fiação rápida e de baixo torque.

Até mesmo a gravação de música enfrentou novos desafios. Como é que se comprime a música sem fazê-la parecer fria e plana? Você pode remover as informações de frequências que não conseguimos escutar, sem mudar a alma da música? Até mesmo dividir a música de contínua para segmentada tinha significados bastante profundos: por exemplo, não há problema em ter "faixas" de alguns segundos entre outras faixas ou essas pequenas ondas de aclimatação ou introduções contextuais devem ser anexadas à música?

OS PIORES LEITORES DE MP3

Quando os Discmans se tornaram maravilhosamente baratos, notavelmente finos, e a música passou do analógico para o digital, alguém teve uma nova ideia: e se a mídia física não fosse necessária? E se a música fosse aprimorada e libertada de seu meio de armazenamento e guardada no leitor de música? Isso foi uma mudança enorme. A música tinha sido física e os meios de comunicação também. Vivíamos com VHS, revistas, CDs, discos óticos. A mídia era algo que comprávamos e tocávamos. Face aos elevados custos de armazenamento, a música só podia ser digitalizada se fosse comprimida e nascesse o formato MP3.

O primeiro leitor de MP3 que existiu, claro, era maravilhoso e horrível. Foi lançado em 1997 pela Saehan Information Systems, e vendido como seu player MPMan na Ásia na primavera de 1998 (Van Buskirk, 2005). Enquanto a energia da bateria era boa, o dispositivo pequeno e não muito caro, novos problemas surgiram. A experiência do usuário foi uma preocupação. Para colocar música no dispositivo, a música tinha primeiro que ser codificada no formato MP3 por um codificador do usuário, e depois transferida através da porta paralela para a estação de ancoragem que estava ligada ao dispositivo de leitor portátil. Outra questão era o armazenamento: as duas versões do player ofereciam 32 ou 64 MBs de capacidade, o suficiente para armazenar de seis a doze músicas, menos que a maioria dos álbuns.

Também havia questões legais. Os arquivos MP3 não estavam prontamente disponíveis. Frank Creighton, diretor associado da Associação Americana da Indústria de Gravação (RIAA), afirmou inicialmente que a MPMan não tinha "outra função que não fosse reproduzir material roubado das empresas discográficas" (Kaufman, 1998).

É aqui que começamos a ver a relação desconfortável entre a regulamentação, a lei e o espírito de disrupção, um assunto que retornaremos mais tarde neste livro.

Os problemas que o leitor de MP3 trouxe foram, outra vez, totalmente novos. A empresa que iria produzir esse avanço não seria a Sony, com seus engenheiros incríveis que aperfeiçoaram CDs e lasers, cassetes e motores. Não seria uma empresa que conhecia baterias melhor do que ninguém. Não seriam os cientistas de material que poderiam tornar as coisas mais finas. Seriam as pessoas que compreendiam a experiência do design centrado no ser humano. As pessoas que sabiam que, nessa época, o funcionamento do produto não era a coisa mais importante. Seriam as empresas que entendiam de software e que também eram suficientemente grandes para negociar com a indústria discográfica e serem levadas a sério. Claro que era pouco provável que fosse uma empresa como a Sony, que estava ganhando muito dinheiro com a venda de música física.

O que tornou o iPod bem-sucedido não foi o iPod. Foi o iTunes, e levou tempo. Steve Jobs sabia que, sozinho, o leitor de MP3 era inútil. Ele sabia que, para que o dispositivo tivesse valor, outros blocos de construção precisavam ser encaixados. O sucesso do iPod dependeria não de um dispositivo melhor, mas de um ecossistema melhor: uma internet mais rápida para fazer o download de músicas com rapidez suficiente, gravadoras prontas para vender músicas em arquivos MP3. Ele percebeu que a inovação nunca se tratava de ser o primeiro em si, mas sim o primeiro de uma forma significativa *no momento certo*.

A primeira geração de iPod para Mac era vendida a varejo a 399 dólares e poderia armazenar até mil músicas. Foi uma revelação. Você podia carregar todas as músicas que sempre desejou. Tinha um design de interface intuitivo e era leve. Apesar de estar disponível apenas para usuários de Mac, cerca de dez por cento de todos os usuários de computador na época, o iPod foi o MP3 *player* que mais rapidamente vendeu no mercado (Adner, 2012).

Tínhamos entrado no paradigma onde o software era mais importante do que o hardware. A Apple anunciou o iTunes Music Store, um hub de varejo on-line para navegar e comprar música por US$ 0,99 cada, e dentro de dois anos a biblioteca do iTunes cresceu para 1,5 milhão de músicas. A Apple tinha entendido a relação entre serviço e dispositivo. Teria pouco lucro com a venda de músicas a US$ 0,99 por download, mas o ecossistema importava. A loja iTunes deu legitimidade ao iPod no mundo da acessibilidade confusa do MP3.

Os leitores de MP3 melhoraram, mas não da mesma forma. Ficaram menores e mais leves, o armazenamento foi aumentado, os dispositivos eram mais baratos, mas o progresso foi diferente. Era mais sobre a interface. O iTunes da Apple foi a principal experiência da maioria das pessoas com o dispositivo. Tudo girava em torno de como era fácil encontrar música, de como era legal fazer isso. Era sobre reduzir os pontos sensíveis de codificar a música de tal forma que ajudasse na distribuição ou na proteção da gestão de direitos digitais. Tratava-se de facilitar o pagamento, fazer com que a sincronização parecesse óbvia. Mais do que qualquer outra coisa, a Apple teve que orientar as pessoas para uma nova forma de pensar a música da maneira mais simples possível. Novamente, as habilidades necessárias eram diferentes e colocavam o foco em programadores, não em engenheiros, bem como em design de interface de usuário, não em design de produto. Os acordos tinham de ser feitos com selos de discos, e não com fabricantes de alumínio para CD. A maioria das habilidades básicas do pessoal da Apple foi mais útil nesse paradigma.

A nossa relação com a tecnologia também mudou. Esperávamos ter mais músicas, ouvir o que queríamos e quando queríamos. Iríamos pular as faixas que não amávamos ou que não nos agradavam naquele momento. A tecnologia começou a moldar como nos comportamos, não a refletir como nos comportávamos naquela época.

Os iPods tomaram conta do mundo, a música tornou-se digital, e o desenvolvimento da internet e a mudança para o smartphone trouxeram outra enorme mudança de paradigma.

A ERA DO *STREAMING*

A internet mostrava que já não precisávamos possuir a música, só precisávamos ter acesso a ela. À medida que a banda larga doméstica se tornou mais dominante e a conectividade 3G se espalhou pelos telefones, não precisávamos mais armazenar música ou possuí-la; só precisávamos acessá-la, em todos os momentos, imediatamente. E é aqui que estamos no momento. O mundo da música portátil mistura-se com o mundo do design de smartphones. Encontramo-nos com conectividade mais rápida, melhor duração da bateria, necessidade de clipes de música, telas de maior resolução, telas OLED maiores. Todo o paradigma foi modificado novamente.

Os celulares mudaram tanto as nossas vidas quanto as indústrias. Mesmo no contexto específico da música, eles evoluíram mais do que nunca, e mais uma vez mudaram nossa relação com a música. Os Walkmans nos permitiam levar a música conosco, para melhorar nossas vidas; os CDs nos permitiam ouvir apenas a música que amávamos, podíamos pular faixas imediatamente; os MP3 players nos permitiram pensar em música com abundância, e não com escassez; e o *streaming* significou que descobriríamos e selecionaríamos música de novas maneiras.

O *streaming* significa que os novos desafios são gerir a abundância, ajudar a descoberta e ganhar dinheiro nesta era. Nossa relação passou do álbum para o single, da gravadora para a porta de entrada de conteúdo. Os custos de distribuição da música, da hospedagem e da produção tendem a ser nulos.

Não precisamos mais de gravadoras para fazer música bem produzida e distribuí-la. Já não precisamos de empresas para comercializá-la, nem de álbuns agrupados como unidades para "comprar" e ter acesso à música. Temos uma relação com a banda ou artista e as coisas que adoramos. Tornamo-nos diretamente ligados ao que queríamos. Estamos na era do *streaming*. Nós nos preocupamos com Spotify, Apple Music ou Pandora, não nos preocupamos com mídia física, gravadoras, *bitrates* e custos.

OS SALTOS NOS PARADIGMAS DE DESIGN NOS CERCAM

As mudanças no dispositivo de música seguem um padrão definido: a tecnologia e o design fizeram um progresso radical, que depois se suavizou para encontrar um dispositivo ideal, seguido por um enorme salto para outra forma de pensar. Isso não é algo exclusivo da música, vemos esses saltos por todo o lado. Ao transportar mercadorias no Reino Unido, por exemplo, durante milênios, funcionamos com o paradigma do transporte de mercadorias a cavalo, antes de uma mudança repentina para o transporte de mercadorias por canal resultar em um aumento da construção de canais. Esses canais melhoraram de configuração e estruturação ao longo do tempo, até serem substituídos dramaticamente pelo advento de um método mais barato e mais rápido de transporte de mercadorias: a ferrovia. A tecnologia ferroviária, por sua vez, progrediu em enormes saltos e limites antes de ser novamente destruída pelo uso de grandes caminhões que transportam mercadorias através das estradas.

Com o transporte pessoal tivemos a era dos passeios a cavalo, depois dos carros puxados a cavalo, depois das carruagens sem cavalos e com motor a combustão, e parece que estamos no limite do paradigma seguinte, os carros elétricos. Parece que toda a infraestrutura das estações de serviço terá, em breve, que ser reconstruída para os automóveis elétricos. Num futuro próximo, poderemos passar da era da posse de automóveis para a era do acesso à condução autônoma de automóveis. É pouco provável que sejamos donos deles, mas podemos alugar o acesso como um plano de dados de um celular. De repente, as vagas de estacionamento serão totalmente liberadas, já que os carros podem circular livremente e sair das cidades quando a demanda é menor.

De repente, os nossos deslocamentos podem tornar-se mais longos e produtivos, e a forma e o tamanho das cidades podem mudar. Os próprios carros vão mudar. Os veículos são atualmente concebidos para serem adequados aos tipos de utilização mais comuns. Um adulto típico precisa de um carro que sirva para cinco pessoas, que possa viajar a 120 quilômetros por hora e fazer viagens de 640 quilômetros com facilidade, mesmo que o conduza sozinho 95 por cento do tempo, a menos de 65 quilômetros por hora e por dia. Se quisermos ter acesso a carros inteligentes, não há razão para que não sejam veículos muito mais especializados. Podemos ter carros tipo longe, cheios de telas grandes e espaço para oito pessoas, para viagens multifamiliares. Podemos imaginar carros de luxo absurdos, que acomodem duas pessoas para fins de semana românticos, ou veículos tipo *pod*, com espaço para uma única pessoa e sem bagagem, viajando a menos de 80 quilômetros por hora, usados apenas para movimento pendular. Haverá mais mudanças nesse paradigma do que podemos imaginar.

Tivemos eras de compras: a loja local, a loja de departamento, o shopping center e as lojas on-line. Os paradigmas estão em toda parte. Já marcamos o tempo com relógios solares, depois tínhamos grandes relógios mecânicos no centro das cidades, depois relógios mecânicos de bolso, relógios de quartzo e dois terços dos adolescentes não têm relógio algum, eles usam o telefone (Clark, 2007). É provável que um dia tenhamos sensores de saúde ou pulseiras de pagamento.

O celular também engoliu outros dispositivos. Tínhamos o paradigma da *câmera obscura*, depois a câmera fotográfica, a câmera digital e só tendemos a usar os celulares. Inicialmente, os smartphones aumentaram a demanda por câmeras adequadas, antes de se tornarem tão bons que engoliram esse mercado. Já tivemos tubos de raios catódicos pretos e brancos em televisões, depois a TV CRT colorida, depois vimos as TVs de plasma desenvolverem-se, para serem ultrapassadas por TVs de LCD e depois TVs de LED. Mas, cada vez mais, assistimos a vídeos no nosso telefone, e não na televisão.

O mundo da moeda e do dinheiro sofreu mudanças semelhantes: tivemos a era das conchas e outras formas de raridade, depois mudamos e as moedas desenvolveram-se, e tivemos unidades de dinheiro com um valor intrínseco. Saltamos então para a ideia das notas de banco, o conceito da nota promissória, onde algo não tinha valor inerente, mas era considerado por todos como sendo de confiança. Em seguida, mudamos para outro paradigma com os primeiros cartões de crédito, onde toda a transação foi desconectada do físico (um cartão de crédito não é uma nota, é um atalho para uma transação digital). Nós tendemos a usar cada vez menos moeda física, usamos menos transações bancárias formais e cartão de crédito, usamos aplicativos como Venmo, WeChat Pay ou Alipay. Atualmente na China, por ano, cinco trilhões de dólares em pagamentos são feitos dessa forma (Cheng, 2017). É provável que o banco do futuro venha a operar em breve com carteiras digitais, e não com locais físicos.

E, antes de nos sentirmos confortáveis com isso, poderíamos estar prestes a ver uma era ainda mais nova do dinheiro: moedas criptografadas nas quais, em vez de sistemas comandados por bancos centrais e sistemas de controle centralizados, o dinheiro é digitalizado, baseado em escassez artificial e gerência por comunidades distribuídas de pessoas.

OS PARADIGMAS SÃO COMPLEXOS

Já faz séculos desde que pagamos com búzios pela última vez, mas temos moedas, notas de banco, cartões de crédito e dinheiro em uma carteira digital. Quase comprei Bitcoins em 2011, mas, infelizmente, fiquei com medo. Da mesma forma que nós podemos possuir Walkmans, Discmans e um iPod, os paradigmas se sobrepõem. Mesmo no Reino Unido, o uso do canal está voltando, assim como os discos de vinil, mas normalmente é óbvio qual é o paradigma do futuro. Não gostaria de colocar minha empresa em risco, contando com o sucesso dos relógios de quartzo, de ferrovias, de shopping centers ou do motor de combustão.

Às vezes o futuro chega e depois desaparece também. Em 1900, os carros elétricos eram tão populares que, em Nova York, havia uma frota de táxis elétricos, e os carros elétricos constituíam um terço de todos os veículos na estrada. Mas a capacidade de Henry Ford de fazer o Modelo T a gasolina por menos da metade do preço logo pôs fim a esse tipo de carro (Strohl, 2010). As compras diretas que evitavam o varejo físico também não são novidade. Um dos primeiros catálogos de venda por correspondência era de livros científicos e acadêmicos (tal como a Amazon começou), e foi criado por Benjamin Franklin em 1744 (Woloson, 2013). A venda por correspondência precedeu, durante muito tempo, o comércio eletrônico, mas estranhamente empresas como a Sears, Freemans, Montgomery Ward ou SkyMall, que pareciam ter a base estrutural perfeita para vencer na era do comércio eletrônico, sobreviveram até que a internet decolou e, desde então, têm tido um mau desempenho. Certamente, ninguém esteve perto de realizar o feito da Amazon. A lição aqui é que só em retrospectiva podemos ver o que vai ganhar e, às vezes, você pode ser construído perfeitamente para o futuro, e ainda assim estragar tudo.

A LIÇÃO DA MUDANÇA DE PARADIGMA: TEMOS DE QUEBRAR AS REGRAS

A disrupção é a arte de identificar quais partes do passado já não são relevantes para o futuro, então explorar esse delta a todo o custo.

LEVIE, 2014

Temos que deixar claro que estas mudanças são sempre enormes. Dentro de uma indústria específica, grandes mudanças acontecem. As empresas mais bem-sucedidas que o mundo já viu são tipicamente aquelas que entram em um novo paradigma com o primeiro produto razoável. Há uma outra teoria de Jean-Marie Dru, presidente da Agência Global de Publicidade TBWA, estabelecida em 1996, na mesma época em que Clayton Christensen propôs sua teoria da disrupção. A teoria de Jean-Marie Dru era a de que a disrupção consistia em estabelecer normas de categoria, encontrar as maneiras pelas quais todos resolviam os problemas e, então, estrategicamente ignorar uma dessas regras.

Minha nova teoria de disrupção é baseada na ideia de que as empresas não vão contra as normas da categoria; elas apenas baseiam sua abordagem em novos pensamentos e mudam os parâmetros que fixaram o processo de design.

NÃO DEIXE QUE A EXPERTISE OU O SUCESSO TE MATEM

Em cada fase, a nova era exige pressupostos totalmente novos, pensamento diferente e uma mudança radical no desempenho. Muitas vezes o *player* dominante muda, os titulares se baseiam na experiência do passado, enquanto o insurgente não está atolado pela experiência. O que em teoria deve permitir que os *players* dominantes ganhem facilmente, muitas vezes, age contra eles. Não se trata apenas da inutilidade de ter uma grande rede de bancos na rua, um enorme acesso ao capital, uma grande reputação e a confiança dos consumidores caso o mundo mude para moedas criptografadas ou carteiras digitais; trata-se de que você está tão investido no velho paradigma, que procura ativamente combater a mudança. A Sony ganhou muito dinheiro com a venda de música. A Kodak fez muito dinheiro vendendo produtos de fotografia.

SER DIFERENTE É ASSUSTADOR

Nos primeiros dias da Amazon, Jeff Bezos precisava de mais de sessenta reuniões para juntar um milhão de dólares. Ele foi ridicularizado em muitas salas de reuniões, com a maioria das pessoas lhe perguntando primeiro: "O que é a internet?" Ser diferente é difícil (Sawers, 2012). Ainda em 2013, Matthew Yglesias chamou-a de "instituição de caridade que é gerida por elementos da comunidade de investimento em benefício dos consumidores" (Yglesias, 2013). Muita gente não gosta de negócios que parecem quebrar regras.

Quando Roger Bannister, corredor de média-distância, correu uma milha em menos de quatro minutos, ele arriscou o que os médicos concordavam que provavelmente mataria qualquer homem. As regras e os pressupostos existem para nos fazer sentir melhor, mas também nos impedem de avançar.

NÃO APLIQUE VELHOS PENSAMENTOS ÀS NOVAS ERAS

Em 1994, a empresa britânica de catálogos Freemans viu o futuro, e ele era digital. Ela não criou um site para compras, não prestou serviço ao cliente ou aceitou encomendas por e-mail. Não, eles pegaram o catálogo inteiro, digitalizaram em imagens e o distribuíram em um CD. Muitas vezes, pensamos mal. Coin era uma startup bem financiada, cuja concepção se baseava no fato de que os clientes ricos tinham muitos cartões de crédito e, portanto, criaram um cartão de crédito "digital", que, por apenas cem dólares, armazenava muitos outros cartões de crédito digitalmente. Você poderia, então, selecionar com qual cartão preferia pagar a partir de alguns toques, e efetuar o pagamento dessa forma. Poucos perceberam o momento em que a Apple Pay estava prestes a ser lançada. A Redbox gastou milhões resolvendo os problemas de aluguel de DVDs da Blockbuster, ao colocar milhares de máquinas de aluguel de DVD em todo o país no momento em que o *streaming* de vídeo estava nas alturas. Temos de construir para o paradigma certo.

Quando as pessoas veem óculos de VR e querem criar shopping centers dentro deles, você percebe o grau em que a imaginação nos falha. Temos que trabalhar em torno de novos parâmetros e novos comportamentos, e não preguiçosamente transpor nosso pensamento para o novo.

NÃO APLIQUE VELHOS MODELOS ÀS NOVAS ERAS

Nós precisamos de dados nos negócios modernos. Precisamos ver as projeções de ROI de coisas que ainda não existem. No entanto, esses são critérios de sucesso de uma era que não alcançamos. Quando cresci, mesmo em uma Inglaterra rural, havia três regras que eram mais claras do que quaisquer outras. Um, nunca entrar no carro de um estranho. Dois, nunca ir à casa de um estranho. E três, idealmente e se possível, nem sequer fale com estranhos. No entanto, vivemos em um mundo em que o Uber, o Airbnb e o Tinder construíram algumas das empresas mais bem-sucedidas do mundo à custa da contradição das regras com que todos nós crescemos.

    A Amazon está mostrando a luz no fim do túnel. Depois de anos queimando dinheiro nas suas ofertas, subsidiada pelos lucros de divisão de serviços web, você pode perceber que ela poderia finalmente se tornar grande o suficiente para ganhar dinheiro. À medida que se torna tão grande, ela mata outros no processo e pode colocar ainda mais pressão sobre os concorrentes durante o caminho. Ao decidir lançar produtos com etiqueta própria, vemos como um modelo que funcionou bem no paradigma anterior poderia realmente levar ao sucesso desenfreado no próximo.

    O Uber é o mesmo. Ele nunca poderia justificar a sua avaliação de hoje como "assassino de táxi". O mercado mundial de táxis não é suficiente para justificar algo próximo à sua valorização. Mas, se o Uber pode se tornar tão grande, tão rápido e, acima de tudo, trabalhar efetivamente em áreas rurais, não está mais competindo com a frota de táxi, mas com todas as formas de mobilidade pessoal. Quando podemos pegar um trem para uma grande cidade e chamar um Uber, quando podemos viajar para trabalhar em áreas rurais com um Uber, de repente, o modelo e a avaliação *podem* fazer sentido.

IGNORE A MAIORIA DOS MODELOS FUTUROS

A habilidade de pensar sobre o futuro não é olhar para linhas de tendência precisas do passado e projetá-las linearmente para a frente, não é obsessão por tecnologia, é ser empático com as pessoas, é considerar o que aumenta os sentimentos humanos, o que toca nossas preocupações, é mergulhar através de casos de uso e sentir nosso caminho à frente.

Não acho que grandes empresas orientadas por planilhas de Excel estejam melhor posicionadas para fazer isso.

Os dados nem sempre são úteis. As pessoas são maus meteorologistas da própria intenção futura. Todos nós adoramos dar sentido à complexidade com um modelo; o Gartner Hype Cycle é uma maneira encantadora de rastrear com confiança as tecnologias à medida que elas sobem e descem, mas não está provado que seja útil. Ele falhou em rastrear o caminho real da maioria das tecnologias.

PARTE DOIS

LIBERTANDO O PODER DO AGORA

1
Transformação digital

Em minha experiência, os dois principais questionamentos que um empreendimento de inovação deve fazer de primeira raramente são colocados. O primeiro é: por que você está fazendo isso? E o segundo é: o quanto você está realmente preparado para mudar? Temos de perguntar se estamos dispostos a introduzir mudanças no núcleo do negócio, nos próprios alicerces sobre os quais ele é construído. Temos de parar de pensar na tecnologia como uma tatuagem, um compromisso ao nível da superfície que se mantém melhor em uma parte visível, mas pouco utilizada, do corpo. Em vez disso, vamos pensar nela como o oxigênio: essencial para o coração pulsante do seu negócio. Neste capítulo, vamos explorar a ideia da profundidade a que aplicamos o novo pensamento e a tecnologia. Temos que levantar a questão da transformação digital e a definir com rigor. Só começando a ver o que é uma poderosa tecnologia de impulso é que podemos ver o tamanho dos ganhos possíveis para as empresas que acertam na transformação.

UMA ERA DE MUDANÇAS ACESSÓRIAS

Você se lembra do bug do milênio (Y2K)? Potencialmente, foi o momento em que percebemos que o software do mundo inteiro foi criado sobre uma fundação não construída para lidar com ele. O mundo virtual iria desmoronar, os aviões cairiam do céu... e isso nunca aconteceu.

Por isso continuamos a construir.

Em tempos em que as companhias aéreas enfrentam rotineiramente falhas de software que prendem toda a sua frota de aviões, parece estranho que as empresas com aplicativos tão bons, com iPads para pilotos, operando nas aeronaves mais avançadas do mundo, sofram de uma falha tão fundamental. Quando semana após semana vemos grandes varejistas hackeados e seus dados roubados, parece notável que eles possam oferecer maravilhas logísticas incríveis para manter os produtos nas prateleiras, mas, ainda assim, serem tão abertos e vulneráveis à destruição. Uma falha na Bolsa de Valores de Nova York causa paralisações com frequência crescente, e, ainda assim, isso parece estar em desacordo com um mundo de trilhões de dólares fluindo à velocidade da luz com o processamento mais rápido que já vimos.

Eu diria que isso é muito comum, que as companhias construídas para o passado podem oferecer vislumbres daquilo de mais incrível que existe, mas estão atoladas em vulnerabilidades em outros pontos. Os negócios modernos são construções assimétricas: um legado de patches, correções rápidas, hacks, soluções alternativas e esperança.

Se os sistemas e processos de TI fossem visualizados como engenharia e as empresas como edifícios, veríamos edifícios pesados e as estruturas mais feias e sujas que já conhecemos. Torres com formas estranhas, estruturas temporárias e um trabalho porco, construídas sobre fundações inexistentes, misturas de teoremas de engenharia predominantes que foram formadas em conjunto com aço e concreto sempre que possível. Os nossos edifícios seriam os mais sujos, pesados e desajeitados que já existiram. Funcionariam praticamente todo o tempo, mas ficaríamos preocupados com os dias em que muitas pessoas o visitassem, ou o vento soprasse forte, quando eles iriam somente "dar pro gasto", mas não funcionariam como pretendíamos. Eles seriam uma confusão total, algo que testemunharíamos.

De Slack ao Shyp, de Blue Apron ao WeWork, de Upwork ao Seamless, de Postmates ao Handy, estou ficando cada vez mais mimado por empresas que parecem simplesmente *funcionar*. Como é que o site de notícias on-line Quartz pode fazer um livro e criar um dos sites de varejo mais bonitos e mais funcional que eu já vi?

Muito disso tem relação com atitude. Quando olhamos ao redor, o mundo é um monumento para empresas que nunca quiseram realmente abraçar a era digital. Em todos os momentos, e aparentemente em todas as decisões de negócios, encontramos empresas cuja linguagem corporal digital tem sido pobre enquanto sua mensagem é correta. É uma grande quantidade de empresas que, na melhor das hipóteses, criaram pequenas unidades para gerir esta mudança, e, na pior das hipóteses, enterraram completamente a cabeça na areia. Não entendo como um novo hotel de luxo no Peru é capaz de *comprar* plataformas de celulares que não funcionam para um telefone fabricado depois de 2004, quanto mais decidir que essa é a melhor decisão de compra a ser feita.

CEBOLAS

Há uma teoria nas ciências sociais de que as características e atributos das pessoas podem ser melhor representados por um diagrama Euler, ou mais facilmente visualizado como uma cebola. O trabalho na teoria da penetração social, iniciado por Irwin Altman e Dalmas Taylor, sugere que as pessoas se baseiam em camadas concêntricas, os comportamentos mais superficiais e visíveis na borda, os mais interiores e existenciais no coração ou núcleo.

O aspecto mais fácil de se ver é o comportamento, a camada mais externa. Um pouco mais ao centro da cebola estão o nosso conhecimento e habilidades. A camada seguinte dentro da cebola são as nossas atitudes. Essas são as nossas principais maneiras de pensar o mundo, como tendemos a nos comportar, como compreendemos e fazemos sentido dentro dele. Elas são nossas formas padrão de lidar com situações e são tipicamente construídas sobre nossos valores – a camada seguinte mais ao centro.

Os nossos valores são profundos. Eles se desenvolvem lentamente ao longo do tempo em resposta às nossas experiências. Os valores levam meses ou anos para mudar. Eles são centrais para quem somos como pessoa. São uma representação de como interagimos com o mundo, como tomamos decisões, como vivemos nossa vida, mas eles não são o elemento central de quem somos. No coração da cebola está a personalidade e a capacidade. Esses são os elementos fundamentais de quem somos.

Acho que ninguém concordaria que as empresas são pessoas, mas a analogia das cebolas funciona bem para entender melhor a estrutura dos negócios, o que os leva a ser o que são e quais camadas os compõem. A Figura 5.1 ilustra esse conceito de empresas multicamadas.

Imagine o seu negócio como uma cebola, como uma série de camadas concêntricas em torno de um pequeno núcleo, cada camada construída sobre a camada mais interna anterior. Podemos começar a compreender as estruturas complexas do negócio, e como elas fazem tudo desde encontrar um propósito, fabricar um produtor, criar e apoiar marcas.

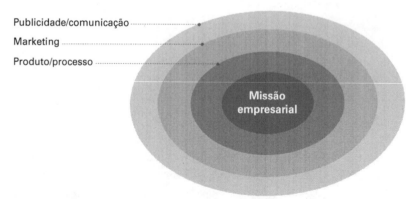

Figura 5.1 *As camadas conceituais de uma empresa*

A seção seguinte, que se move das camadas mais externas para as mais internas, ilustra as semelhanças entre traços de personalidade e traços de negócios.

A CAMADA DAS COMUNICAÇÕES: A CAMADA MAIS EXTERNA

Para os negócios, o comportamento das pessoas equivale às comunicações que divulgam: as mensagens pagas e controladas da publicidade e dos sites que possuem, ou da estratégia de relações públicas da marca e da empresa. Esses são os ambientes em que as empresas decidem proativamente o que o mundo ou seu público-alvo devem pensar sobre elas. São os lugares onde a empresa consegue controlar mais rigorosamente "a mensagem" e, mais precisamente, visualizar e tornar real "a marca". Essa camada explica ao mundo o que uma empresa faz. As comunicações podem ser:

- mídia própria, como sites e lojas, folhetos, blogs, ou *newsletters* por e-mail;
- mídia conquistada. como críticas, relações públicas, busca orgânica;
- mídia paga, que é principalmente o que entendemos como publicidade – posicionamento de mídia paga onde o negócio consegue controlar a mensagem por completo.

A CAMADA DE MARKETING: APOIO À COMUNICAÇÃO

Dando apoio à camada de comunicação, está a camada de marketing, uma gama muito mais diversificada de atividades a que uma empresa se submete para vender produtos e criar uma marca. Você poderia argumentar que é essa camada que cria o significado completo da marca e o entendimento completo da mente do consumidor sobre o que é um produto ou serviço, o ele significa, o quanto vale e mais. Essa camada inclui:

- Local: a localização geográfica onde o produto é oferecido, o tipo de canal de distribuição utilizado e, cada vez mais, a estratégia por trás da distribuição – posicionamento tanto em termos de onde o produto está à venda, como em que contexto e localização dentro da loja ou site onde o produto é encontrado.
- Preço: a quantia que um cliente paga por um produto ou o sacrifício ou esforço que as pessoas estão preparadas a fazer para adquiri-lo.
- Promoção: em geral, a soma de todas as comunicações de marketing tem a intenção de tornar a oferta ou marca conhecida e compreendida pelos clientes potenciais e atuais, a fim de persuadi-los a se interessar ou comprar o produto. Isso é geralmente entendido por englobar publicidade, RP, promoção de vendas, marketing direto e, cada vez mais, marketing de influenciadores, mídia própria, patrocínio e uma gama deslumbrante de novas técnicas ou mesmo técnicas antigas que, por alguma razão, são consideradas novas outra vez, como conteúdo de marca ou publicidade nativa. É essa parte da camada do marketing sobre a qual a camada de comunicação mais externa se apoia diretamente.

A CAMADA DE PRODUTO: O QUE VOCÊ FABRICA

A camada de produto é o "o que" de uma empresa: a parte do negócio que representa o seu motivo de existência. É efetivamente a mecânica de como uma empresa opera e o produto que fabrica, mas em termos mais amplos. Os produtos são, cada vez mais, considerados algo que vai além de sua fisicalidade tangível. As empresas de automóveis não tratam apenas da experiência de ter um carro, mas a experiência de comprar e manter esse carro. O negócio das empresas de redes móveis tem menos relação com o fornecimento de dados e voz, e mais com a qualidade do serviço, o acesso a conteúdos exclusivos, a construção de relacionamentos com serviços tangenciais úteis, e muito mais.

Na era moderna, os produtos abrangem tudo o que você vivencia como um proprietário ou usuário. Eles incluem todos os pontos de contato: o balcão de check-in no aeroporto; o funcionário do banco; desde o formulário que você preencheu para obter o seguro até aos termos e condições, a classificação e o pagamento da apólice. Os produtos são profundos. Por exemplo, nos automóveis isso inclui o serviço pós-venda, os e-mails antes do fim do aluguel e o sentimento de propriedade na sua totalidade.

A CAMADA DE PROCESSO: O COMO

A camada de processo é o "como" de uma empresa: tudo o que faz com que as coisas sejam feitas. Isso inclui a cultura e como se espera que as pessoas se comportem, como e por que as pessoas são recrutadas, o treinamento que recebem e o espírito e as atitudes que provavelmente terão e representarão. A empresa é autocrática, democrática ou (improvavelmente) holacrática? As pessoas têm poder para tomar decisões ou se escondem em uma cultura de medo? A empresa busca terceirizar o máximo possível ou manter o controle? Já o processo é o organograma, a forma como as decisões são tomadas, as reuniões são organizadas, as pessoas são julgadas e apoiadas, promovidas e demitidas. Isso abrange também os sistemas, a tecnologia usada para sustentar uma empresa. Ela usa o software de videoconferência Slack? Usa Dropbox? Como são as características de segurança, a empresa é de conceito aberto ou dividida por baias, é de mente aberta ou fechada?

A MISSÃO

É difícil subestimar a importância da missão, mas poucas empresas possuem uma. Se a Nike diz "se você tem um corpo, você é um atleta" e que seu papel é "trazer inspiração e inovação para todos os atletas do mundo", então você sabe o que deveria estar fazendo ou não quando se trabalha lá. Se a IKEA fala de "tornar a vida cotidiana melhor para os nossos clientes com produtos bem concebidos", ela é bastante empoderadora. A missão é a razão de ser: é por isso que todos vão trabalhar, é como as pessoas se concentram, reconhecem, priorizam. A missão da empresa é o que baliza todo o resto. Ela impulsiona e reforça a cultura e os processos, que depois desenham, refinam e fazem os produtos e experiências, e que são depois comunicados ao mercado.

Então recebemos novas perguntas. Quão profundamente você está aplicando a nova tecnologia? Qual é o novo contexto no qual você opera agora? Que novos comportamentos do consumidor você pode contornar ou impulsionar?

UMA ESTRUTURA DE PRIORIZAÇÃO PARA A INOVAÇÃO

Quando Andy Warhol disse que todos teriam seus quinze minutos de fama, ele entendeu bem a era moderna. Às vezes, parece que todos nos negócios estão tentando construir uma marca pessoal, obter um seguidor, ser retuítado ou favoritado, ou quaisquer que sejam seus termos de aprovação preferidos.

Como discutirei mais adiante, estamos impacientes pelo sucesso, buscamos mudanças rápidas, fáceis e tangíveis, mais do que as coisas que fazem a diferença. Se tivéssemos que desenhar uma matriz exprimindo a mudança de fácil para difícil em um eixo, e a classificação da diferença causada por essa mudança de irrelevante a vital no outro, teríamos uma matriz como a da Figura 5.2. Não favorecemos a mudança que faz a diferença, mas a mais fácil de ser colocada em ação.

Esperamos que as mentes subjetivas, sensatas e estratégicas de negócios se preocupem menos com o que é rápido, e mais com o que é profundo. Seria de se esperar que as pessoas se concentrassem, em primeiro lugar, nos projetos mais transformadores, aqueles que vão reduzir profundamente os custos, ou aumentar as receitas, ou idealmente ambos. Muitas vezes, as coisas que realmente fazem a diferença são bastante entediantes: um novo centro de distribuição no Kansas;

uma nova espinha dorsal de faturação; uma forma totalmente nova de processar pagamentos em um banco; repensar a sua estratégia de gestão de relacionamento com o cliente e arquitetura de dados para gerir clientes a longo prazo, envios personalizados de e-mails e a certeza de não enviar novos e-mails de assinatura para os atuais clientes.

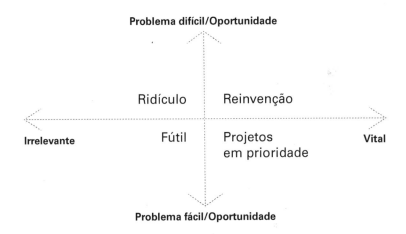

Figura 5.2 *Matriz de problemas e oportunidades*

Essas questões são profundas. Se uma empresa de automóvel está realmente interessada em obter um bom CRM, então os dados da concessionária precisam conversar com a network de concessionárias Tier 2, que depois precisa trabalhar com dados da sede. Cada um desses sistemas foi provavelmente construído por pessoas diferentes, em momentos diferentes e em sistemas diferentes. Se uma empresa de fast-food vai melhorar o seu serviço ao cliente em todos os seus pontos de venda, ela terá que trabalhar com milhares de pequenos operadores de franquia, bem como os grandes proprietários de franquias, o que pode dar um pouco de dor de cabeça. Muitas das coisas que realmente farão a diferença são muito difíceis de realizar, mas como a natureza humana quer que nos sintamos como se tivéssemos alcançado algo, nos concentramos no que podemos fazer mais prontamente e que requer menos cooperação de outras pessoas.

É MUITO FÁCIL INOVAR NA EXTREMIDADE

A camada mais externa (comunicação) oferece a inovação mais fácil possível. Requer o menor esforço organizacional, as conversas mais superficiais, é a mais fácil e rápida de alcançar e a mais visível.

A inovação na camada da comunicação também é a maneira mais rápida de mostrar ao mundo que você está à frente da indústria. Entregue uma lata de Coca-Cola aos trabalhadores da construção civil em Jacarta com um drone e poste o vídeo no YouTube. Trabalho concluído. Coloque uma máquina de venda automática em um centro comercial em Dubai e distribua sorvetes gratuitamente a quem sorrir, faça um vídeo de estudo de caso, insira uma música do U2 – e celebre em Cannes. Crie um aplicativo onde você faz upload de swishes de seu cabelo para o Instagram e peça para alguém famoso tuítar o vencedor – isso é fácil.

A inovação das comunicações na era digital exige apenas a adoção de novas plataformas, novos gadgets, novas startups – e lá vamos nós. A inovação nesse nível é, normalmente, bastante barata, envolve stakeholders internos, pode ser terceirizada a agências e obtém um orçamento de forma bem fácil. Se você quiser gastar cinquenta mil dólares em um *chatbot*, o retorno vem muito rapidamente já que os resultados de RP em geral podem ser facilmente medidos para mostrar o sucesso. Se você quiser fazer um aporte de 25 mil dólares no iBeacon para tentar algo em um determinado local, ou cem mil dólares para uma experiência com VR em uma feira comercial, então você não precisará subir muito na complexa política organizacional do seu cliente. Na verdade, você pode conquistar visibilidade apenas por anunciar uma intenção.

A inovação a nível da comunicação está em todo o lado. As páginas da TechCrunch e da Adweek estão repletas de emoji, botões em sapatos para encomendar pizza, um anúncio de um vídeo 360° no Facebook, alguma bugiganga impressa em 3D e os vencedores da maioria dos festivais de publicidade apresentam uma inovação, fácil de digerir e rápida. Realisticamente, no meu papel de chefe de inovação em uma grande agência de mídia global, é meu trabalho fazer isso. Quero fazer com que os meus clientes fiquem bem, encontrar novos parceiros com quem trabalhar, fazer pequenos projetos incrementais que ultrapassem os limites. O problema é que raramente isso faz diferença no resultado. É tudo inovação pelo bem da inovação, nunca ou raramente para fazer a diferença.

INOVAÇÃO A NÍVEL DE MARKETING

A inovação na camada de marketing faz uma diferença maior, mas é mais difícil de realizar. Dollar Shave Club, Warby Parker, Casper e Wayfair são exemplos de empresas que têm considerado novas formas de encarar o mercado, novas formas de precificar ou distribuir. Elas foram contra muitas normas da indústria, mas não são, em seu cerne, radicalmente diferentes das suas antecessoras. Nessa camada, a mudança é muito mais difícil. A IKEA parece achar extremamente difícil criar um negócio on-line quando sabem que são as visitas às lojas que impulsionam as compras incrementais e impulsivas, quando sabem que entregar mobiliário não é barato e que bilhões são investidos no varejo para servir as pessoas de outra forma. No entanto, ao contrário de muitos, a IKEA está trabalhando duro para mudar, anunciando parcerias com empresas terceirizadas para encontrar maneiras de vender on-line de forma mais eficiente (Meixler, 2017).

Melhores exemplos incluem empresas como a e.l.f. Cosmetics. A empresa começou com apenas treze produtos de maquiagem, e seu lançamento foi inspirado quando os fundadores viram mulheres com carros caros comprando cosméticos a preço de barganha nas lojas de 99 centavos em Los Angeles. Ela tem uma abordagem de preços muito simples e escalonada, vendendo cosméticos de alta qualidade por um, três e seis dólares. A empresa abriu on-line somente quando percebeu que a única maneira de ser incluída e aparecer na revista Glamour era garantir que os produtos pudessem ser distribuídos em todo o país. A empresa evita qualquer publicidade paga, mas usa influenciadores e mídia social para se espalhar, divulgar, e hospeda um blog ativo que inclui aparições de celebridades.

APLICANDO UM NOVO PENSAMENTO NA CAMADA DE PROCESSO: O COMO

Indo mais fundo no cerne do negócio, consideremos as empresas que aplicam o novo pensamento e a nova tecnologia à camada de produtos e processos.

Empresas como a Blue Apron não mudaram tudo sobre o varejo de alimentos ou mercearias, mas transformaram totalmente a forma como os compramos. Elas pegaram as normas da indústria e as viraram de cabeça para baixo. Elas não vendem refeições prontas, como muitos já tentaram. Vendem ingredientes pré-medidos, com lindas embalagens, instruções maravilhosas, baseadas em um modelo de assinatura. Elas prendem o cliente em um relacionamento com uma empresa que fornece refeições sob demanda, mas com o prazer adicional de prepará-las por conta própria.

TRANSFORMAÇÃO MAIS PROFUNDA: EMPRESAS CONSTRUÍDAS COM UM NOVO PENSAMENTO EM SEU NÚCLEO

As empresas que são verdadeiramente diferentes são aquelas que aplicaram novos pensamentos e novas tecnologias, e trabalharam em torno de novos comportamentos e expectativas dos clientes no cerne do seu negócio. Elas levam a tecnologia ao âmago do que fazem.

Os exemplos são claros e notáveis. Podemos ver na Amazon, Alibaba, Facebook, Google. Isso oferece outra oportunidade para falar sobre o Airbnb. A Figura 5.3, baseada em dados da Bloomberg, mostra a ascensão das maiores empresas públicas hoje desde o lançamento do iPhone em 2007, e demonstra como as empresas com foco em software e pensamento moderno explodiram, enquanto bancos e empresas de energia caíram em valor. As sete empresas públicas mais valiosas do mundo estão todas no setor de tecnologia.

No entanto, ainda mais interessantes para investigar são as empresas em que não pensamos com frequência.

Um exemplo é a Lemonade, uma marca de seguros de conteúdo simples dos EUA. Eles construíram toda a empresa em torno de dispositivos móveis baseados em aplicativos, usando interfaces do tipo chat. Até empregam técnicas sofisticadas de IA para automatizar a maior parte de seus serviços. Mas a recriação vai muito além disso. As companhias de seguros estão há muito tempo enraizadas na teoria do design de "dark patterns". Eles fazem mais dinheiro negando reclamações e desencorajando-as em primeiro lugar.

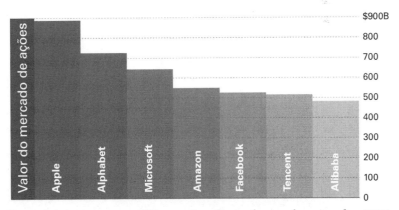

Figura 5.3 *As empresas públicas mais valiosas do mundo, novembro 2017*
Fonte: Bloomberg

A Lemonade transformou completamente o pensamento. Os pedidos de reembolso são pagos quase instantaneamente e são extremamente fáceis de fazer, usando a interface de bate-papo. Mas a característica mais notável é que você faz sua reivindicação gravando um testemunho em vídeo com a câmera frontal do seu telefone. É rápido e fácil, e também é provável que elimine as pessoas que se sentiriam desconfortáveis em frente à câmera.

Há outras empresas que continuam sem serem reconhecidas, mas que são notavelmente diferentes. O serviço de pagamentos móveis Venmo, por exemplo, não cobra pela maioria de suas transações e permite que as pessoas enviem dinheiro umas para as outras instantaneamente. A empresa ganha atualmente muito pouco dinheiro, mas pode um dia tornar-se uma carteira digital, permitindo que as pessoas comprem coisas em lojas e serviços, e não apenas paguem dinheiro umas às outras. Dadas as taxas de transação que as empresas de cartão de crédito cobram, é fácil ver como a Venmo poderia ganhar dinheiro rapidamente com um novo modelo. Outros exemplos incluem a TransferWise, que é uma forma simples de enviar dinheiro internacionalmente a taxas muito mais justas, e o LendingClub, que oferece empréstimos *peer-to-peer*.

Parece que a velocidade de crescimento e a valorização das empresas mais bem-sucedidas do mundo estão intimamente relacionadas com o uso da tecnologia e, mais importante ainda, com a profundidade com que a aplicam no seu negócio. A Figura 5.4 ilustra como algumas das empresas mais valorizadas do mundo cresceram exponencialmente desde o lançamento do iPhone em 2007, oferecendo assim um vislumbre de como apenas uma tecnologia pode liberar usabilidade e o potencial real para seus serviços.

DIGITALIZAÇÃO *VERSUS* TRANSFORMAÇÃO DIGITAL

É interessante comparar o quão profundamente as pessoas realmente absorvem as novas ideias. Na minha opinião, existe um enorme abismo entre as empresas que aplicam retroativamente novas tecnologias nos processos e sistemas antigos, e aquelas que têm a coragem de ir mais fundo, investir mais dinheiro e fazer mudanças mais profundas.

A Tesco iniciou as suas operações on-line em 1996, com a ajuda de uma máquina de fax. Inicialmente, eles construíram um site simples, com algumas fotografias do que vendiam normalmente e as colocaram on-line.

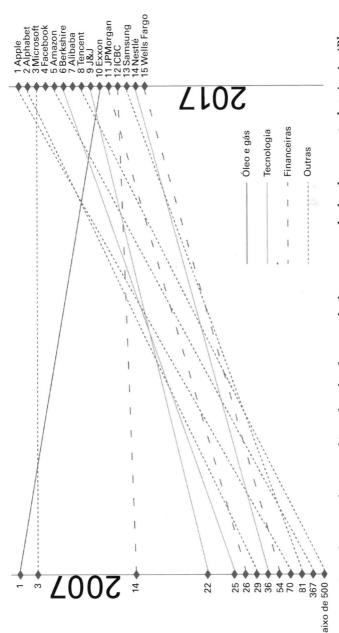

Figura 5.4 A era do smartphone: rankings de valor de mercado das empresas desde o lançamento do primeiro iPhone
Fonte: Bloomberg, https://www.bloomberg.com/news/articles/2017-09-11/apple-vaults-to-no-1-from-no-70-after-a-decade-of-iphone-sales

Logo as encomendas começaram a chegar rapidamente às lojas de todo o Reino Unido. Percebendo o que tinham feito, rapidamente estabeleceram um novo processo. As encomendas "on-line" recebidas na sede eram enviadas por fax para as diferentes filiais, onde os abastecedores noturnos selecionavam os artigos encomendados. Essa é a loucura da mudança incremental, em vez da sabedoria de construir o novo. Ela adiciona constantemente novas técnicas para compensar um núcleo podre. Se uma grande varejista de mercearia como a Tesco fosse construída hoje, teria uma escolha interessante. Será que ela construiria lojas em todo o país e teria uma unidade on-line supereficiente? Ou será que ignoraria tudo isso e seria mais parecida com o Ocado, com armazéns automáticos? Essa varejista nunca entregaria itens para as lojas, mas apenas teria funcionários em estoque, que escolheriam e depois transportariam diretamente para as pessoas. Esta é a diferença entre *transformação digital*, a construção com tecnologia no centro, e *digitalização*, adicionar alguma tecnologia na extremidade para modernizar o sistema.

Quando a Hertz perde a minha reserva, o que acontece com frequência, posso utilizar um quiosque de vídeo para telefonar para um centro de atendimento telefônico e reclamar. Eles conseguem ver na resolução 4K o quão furioso estou. Se o Hertz fosse se transformar digitalmente, pareceriam mais com o Zipcar ou Uber. Nos EUA, os cheques ainda são muito utilizados e muito apreciados. Muitos bancos norte-americanos perceberam como seria difícil reinventar as instituições financeiras construídas sobre os alicerces do passado. Assim, para facilitar, os cheques podem ser fotografados e depositados através de um aplicativo. Esse é o exemplo mais claro de simplesmente enfeitar com uma interface digital contemporânea um processo arcaico que não funciona mais. Esses cheques ainda custam uma fortuna e levam muitos dias para o banco processar, a fraude é um problema cada vez maior, e todo o sistema é extremamente ineficiente e simplesmente não faz sentido.

Assim como buscamos maneiras pelas quais as empresas possam melhor abordar os desafios e oportunidades de hoje para maximizar o potencial futuro, vamos pensar mais sobre como podemos desbloquear o crescimento.

É divertido comparar empresas e indústrias que abraçaram novas realidades e modelos com aquelas que não o fizeram. Os que parecem muito entusiasmados com as novas tecnologias com os que parecem relutantes. Aqueles que estão reconstruindo e reinventando com aqueles que estão refazendo. Aqueles que estão felizes em dar passos para trás, a fim de avançar, com aqueles que querem construir sobre alicerces que não apoiam o futuro. Aprendemos a importância da profundidade para gerar um novo crescimento e maior eficiência. Devemos considerar a estrutura, a calendarização, a cultura e outros aspectos operacionais.

A CRIAÇÃO DE NOVAS PROPOSTAS DE VALOR

O valor é diferente na era digital. Eu pego um trem mais lento e mais caro para visitar meus pais no Reino Unido porque ele tem Wi-Fi rápida e tomadas. A melhor coisa que um proprietário de Audi me disse recentemente sobre o seu carro é o aplicativo que pode usar para marcar o conserto de arranhões. Sou a favor da Delta em detrimento da American Airlines porque o seu aplicativo diz quando o embarque do seu voo começa. Não são muitas as empresas que pensam assim. Nos EUA, eu teria o prazer de evitar as generosas ofertas de milhas aéreas, embarque rápido e pacotes grátis em voos, por algo que custaria um dólar à bandeira do cartão de crédito, um cartão que me permite pagar *contactless*. O meu tempo é muito valioso. Hoje eu escolheria um banco que guardasse todos os meus recibos digitalmente, eu escolheria um serviço de passeios de carro se ele salvasse os meus recibos em um processamento de despesas mais rápido. O valor parece diferente na era moderna.

2
Iniciando sua disrupção

Questione tudo o que geralmente se pensava ser óbvio.

Rams, 1980

Para tanta a conversa sobre mudança no mundo dos negócios, você vê muito poucas mudanças reais acontecendo.

Na Ásia é diferente, especialmente na China. Lá, não é que eles mudaram, e sim que construíram negócios no novo mundo pela primeira vez. Vemos uma abundância de pensamento de tecnologia móvel pioneiras, design comum em torno de carteiras digitais, empresas aproveitando o poder das mensagens instantâneas, QR codes e logística contemporânea que você pode construir quando não tem nada para destruir primeiro. Mas fora desses mercados pouco mudou realmente.

Como eu disse anteriormente, as mudanças que notamos são as mais visuais e as mais fáceis de serem feitas, uma espécie de abordagem da MTV *Pimp my ride* à transformação digital. Um programa em que, enquanto o dono do carro realmente precisa de um carro familiar novo e com preço razoável para se locomover, os produtores insistem em pegar um veículo mecanicamente duvidoso e estruturalmente defeituoso, pintá-lo com tinta e colocá-lo sobre rodas tão brilhantes que você não pode ver a fumaça saindo do escapamento. É um ótimo programa de televisão, mas é uma forma terrível de mudar uma empresa.

A partir deste momento, quando vimos a turbulência no mundo e entendemos como as empresas podem reconstruir para a era digital, com um novo pensamento no centro, é hora de traçar um caminho para a mudança. Queremos continuar o lento e constante deslizamento para a obsolescência, ser o sapo que ferveu até a morte, ou queremos ser aquele que tomou o corajoso caminho da mudança?

Neste capítulo, vou começar a esboçar algumas das questões fundamentais a serem perguntadas, antes de dar orientações sobre os passos iniciais a seguir. Este capítulo abordará a construção de uma plataforma para a mudança, o estabelecimento de crenças e valores fundamentais. Em seguida, o capítulo 7 apresentará mais detalhes sobre como as empresas podem transpor isso para a prática.

Precisamos estabelecer uma base de trabalho mais ampla, delinear uma estratégia mais holística e dedicar algum tempo a fazer as perguntas fundamentais e incômodas.

QUAL O SEU NÍVEL DE RISCO?

A maioria das pessoas na vida são, por natureza humana, avessas ao risco. Nós evoluímos como espécie para reduzir as perdas, e não maximizar os ganhos. Somos mais motivados pela necessidade de evitar a humilhação do que pela necessidade de sermos o vencedor mais destacado. Há apenas duas coisas que as pessoas e as empresas mais odeiam: quando as coisas não mudam e quando elas mudam. Precisamos mesmo estabelecer desde cedo, em uma era caótica, que muda rápida e imprevisivelmente, qual é o nível de risco pessoal? Você quer acabar como o herói para alguns, mas tolo para outros, ou você quer caminhar com cuidado como a maioria das pessoas fazem?

Ron Johnson, o ex-vice-presidente sênior de operações de varejo da Apple, foi selecionado para ser o CEO da JC Penney. Ele fez escolhas ousadas, tentou reestruturar a empresa significativamente, estava potencialmente perto de realizar grandes coisas, mas a diretoria o expulsou antes do momento em que essas transformações pudessem mudar a sorte da empresa para sempre. Nessa altura, o preço das ações caiu 50 por cento. Então você o vê como um tolo ou como o tipo de líder carismático e ousado que o mundo precisa?

Mudanças reais levam tempo e envolvem muitas decisões difíceis. Envolvem reconstruir antigos sistemas de TI, demitir pessoas que não querem andar juntas, estabelecendo novos critérios para a contratação de funcionários, novas estruturas de remuneração e recompensa. Envolvem falar e ouvir infinitamente os clientes, auditar todos os aspectos de uma empresa e prepará-los para a mudança. A mudança não é um passeio ao DJI em Shenzhen, onde você brinca com drones; é falar sobre *backends* e protocolos. Não é tão divertido quanto um dia em um laboratório de inovação seria e faz você se sentir vulnerável.

QUÃO VITAL É ESTA MUDANÇA?

As ondas de mudança estão, de fato, dominando o mundo; a música e as notícias passaram por isso, as revistas parecem estar caminhando para o seu fim inevitável, o setor automobilístico está prestes a sofrer grandes mudanças à medida que a propulsão eléctrica muda mais do que parece à primeira vista, e novos modelos de negócio proliferam. Mas é importante notar até que ponto *o seu* negócio deve mudar. Se você é uma empresa de bens de consumo embalados, então a Dollar Shave Club mostra o que pode em teoria acontecer. Embora tenha sido comprada por um bilhão de dólares pela Unilever, ela só ameaçou retirar valor do mercado quando pretendia ser adquirida; ela não necessariamente mudou o mercado tanto quanto as apresentações de tendências e os artigos superestimados sugeriram.

A mudança existe porque você precisa mudar, e há o custo de oportunidade de não mudar. Qual é o risco de não mudar? Os bancos podem ser empresas fortes e estáveis que não são forçadas a mudar – provavelmente podem comprar a maioria das startups que ficam interessantes e perigosas demais para ameaçar seus negócios –, mas não seria sensato estar no controle do próprio destino?

Mesmo as empresas que não precisam mudar têm muito a ganhar com a mudança. É mais provável que as pessoas se divorciem do que mudem de banco, mesmo que os bancos ofereçam todos os tipos de incentivos para uma mudança, ainda assim o Monzo Bank no Reino Unido tem 40 mil pessoas em lista de espera (Martin, 2017). Esse é o poder de uma nova proposta clara e de um serviço centrado no cliente. Quando você assume grandes empresas antigas, especialmente aquelas que não são amadas, quando você é claro em ser uma alternativa, seja comercial ou filosófica, então as pessoas vão te amar ou te odiar. Esta é uma poderosa emoção e tensão para desbloquear. Todos nós seríamos espertos em estar hiperconscientes do que mudou no mundo dos negócios, mas, além disso, deveríamos nos lembrar frequentemente do que não mudou por pura teimosia.

Se você é um grande escritório de advocacia, então sim, seria sensato empregar a melhor equipe de TI do ramo, aproveitar soluções de software baseadas em nuvem e experimentar o Slack. Os escritórios de advocacia podem fazer montes de dinheiro aconselhando sobre mudanças nas leis de propriedade intelectual ou patentes, ou novas ameaças disruptivas, mas o seu negócio não é suscetível de ser destruído pela inteligência artificial (IA), robôs ou plataformas freelances, como a Upwork; é provável que seja aumentado por eles. Do ensino aos profissionais de saúde em geral, dos dentistas aos bombeiros, há muitas indústrias que não enfrentam perigos claros e massivos caso não mudem.

No entanto, muitos de nós precisam acordar. Muitos de nós, muitos mesmo, estão com a cabeça enterrada na areia. Se você trabalha no mercado imobiliário, automotivo ou de seguros, grandes mudanças estão chegando. Se você é uma loja de departamentos, um gerente de talentos ou um fabricante de brinquedos, você precisa ter cuidado.

Se você é programador, precisa estar alerta para o fato de que é provável que, em breve, esteja treinando computadores para fazer seu trabalho e eles se auto-aperfeiçoarão mais rápido do que muitos jamais imaginaram. Há muitas funções, como contadores, assistentes-executivos ou qualquer outra pessoa na área de comunicação que enfrentarão grandes mudanças pela frente. Setores como o ensino superior têm sido imunes a disrupções; esses setores têm usado normas sociais para se sentirem confiantes de que as coisas nunca vão mudar. Elas provavelmente não vão mudar no futuro próximo, mas em um mundo com informações gratuitas on-line, onde as reputações podem ser construídas no LinkedIn pela formação da própria empresa, ou escrevendo posts que viralizarão, as coisas parecem diferentes. Posso aprender mais durante um mês no Twitter com um feed de boa curadoria do que aprendi em um curso de mestrado de quatro anos.

Cabe a todos, nesse momento, olhar para frente e estabelecer uma compreensão do grau em que se precisa mudar, tomar decisões sobre a inevitabilidade da mudança, se é desnecessária ou uma forma útil de trazer abundância de oportunidades no caminho.

ESTABELEÇA UM PAPEL

É da natureza humana se sentir pequeno quando os tempos parecem ameaçadores. É natural que nos concentremos em atividades centrais e reduzamos os custos quando as coisas parecem ruins. No entanto, olhando para o papel da sua empresa, o valor que ela agrega, a marca e a permissão que ela tem para operar na vida dos clientes, talvez seja possível fazer mais. Você deve considerar não apenas a necessidade da sua empresa de mudar, mas também a oportunidade real da mudança. Em que mercado você realmente opera? A moda sempre foi passageira, mas, se você fabrica roupas esportivas, a vida não parece tão diferente. No entanto, se pensarmos nas coisas de forma mais expansiva, se reconsiderarmos o nosso papel, as coisas tornam-se mais interessantes e otimistas. Se você é uma empresa de bem-estar, pode, de repente, fazer muito mais.

Quando o professor de marketing de Harvard, Theodore Levitt, disse aos seus alunos: "As pessoas não querem comprar uma furadeira de um quarto de polegada. Eles querem um buraco de um quarto de polegada", começamos a pensar em produtos e marketing de novas maneiras (Christensen *et al*, 2005). Clayton Christensen levou isso ainda mais longe em o seu artigo *Jobs to be done* (Christensen *etal*, 2016). Sua ideia central era que não estamos tanto no negócio de venda de itens, brocas, milk-shakes ou relógios novos, mas estamos realmente tentando realizar algo mais ousado e ambicioso.

Especialistas em marketing fazem um grande trabalho tentando elevar o papel de uma empresa e produto. A Pepsi, por exemplo, é apontada como sendo uma solução para o racismo, ou violência, enquanto a Coca-Cola se contenta em possuir todo o conceito de felicidade, globalmente. Alguns biscoitos de chocolate passam de "crocantes e saborosos" para "satisfazer a fome" e "celebrar a paz mundial" em cerca de três reuniões com estrategistas de agências de publicidade. Mas a verdade é que há muito a ser dito para defender algo maior, particularmente quando se trata de promover a transformação e inovação.

Os hotéis Hyatt, Holiday Inn e Starwood estão no negócio de fazer e gerir hospedagem de classe mundial, que é um grande negócio, mas limita as empresas. Nesse modelo de pensamento, eles precisam de controle total sobre a gestão da propriedade. Isso significa que são totalmente responsáveis por qualquer problema que surja: quartos indisponíveis, áreas de serviço sujas, tudo isso mancha a imagem da marca, e não o proprietário do imóvel. As questões de controle de qualidade limitam a velocidade com que você pode expandir, as áreas que são rentáveis para investir, a responsabilidade que enfrenta aumenta quanto mais você controla.

O Airbnb desafiou isso. Inicialmente, significava "um teto sobre a cabeça", independentemente da forma como era entregue, primeiro com um "AIRmattress e Bed and Breakfast", e depois, com camas mais adequadas e menos cafés da manhã. A plataforma pode crescer em duas direções horizontais muito interessantes: pode representar a humanidade e a ideia de "pessoas ajudando pessoas", o que lhe permite fazer tours (como começou a fazer); mas também oferece uma potencial expansão futura para qualquer coisa que exija a confiança das pessoas, tais como empregos casuais, preparação de alimentos, *ride-shares*. O negócio pode ser impulsionado em qualquer direção que necessite de uma reputação on-line e a codificação da confiança. "O que confere poder a essa mudança de valores é a codificação da reputação – são as cinco estrelas ao lado do nome das pessoas que tornam possível confiar em alguém de quem, de outra forma, não sabemos nada" (Stan, 2016).

E isso podia, também, se mover verticalmente, ramificando-se para a arena da "habitação", construindo (ou alugando o seu nome em) hotéis habitáveis, apartamentos amigáveis, camas embutidas e design de interiores. O Airbnb tem potencial para suportar qualquer coisa na horizontal ou vertical. Isso é impressionante.

Pensar sobre o papel que o seu negócio desempenha na vida das pessoas é uma ótima maneira de crescer. Os papéis de muitos *players* históricos estão ameaçados, e esta é a questão central. Por que precisamos de lojas de departamento em um momento em que podemos ver tudo o que amamos on-line? Quando vivíamos em uma cidade pequena em 1980, isso fazia sentido. Faziam uma seleção de coisas boas e, em seguida, organizavam-nas para nos mostrar, mas, na era moderna, isso não tem valor; não precisamos de um *bundler*. Então, de locadoras de automóveis a lojas de departamento, de gravadoras a revistas, como podemos redefinir o papel que temos? Talvez as lojas de departamentos precisem se tornar "consultoras" de moda, saúde e vida, talvez as revistas precisem se tornar marcas de estilo de vida que administram hotéis e festas exclusivas.

Quando pensamos assim, a vida torna-se excitante para muitos. Academias não são lugares onde você paga a cada mês para acessar seu espaço e equipamentos; são organizações holísticas de estilo de vida que podem ajudá-lo a atingir qualquer objetivo. A academia tem menos relação com uma sala grande com espelhos e equipamentos modernos, e mais com o acompanhamento de *fitness* através de aplicativos, acesso a treinadores de bem-estar e nutricionistas, lugares que podem fazer dinheiro de novas maneiras, juntando o marketing ao seguro de vida, spas de descanso e férias. As academias podem ser donas da nossa saúde e bem-estar.

Os bancos podem representar a porta de entrada para gastar, poupar e pagar todas as nossas contas. Eles podem passar de lugares onde confiamos as nossas poupanças a guardiões e conselheiros de nossa saúde financeira. As operadoras de telefonia celular em todo o mundo têm medo de serem inúteis. Como podem impulsionar o relacionamento que têm com todos nós e nossos detalhes de faturamento, e se tornar proprietárias de conteúdo, gerentes de pagamentos móveis, consultores do nosso relacionamento com dados e notícias?

Os passos para pensar aqui são: que papel, realisticamente, você pode ter na vida do seu público? O que você tem credibilidade para fazer? A que profundidade pode ir? Tem permissão para fazer isso? Eu não acho que uma empresa de chá possa comprar redes sociais, apesar das suas raízes sociais, mas acho que uma empresa de automóveis pode representar mobilidade, uma companhia aérea pode representar lazer, e uma loja de utensílios domésticos pode representar design de interiores e arquitetura. Não há razão para que a IKEA ou a Muji não possam vender casas.

ESTABELEÇA UM TEMPO PARA MUDAR

Onde você estava quando teve seu primeiro sinal de recepção 3G? Essa é uma das piores perguntas que se pode fazer no primeiro encontro, mas para mim foi memorável. Foi no início de 2007, e eu estava no alto da cordilheira de Durmitor, em Montenegro. Enquanto o trem enferrujado passava pelos vilarejos medievais e ziguezagueava pelas estações abandonadas de trem, eu estava rapidamente enviando, por e-mail, imagens do jantar horrível da noite anterior, acontecido em uma estação de trem detonada. O progresso acontece de formas inesperadas.

Já passamos por esse momento. Você deseja um novo console de jogos há muito tempo, e na semana que compra, a empresa lança um modelo novo. Bem, imagine que você é uma empresa de carros que acabou de gastar cem milhões de dólares em uma nova fábrica de motores, no momento que a propulsão elétrica parece ser o futuro. Ou você acabou de comprar Blackberries para toda a sua equipe, ou se comprometeu em trazer de volta os empregos de quem trabalha com carvão. Às vezes o futuro acontece tão rápido que é difícil saber quando dar o salto.

Vemos aviões novinhos em folha sem tomadas de energia. Alguém não pensou direito. Você anda em linhas de trem de alta velocidade que custam bilhões em que ninguém pensou em instalar Wi-Fi. Novas estradas de pedágios com pessoas operando a passagem. É incrível viajar para países onde construíram para o novo mundo a partir do nada. Você pode pagar por mensagem de texto para estacionar na Romênia, porque eles não precisavam de medidores na era comunista. A TeliaSonera foi a primeira operadora do mundo a lançar comercialmente sistemas de celulares 4G no final de 2009, na Lituânia. Algumas das velocidades de internet mais rápidas do mundo estão na Estônia. A China é hoje responsável por cerca de 70 por cento da capacidade solar térmica total instalada no mundo.

A nova tecnologia é sempre melhor em maneiras que não podemos imaginar. Na cidade de Nova York, quando assisto TV em meu apartamento, assisto através de uma enorme caixa de TV a cabo, obtenho resolução HD padrão e uma escolha de duzentos canais por 120 dólares ao mês. No entanto, posso emparelhar o meu iPhone 7, que é 45 vezes menor e dezesseis vezes mais leve do que a essa caixa, usá-lo como um roteador e consigo transmitir vídeo de qualquer lugar do mundo, com resolução quatro vezes maior via 4G e Apple TV. É espantoso como a tecnologia recente pode ter ordens de magnitude melhor. É incrivelmente emocionante testemunhar o progresso que esse tipo de salto permite.

As aldeias na África podem, em teoria, equipar-se não com bibliotecas dispendiosas, de difícil manutenção e com pouco acervo, mas podem distribuir smartphones de dez dólares e tablets, e permitirem às crianças aprender a fazer qualquer coisa. Uma nação subdesenvolvida como a Tanzânia iniciará oficialmente o maior serviço de entrega de drones do mundo em 2018 (Walcutt, 2017). Quem ainda precisa de estradas?

QUATRO MANEIRAS DE MUDAR

Quando sabe o que está prestes a fazer, o que você pode alcançar, em que mercado é capaz de se inserir, pode então pensar sobre o quão profundamente você deve mudar, e pensar uma das quatro maneiras de fazer isso.

Há muitas maneiras de mudar o seu negócio. É uma escala móvel; não há um momento em que uma empresa, que está fazendo um grande esforço para comprar outras novas e não essenciais, seja subitamente uma empresa que está se reestruturando. Quanto você tem que investir em startups antes que elas sejam uma boa maneira de terceirizar a pesquisa e desenvolvimento, maximizando as aprendizagens, a fim de se transformar em uma estratégia de cobertura para o futuro do negócio? Portanto, estas formas não têm limites claros, mas penso que, em cada caso, é bastante clara a abordagem adotada quando dou exemplos.

AUTODISRUPÇÃO

De longe, a abordagem mais arriscada, mais agressiva e potencialmente mais gratificante para a mudança é a autodisrupção. Há dois elementos claros que a definem em relação a qualquer outra forma de mudança extrema.

Em primeiro lugar, ela deve envolver um certo grau de canibalismo. A força motriz por trás da autodisrupção é criar um negócio que ganhe a primeira cota de mercado e conquiste novos clientes, mas que em última análise deve tornar-se tão grande e bem-sucedida que será o fator impulsionador no futuro da própria empresa. O objetivo é criar uma entidade que desafie tantas normas da indústria, torne-se uma proposta de consumo tão valiosa e clara que, em algum momento, seja mais bem-sucedida do que a empresa original. Em um mundo ideal, ambas as entidades, a unidade de legado e o arranque impulsionador, sobreviveriam, mas sempre haveria um risco de canibalismo. Em certa medida, assumindo que as empresas estão no mesmo setor geral, quanto mais sucesso a startup conquistar, por definição, mais provável é que ela coma sua matriz. O grau de risco e sacrifício nesse modelo é o conceito chave.

É mais fácil definir a ideia com exemplos do que ela não é.

Quando a British Airways criou a Go, não o fez porque queria que toda a companhia aérea se tornasse uma transportadora de baixo custo e desistisse dos passageiros "premium". Eles a criaram com relutância e de forma defensiva devido a uma ameaça de transportadoras de baixo custo.

Quando o Grupo Inditex, mais conhecido pela marca Zara, decidiu abrir um varejista de moda premium, Massimo Dutti, em 1985, embora fosse suficientemente ambiciosa para querer ter um mercado premium e aumentar a rentabilidade, nunca se esperou que comesse a marca mãe da Zara e se tornasse o futuro da empresa. Tanto a British Airways como a Inditex são apenas casos de abordagens às marcas das empresas-matriz.

Em segundo lugar, a autodisrupção está enraizada na noção de uma resposta ágil, imediata e, acima de tudo, previdente. Se você comprar um concorrente que está rapidamente comendo a sua cota de mercado e se aproveitar dele, isso será apenas uma estratégia de aquisição sensata. Estará investindo, como a maioria das empresas faria, em proteger a sua posição. O segredo da autodisrupção é você agir antes que muitos pensem ser necessário agir.

Em 2014, quando o Facebook comprou o WhatsApp por 19 bilhões de dólares (BBC, 2014), ele o fez porque a empresa era uma ameaça ao sucesso da própria plataforma de mensagens e, por fim, da própria empresa, mas o fez menos como um jogo proativo e agressivo, e mais como um movimento defensivo.

Quando o Walmart comprou a Jet.com por 3,3 bilhões de dólares em 2016 (Reuters, 2016), não se tratava tanto de criar com confiança e positivamente o próprio futuro; era a aceitação de que ela não tinha as habilidades, o tamanho e a reputação certos no mercado on-line para competir com a Amazon.

Vale a pena acrescentar que são esses movimentos defensivos de grandes *players* tradicionais que alimentam uma enorme proporção dos investimentos de capital de risco. A maioria dos "bancos do futuro" baseados em dispositivos móveis é basicamente criada para ser irritante, perigosa, grande e atraente o suficiente para ser comprada por uma empresa já estabelecida que percebe que é tarde demais para começar o próprio negócio.

Muitas destas empresas são como os coelhos em corridas de longa distância; não conseguem fazer todo o percurso, mas não é essa a função deles. Às vezes, eles se adiantam tanto que, surpreendentemente, acabam vencendo. É possível ver Netflix e Tesla sob essa luz.

Há muito poucos exemplos de autodisrupção. Os grandes *players* são muitas vezes grandes e relutantes demais em aceitar que estão errados, e são cuidadosos demais para não sinalizar aos mercados financeiros que, de alguma forma, já não são a empresa mais bem colocada para sobreviver. É mais provável que essa forma de canalização seja utilizada por empresas menores, as que têm mais a ganhar, mas muitas vezes a dimensão menor dessas entidades faz com que se sintam muito vulneráveis para seguir por esse caminho.

A autodisrupção é como procurar um terapeuta quando a maioria dos pacientes procurariam uma cirurgia plástica. Dar esses primeiros passos pode às vezes parecer um retrocesso; é mentalmente difícil, e a maioria das pessoas quer resultados mais rápidos.

Em dois anos de pesquisa, o melhor exemplo de autodisrupção que posso encontrar é a Netflix.

A transição da Netflix para o *streaming* a partir do aluguel de DVDs por e-mail não foi tão suave quanto muitos gostariam de lembrar, mas em retrospectiva é genial.

A Netflix foi fundada em 1997 como um serviço de correio de DVD, e rapidamente cresceu para conquistar uma enorme cota do mercado de lojas de vídeo locais que não podiam competir com a sua gama de títulos. As pessoas logo apreciaram o apelo de não ter taxas para atrasos, a capacidade de ter vários filmes ao mesmo tempo, bem como a sua tarifa de consumo ilimitado.

Sempre interessada em se manter a par da tecnologia mais recente, em 2007, a Netflix gastou cerca de quarenta milhões de dólares para criar *data centers* e cobrir o custo do licenciamento dos títulos de *streaming* iniciais (Rodriguez, 2017). Quando as velocidades da internet permitiram, ela introduziu o *streaming* como um serviço adicional para os seus já assinantes. As taxas mensais permaneceram as mesmas, mas aqueles com tarifas mais caras tiveram acesso a mais horas de conteúdo *streaming*. Enquanto adicionava um serviço de graça, ela também dava às pessoas uma razão para atualizar seus planos para outros mais caros. O crescimento foi impressionante, as videotecas de conteúdo *streaming* aumentaram, o preço das ações subiu de forma impressionante de três dólares em 2007 para mais de quarenta e dois em 2011, e a vida parecia perfeita.

Em setembro de 2011, a Netflix fez uma jogada ousada. Criou duas tarifas e transferiu todos os seus clientes americanos para dois planos distintos: o serviço original de DVD por correio eletrônico, denominado Qwikster; e outro era um serviço de *streaming* por uma taxa mensal mais baixa. O mercado ficou chocado, e em dezembro o preço das ações estava abaixo de 10 dólares, e a empresa, quebrando. A empresa rapidamente perdeu assinantes de DVDs de maior receita e, em nove meses, os lucros caíram 50 por cento (Steel, 2015).

No entanto, as coisas mudaram lentamente. Primeiro, os preços mais baixos começaram a atrair um mercado muito mais amplo, trazendo muito mais clientes pagantes, permitindo que a Netflix comprasse mais conteúdo e aumentasse lentamente os preços. Depois, a empresa começou a criar o próprio conteúdo original, eliminando os direitos de *streaming* global e, em seguida, com um simples apertar de botão, conseguiu expandir-se globalmente.

Se a Netflix não tivesse passado por uma disrupção, seria uma empresa muito diferente. Ela se basearia em um sistema de distorção física maciça, com custos muito elevados. Teria provavelmente perdido massivamente para o YouTube e teria quebrado como fornecedora de DVD por correspondência.

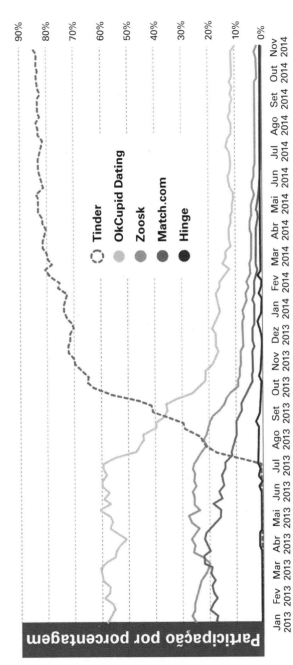

Figura 6.1 *Aplicativos móveis de namoro Match Group: participação de mercado dos EUA por sessão, janeiro de 2013 a novembro de 2014.*

Fonte: 7 Park Data, http://www.businessinsider.com/jmp-securities-analyst-note-on-tinder-2015-4

Em vez disso, o preço das ações da Netflix está quase em duzentos dólares, cinco vezes mais do que quando ela passou pela autodisrupção corajosamente, ela opera em 190 países e gera quase nove bilhões de dólares em receita de mais de 110 milhões de clientes (Feldman, 2017). Hoje, os DVDs representam apenas quatro por cento dos assinantes da Netflix. Parece que em 2011, quando a Wall Street exigiu a demissão de Reed Hastings por reinventar o negócio, estavam errados. A partir disso, você pode ver a pressão que essa abordagem exerce sobre a liderança, a confiança que você precisa ter, o grau de antagonismo que impõe ao mercado e todos ao seu redor. Esse movimento requer coragem. A confiança, convicção e agressividade, para mudar antes que você tenha que criar o próprio futuro, é notável.

É por isso que raramente acontece. A IAC, um grupo de mídia e internet, tem uma de suas marcas, o Match Group, de namoro on-line. A Figura 6.1 mostra as cotas do mercado americano do Match Group da IAC, que inclui os sites de encontros on-line Match.com, OKCupid, etc.

A Match seguiu e criou o Tinder no que pode ser visto como uma forma de autodisrupção: um site de namoro livre que minou massivamente os números de usuários e capacidade de lucro de sites de namoro da própria empresa. O Tinder foi lançado antes que precisasse ser lançado e sem nenhuma pressão competitiva, e foi desenvolvido pela Hatch Labs, que a IAC possuía parcialmente.

É possível argumentar que, talvez quando a operadora móvel O2 lançou uma tarifa muito mais barata, centrada na juventude, com a ideia de ser "mútua, simples e justa", foi canibal o suficiente para ser autodisruptiva, mas acho que essa ambição não existia.

Quando a Amazon lançou o Kindle, um dispositivo que, teoricamente, poderia deslocar uma parcela significativa da venda de livros, um dos pilares da empresa, encontrava-se em um momento em que a empresa ganhava mais dinheiro de outras formas.

A autodisrupção pode não ser a certa para você. O bebê está tão sujo que precisa jogá-lo fora junto à água do banho? Para algumas empresas, a confiança no futuro é vital. Eu não gostaria de estar trabalhando em loja de departamentos ou no negócio de impressão de revistas por muito tempo, mas a maioria das empresas pode abordar a autodisrupção de forma mais positiva. Elas não têm logo que canibalizar a empresa matriz, as empresas não precisam assumir que a nova unidade não vai roubar ainda mais dos outros concorrentes e ser um acréscimo. Para a maioria das empresas, há uma necessidade urgente de criar novas unidades focadas no futuro ou comprar unidades que levem ao crescimento, mas que não tragam consigo o risco de autodisrupção. O que apresento na próxima seção.

REINVENÇÃO CONTÍNUA

Em que momento uma empresa em fase de arranque se torna um legado? O eBay, Skype ou Microsoft são exemplos de algumas das empresas iniciantes mais antigas do mundo ou de empresas antigas mais jovens? Em certa medida, a transição parece ocorrer quando passam de caçador a caça, de crescimento a rentabilidade, de ataque a defesa.

A reinvenção contínua é um compromisso profundo e sério de mudança, e, nos níveis mais profundos, baseado na ideia de que a melhor defesa é um bom ataque. É o processo pelo qual as empresas mantêm uma posição significativa no mercado, passando por alterações contínuas e importantes para mantê-la. Esse processo pode assumir várias formas.

Como mencionei anteriormente, não há um limite mágico em que as empresas deixem de ser meras inovadoras significativas para se reinventarem continuamente. Há algo sobre o tamanho desses investimentos, no entanto, e a frequência com que são essenciais para o negócio, em vez de apenas agregar outra forma de receita. A compra da US Airways pela American Airlines foi um grande negócio financeiro, mas não uma reinvenção ou uma ameaça futura; foi apenas um passo para se tornar maior e mudar um pouco mais.

A diferença com a autodisrupção é que há menos risco de canibalização, ela é menos proativa e mais reativa. Quando a Adobe passou lentamente da venda de seu software em discos para a venda de seu software como licenças perpétuas e se tornou uma provedora tipo software-as-a-service (SAAS) baseada na nuvem, em que você simplesmente paga pela Creative Cloud, se tornou um grande exemplo de reinvenção contínua, não de autodisrupção.

Outro bom exemplo é a IBM, uma empresa que primeiro fabricou *mainframes*, mas que, após algumas décadas, se tornou marginalizada pelos minicomputadores. Assim, a IBM mudou para o mercado de negócios e de consumo de computadores pessoais, antes de largamente desistir de hardware e comprar a SoftLayer para se tornar uma provedora de infraestrutura como serviço, em seguida, uma consultoria de gestão de equipamentos, e está caminhando para se tornar líder em IA com o Watson.

A reinvenção contínua parece sempre um progresso. Pode ser arriscada, mas, em geral, é realizado por empresas de setores em rápida mudança. Os donos de televisão ou mídia, em teoria, deveriam ter comprado o Facebook quando ele era pequeno, e devem lamentar o dia em que o Snapchat nasceu, os jornais deveriam se culpar por não iniciar o Twitter, mas esses setores não pensam dessa forma. Recentemente, a ASOS tornou-se mais valiosa do que a antiga líder britânica de loja de varejo, Marks & Spencer, mas você simplesmente não sente que essas empresas pensam em mudar sua configuração.

É difícil inovar continuamente as empresas, por isso a maioria dos exemplos dessa forma de progresso tem sido feita por meio de aquisições. A Microsoft, para lhe dar crédito, tem investido em manter a relevância e construir elos. Em um mundo que ama a Apple, esquecemos que a Microsoft hoje vale mais do que nunca 642 bilhões de dólares, e quase triplicou seu valor desde 2010. Nos últimos cinco anos, o preço das ações da Microsoft subiu duzentos por cento, e o da Apple, "apenas" 114 (Fraley, 2017).

Provavelmente, o melhor exemplo dessa abordagem de investimento em série é o Facebook. Embora a própria empresa gaste bilhões em P&D, ela realmente parece depender da compra dos desenvolvimentos mais promissores, adquirindo empresas que estão crescendo rapidamente, pouco antes de terem sucesso demais para resistir à venda (eles perderam o Snapchat dessa forma) ou se tornarem muito caras.

Em 2012, conforme a web se tornava mais visual, as câmeras estavam ficando mais avançadas e o compartilhamento móvel de imagens se tornou mais popular, o Facebook fez provavelmente um de seus melhores investimentos: pelo preço insanamente alto de um bilhão de dólares, o Facebook comprou o Instagram. Em retrospectiva, esse foi um movimento genial que permitiu ao Facebook dominar a imagem. E enquanto alguns pensam que o Instagram vale cinquenta bilhões de dólares, muitos acreditam que, já que tantas pessoas estão ameaçando deixar o Facebook, o Instagram é uma rede de segurança que vale muito mais do que isso, e que de fato permitiu que o Facebook se expandisse de uma empresa de 58 bilhões de dólares para um negócio de mais de quinhentos bilhões de dólares.

Cada vez que uma nova tela ou comportamento aparece, Zuckerberg tem sido rápido em atacar. A necessidade do Facebook de se manter moderno, de obter os melhores funcionários, de garantir que não percam a próxima grande chance, está por trás da aquisição do WhatsApp para mensagens instantâneas, Oculus para realidade virtual, face.com para reconhecimento facial, MSQRD para filtros faciais e troca de mensagens e, mais recentemente, Ozlo para uma IA mais eficaz em mensagens.

A reinvenção contínua é adequada para você? A reinvenção contínua é baseada na paranoia, na rapidez com que as coisas mudam, e não é para todos. A Samsung não precisa assumir que todos são uma ameaça ao seu negócio de geladeira e comprar todas as concorrentes nesse espaço. A Nike não precisa entrar em pânico com a Allbirds e definir sobre a compra de todos que se atrevem a fazer sapatos. Para empresas que são passageiras por natureza, que não oferecem muito em termos de fundos de proteção, para empresas em espaços que crescem rapidamente, isso faz mais sentido. Talvez uma estação de TV deva comprar um site de vídeo de rápido crescimento, talvez a Lyft deva adquirir a Gett, ou o Wal-Mart comprar a ASOS, mas isso não é para todos. Alguns precisam de uma abordagem mais calma.

APOSTAS MENSURADAS

A abordagem mais comum à inovação é aquela que está muito menos envolvida, menos profundamente integrada e, normalmente, não faz parte de uma abordagem contínua e de longo prazo. Às vezes, essas abordagens são mais ousadas e maiores, e mais ameaçadoras para a matriz; outras vezes, são claramente pequenas ramificações, menos propensas a alterar o futuro, e são mais sobre testar o mercado, aprender mais sobre o ambiente de negócios, ou simplesmente mostrar ao mundo do que são capazes.

O Midland Bank (parte do HSBC) foi provavelmente a primeira empresa a criar uma startup, com a First Direct. Criada em 1989 a partir da necessidade de encontrar um novo crescimento, especialmente a partir de clientes rentáveis, confiáveis e prósperos, a First Direct começou a funcionar como uma folha de papel em branco com a palavra "cliente" no meio. Inspirada e intrigada com a ideia do telebanco, uma empresa inteiramente nova foi criada a partir do nada, mas baseada na noção de reinventar tudo no modelo bancário. Eles destruíram todas as convenções na indústria: o banco estaria aberto 24 horas por dia, não teria taxas de serviço bancário, prestaria um serviço útil, desburocratizado, sem desculpas e orientado para o cliente. Parecia mudar o mundo bancário da noite para o dia, e, pela primeira vez, um banco parecia fresco, moderno e diferente. As pessoas amavam usar os serviços da First Direct.

A First Direct tem registado lucros todos os anos desde 1995, mais de um em cada três clientes aderem por recomendação pessoal, e têm mais de 1,3 milhões de clientes (First Direct, 2010).

A BMW i é uma submarca da BMW fundada em 2011 para fabricar veículos elétricos plug-in. É parte uma submarca e parte laboratório de inovação da empresa-matriz. Foram fabricados dois modelos BMW i: um carro totalmente elétrico i3, surpreendentemente prático, e um híbrido plug-in i8. A série BMW i é vendida em cinquenta países. Embora a própria unidade já tenha vendido mais de cem mil carros, é improvável que esteja perto de ser rentável por si só. Em vez disso, a empresa é uma unidade de alimentação para o negócio principal, desenvolvendo tecnologia para ser usada em outros carros. Com efeito, em 2017, a BMW confirmou que, em 2025, vai vender 25 veículos elétricos, dos quais quase metade serão exclusivamente elétricos (Taylor e Preisenger, 2017). É esse exemplo que mostra como a inovação pode ser feita internamente e de forma significativa, mas sem ameaçar a marca corporativa principal, e com a esperança de que, um dia, as duas se unam.

Apostas mensuradas são o que a maioria das empresas faz. É que algumas são menores que outras. No entanto, preocupa-me que as apostas mensuradas sejam muito pequenas. Isso é RP, não estratégia corporativa. As empresas precisam ser mais ousadas na forma como apostam nas mudanças. O processo precisa ser muito mais sobre mudança de núcleo, não apenas superficial. A quarta e última abordagem deriva de uma ambição ainda menor de mudança, e mais da necessidade de espalhar o risco.

FUNDO DE COBERTURA

Um número significativo e crescente de empresas pensa que o seu futuro está mais seguro nas mãos de outras. Talvez você ache que inovar a sua empresa seja muito difícil, ou que alcançar o crescimento investindo em outros negócios, assim como um investidor privado faria com uma carteira de ações, é um uso sensato dos ativos de sua empresa. Estamos assistindo a um crescimento de companhias bem financiadas, com receitas elevadas, que não procuram comprar, adquirir ou gerir empresas interessantes, mas sim investir fortemente nelas para que possam participar do seu sucesso, muitas vezes sem qualquer participação de controle ou lugares no conselho administrativo.

Esse não é um conceito novo. Em 1914, o presidente da fabricante de produtos químicos e plásticos DuPont, Pierre du Pont, investiu na empresa, ainda privada e com apenas seis anos de idade, General Motors. A cobertura corporativa é feita com um braço independente de uma empresa ou uma equipe de investimento designada, fora do balanço da empresa. O objetivo é investir em empresas de alto crescimento que gerem valor para a companhia. Empresas como a Google Ventures e equivalentes da Cisco, Intel ou Dell têm utilizado essa abordagem já há algum tempo. Tem sido comum para as empresas de tecnologia fazer isso.

O exemplo mais dramático de todos vem da enorme operadora móvel japonesa Softbank. Ela já é uma holding com carros automotores, unidades de comercialização de energia e serviços em nuvem, mas está liderando um novo fundo, chamado Fundo Vision. A empresa angariou 93 bilhões de dólares com isso, investindo apenas 28 bilhões do próprio dinheiro (Massoudi *et al*, 2017).

Não conheço nenhuma empresa que tenha tentado mudar demais, depressa demais. Não vejo exemplos de empresas que levem isso muito a sério. Vejo pequenas apostas sendo feitas, vejo laboratórios de inovação que abrem e não fazem nada, vejo acrobacias de RP e vejo a intenção da mudança. Nem tudo está mudando, nem tudo vai mudar, mas gostaria de ver as empresas mais entusiasmadas com o que é mais fácil, rápido, melhor, mais barato e mais popular a cada dia. Gostaria de ver os hotéis se deleitar com o que podem fazer além, os varejistas abraçar o poder dos influenciadores, as empresas de automóveis se entusiasmar com a possibilidade de emocionarem os clientes com um sentimento de pertencimento. Vamos começar considerando mais coisas práticas que as empresas podem fazer para atingir isso.

Neste capítulo, exploramos como estabelecer uma base a partir da qual crescer, como você pode alterar a estratégia de remuneração para incentivar as pessoas a realizar mudanças de longo prazo, como conduzir uma plataforma para a mudança e pensar sobre o papel que vai desempenhar na vida dos consumidores de uma forma mais expansiva. Mas, depois disso, o que você pode fazer para trazer mudanças? Isso é o que exploro no próximo capítulo.

3
A ATUAL DINÂMICA EMPRESARIAL

O segredo da mudança é concentrar toda a sua energia não na luta contra o velho, mas na construção do novo.

MILLMAN, 1980

Algumas pessoas esperam ter um vislumbre do futuro em Slough. Mas os corredores sombrios do Crowne Plaza Hotel local contrastaram com a visão profunda do futuro que lá recebi.

Era 2006, e eu estava trabalhando com a equipe de marketing da Nokia Nseries. Estávamos organizando grupos focais com protótipos de telefones touchscreen, como nunca ninguém tinha visto. Isso foi muito antes do iPhone. É justo dizer que nem todos viram o futuro naquele dia. As pessoas, quase sem exceção, odiavam os novos telefones. Eles receavam que as telas fossem se quebrar, apesar de termos garantido que isso não aconteceria. Odiaram o fato de a duração da bateria ser inferior a dois dias. Preocupavam-se com coisas estranhas, como impressões digitais que deixam a tela oleosa. Acima de tudo, as pessoas não conseguiam ver o objetivo. Para as grandes compensações que tiveram que ser feitas – a tela grande necessária para visualizar as fotos que as pessoas ainda não tinham compartilhado e para acessar os aplicativos que ainda não existiam – a principal vantagem foi que o aparelho fez mais do que o necessário. Lembro-me, mais do que qualquer outra coisa, da declaração de que "eu gosto da internet, mas já tenho em casa".

Mesmo as empresas com mais visão de futuro podem achar muito difícil mudar.

Neste capítulo, quero delinear a construção fundamentada na mudança que introduzi no capítulo 6. Independentemente de você estar mudando tudo ou muito pouco, como podemos trazer as mudanças para qualquer negócio de forma a ajudar a estimular o entusiasmo pela nova tecnologia, a paixão pela mudança e um sentimento positivo sobre o crescimento?

Estes são tempos emocionantes. Nós nos esquecemos disso. Hoje parece ser mais fácil criar uma grande empresa de mídia como a Vice, Quartz ou a Outline a partir do nada do que rever um negócio antigo para se tornar uma. Parece que é mais fácil criar uma marca como Glossier ou e.l.f. a partir do zero do que conseguir que a Estée Lauder ou a Beiersdorf façam o mesmo. Pode parecer uma boa notícia para todos, mas raramente o é.

Neste capítulo, vamos explorar por que as empresas falharam em inovar até o momento, para que possamos entender suas razões e oferecer sugestões de como podem inovar no futuro. Como podem combinar o melhor de ambos os conhecimentos antigos, que inclui o reconhecimento da indústria e a experiência com a necessidade de abraçar o que hoje é possível?

AFINAL, POR QUE AS GRANDES EMPRESAS NÃO INOVAM?

A Blue Bottle Coffee é uma das muitas histórias de sucesso de 2017, avaliada recentemente em setecentos milhões de dólares após um crescimento meteórico de quinze anos (Atkins e Bradshaw, 2017). É o tipo de empresa que dá o tom para o cenário inicial e cria o modelo que todos os proprietários de empresas iniciantes querem seguir. Se você quisesse começar uma Blue Bottle Coffee hoje, isso exigiria muito esforço e recursos nada insignificantes.

Você precisaria de uma equipe que entendesse de branding e pudesse desenvolver uma ótima imagem para o café. Idealmente teria acesso às melhores agências de publicidade do mundo e aos melhores designers gráficos. Você teria algum tipo de engenharia de alimentos para aperfeiçoar o produto, para aprimorar ao longo dos meses o perfil de sabor perfeito e a maneira correta de armazenar e misturar ingredientes. Você gostaria de algumas análises e *insights* de equipe para visualizar as tendências à frente. Gostaria que os especialistas em embalagens tivessem relacionamento com empresas de especializadas, assim como pessoas de compras e terceirização que possuíssem as habilidades para encontrar os melhores produtos do mundo e o poder de negociar preços baixos. Também seria bom um perito em imobiliário e uma boa equipe jurídica. Armado com toda essa experiência, você precisaria de dinheiro para apoiar tudo isso. Talvez precise de vinte milhões de dólares para começar com potencial suficiente. É uma combinação pura de branding, construção e design.

Você pode imaginar que o tipo de empresa que estaria bem posicionada para fazer isso seria a Procter & Gamble, com suas proezas de marketing e bons fundos, ou talvez a Mondalez, com sua experiência em alimentos e enorme pegada global, ou talvez a Nestlé, cujo orçamento de P&D é estimado em cerca de 1,7 bilhão de dólares por ano (YCharts, 2017). É bastante claro que todas essas empresas estavam idealmente posicionadas para criar a Blue Bottle, mas nenhuma delas o fez.

A Blue Bottle foi iniciada por um autoproclamado "lunático do café" chamado James Freeman, que, em 2002, decidiu começar a vender seus grãos de café torrados em um mercado de agricultores em Oakland, na Califórnia. Ele usou o dinheiro da compra que recebeu por ser um dos primeiros funcionários de uma startup pré-Pandora. Até 2008 (quando assumiu um investimento minoritário), seu negócio tinha sobrevivido com muito pouco dinheiro, com Freeman injetando apenas quinze mil dólares e assumindo uma dívida de cartão de crédito para lançar sua empresa.

No total, no início de 2015, a empresa havia captado cerca de 45 milhões de dólares em financiamento (Sacks, 2014). Em 2017, a Nestlé gastou quinhentos milhões de dólares para adquirir 68 por cento da Blue Bottle — uma marca e empresa que ela mesma poderia ter facilmente construído (Atkins e Bradshaw, 2017).

COMPRAR INOVAÇÃO ESTÁ NA MODA

Este comportamento estranho está por todo lado no momento. Quando a Unilever comprou o Dollar Shave Club por um bilhão de dólares (Primack, 2016), não obteve nenhuma patente, equipe de P&D ou unidade de produção. Não houve negócios comerciais valiosos, ou equipe incrível para adquirir (comprar uma empresa para recrutar seus funcionários). Eram apenas 190 empregados que compunham o quadro de uma empresa que revendia as lâminas de barbear genéricas da Dorco, através de uma empresa de logística em Kentucky (ambos ganhavam dinheiro), enquanto o Dollar Shave Club perdia dinheiro em cada pedido e em cada cliente.

Mais uma vez, independentemente de o acordo ter sido bom ou não, o fato é o seguinte: por que eles próprios não o fizeram?

RISCO DE CONTABILIDADE E TERCEIRIZAÇÃO

Perguntei a algumas dessas empresas e similares em circunstâncias parecidas e aprendi muito. Eu sempre estive pronto para "dias de inovação", dias fora do escritório, esquecer o trabalho real e sonhar. Ficar sentado no escritório sempre me pareceu que, na melhor das hipóteses, era como ensinar arte na escola, onde as pessoas ficavam ansiosas por ela, e adoravam, principalmente porque não importava. Na pior das hipóteses, pareceria uma espécie de creche para adultos, uma forma de manter as pessoas ocupadas e tirar boas fotografias. Teríamos papeis de post-it e sofás coloridos, quadros com "sonhe grande" e frases motivacionais. Provavelmente uma história de um fundador e um blogueiro da moda convidado para falar sobre o espírito de inovação e uma outra pessoa para falar sobre paixão. Foi sempre muito higienizado. Sendo quem sou, frequentemente ficava muito irritado e fazia a essas pessoas perguntas irritantes, como "por que *você* não criou estas empresas?".

Para começar, os procedimentos contábeis matavam a inovação. A maioria das empresas de produtos de grande consumo são fábricas com departamentos de marketing conectados. A aquisição desempenha um papel importante e, tal como os produtos de base, o açúcar ou o cloreto de amônio, tudo o que custa dinheiro é medido, o custo do mesmo é reduzido e as necessidades reais estabelecidas. Já é ruim o suficiente comprar ideias ou publicidade em uma cultura orientada para a aquisição, mas comprar inovação é desastroso.

Por definição, a inovação é algo novo. Não há retorno sobre o investimento (ROI, na sigla em inglês). Não há nenhum ROI significativamente possível para nada ousado e novo. Qual foi o ROI dos irmãos Wright para voar? Em 1985, qual foi o ROI para inventar a Red Bull? Que pesquisa de clientes mostrou que as pessoas queriam aspiradores de pó sem saco? Se você não pode mostrar um ROI, a única outra coisa que pode fazer para obter um investimento assinado é mostrar estudos de caso do que seus concorrentes fizeram, e usar suas ações para justificar o seu posicionamento. É por essa estimativa que a Tropicana pôde fazer smoothies, mas só depois que a Innocent se tornou proprietária do mercado, ou que grandes empresas de automóveis europeias puderam fabricar carros elétricos, mas só muito tarde no cenário.

Grandes empresas são sobre melhoria contínua, sobre fazer tudo um pouco melhor, um pouco mais barato, a cada ano. Elas esperam que as startups cresçam, lucrem um bilhão de dólares ou mais, comprem a empresa e começam a mostrar ao mundo que são ambiciosas, financeiramente fortes, que abraçam a mudança. O custo desta unidade vai direto para o balanço patrimonial, como um ativo para o preço pago, e o preço da ação pode subir mais do que isso, o que é muito bom. Por que alguém faria isso de outra forma? E por que essa é uma forma muito ineficiente de mudar e há uma longa e previsível história de grandes empresas que não funcionam bem com as que compraram? Algo precisa mudar.

ESTABELEÇA UMA LIDERANÇA PARA A MUDANÇA

A realidade é que muitos CEOs e líderes não querem realmente mudar. Eles estão satisfeitos. John Winsor, o fundador da Victor and Spoils e líder de inovação de longa data, acredita que a falta de mudança real "se resume a incentivos desalinhados" no que chama de "Efeito Hampton'" (Winsor, 2017). Esse alinhamento incorreto dos melhores interesses da empresa e dos melhores interesses da liderança é a grande força que impede a mudança. Olhando objetivamente, muitas pessoas poderiam ser consideradas inteligentes por não quererem mudar.

Os CEOs típicos não estão tentando fazer a sua carreira, estão tentando terminá-las. Ele (porque invariavelmente é um homem) não está tentando fazer um nome, não está querendo ser aquele que trouxe a mudança. Para a maioria dos CEOs, o fascínio de uma aposentadoria estável, jogar golfe e uma mudança de atitude após uma carreira difícil, é naturalmente muito forte.

O CURTO PRAZO ESTÁ MATANDO A AMBIÇÃO

O pensamento a curto prazo está em todo o lado e torna muito difícil a mudança radical e o investimento no futuro. Em 1940, o período médio de detenção de uma ação era de sete anos e, durante cerca de 35 anos, pouco mudou. No crash de 1987, as ações foram mantidas por menos de dois anos, em 2007 isso diminuiu para sete meses, e hoje são quatro meses. E isso se você ignorar a negociação de alta frequência, onde o típico *hold* despenca para onze segundos (Haldane, 2010).

Tudo no mundo dos negócios parece estar acelerando. O mandato médio de um CEO é de 6,6 anos, em comparação com 8,1 anos na década passada (Weinmann e Groth, 2011). Hoje em dia, os papéis de liderança enfrentam principalmente os mercados financeiros. Toda empresa pública é liderada por CEOs, equipes de liderança e gerentes departamentais cujos futuros financeiros são mantidos reféns do preço das ações. É essa condição que significa que todas as decisões devem ser tomadas em relação a corretores de crédito, analistas do mercado de ações, *stock pickers* e jornalistas.

Poderíamos supor que as empresas focariam no serviço ao cliente, ou melhor, produtos, ou projetando grandes experiências, mas, na verdade, a maioria das entidades corporativas depende inteiramente da Wall Street nos EUA, da City em Londres e de seus equivalentes ao redor do mundo.

Significa que as notícias têm de ser geridas, os riscos têm de ser evitados, os balanços têm de ser guardados. Os números devem ser comunicados trimestralmente e, se for o caso, devem ser enviados avisos sobre os lucros. Empresas com estatura e história são forçadas a mostrar lucros contínuos, manter a relação preço/lucro vital, o EBITDA (lucro antes de juros, impostos, depreciação e amortização) e o pagamento de dividendos aos investidores para manter alto o preço das ações.

Temos de encontrar uma forma de mudar essa cultura. O comprimento de onda para a reengenharia de muitas empresas em torno do nível razoável de mudança que elas precisam é muito maior do que a posse típica de papéis ou o que o mercado de ações perdoará. O atual ambiente financeiro apenas recompensa aqueles que cortam caminho à rentabilidade, não aqueles que investem para o crescimento no futuro. Temos uma tendência especialmente estranha onde as empresas celebram o crescimento da receita em campos que não são rentáveis. "Veja quantos novos clientes temos on-line" é um orgulho frequente, sem o reconhecimento de que esses clientes nos fazem perder dinheiro.

Para que as empresas tenham êxito a longo prazo, é necessário que estabeleçam uma forma de recompensar aqueles que inovam, e não aqueles que abandonam o navio enquanto as coisas pareciam estar bem.

O SUCESSO LEVA TEMPO

É bastante contraintuitivo. Sentimos que as empresas de tecnologia adotam a agilidade e a velocidade, mas as empresas melhor sucedidas hoje em dia são as empresas que operam com o longo prazo em mente. A Amazon gasta mais de dezesseis bilhões de dólares em P&D, e Jeff Bezos faz questão de não querer transformar um lucro em um longo prazo, e investe toda a renda potencial em crescimento para o futuro (Molla, 2017). O ritmo da maioria das empresas públicas é definido pela batida de ganhos trimestrais, mas as empresas mais fortes e mais elegantes tornaram-se mestres em definir o próprio ritmo.

Líderes fortes dão às equipes e à empresa a confiança para gerenciar as linhas do tempo da melhor maneira: às vezes é sobre a necessidade de ser rápido e decisivo, e outras vezes é sobre a espera do momento certo. Muitas vezes a inovação não é sobre saltar primeiro, não é sobre a vantagem de chegar em primeiro, mas sobre saber quando é o momento certo.

LIDERANÇA CARISMÁTICA

Com frequência, quando olhamos para as empresas que mais admiramos, que se tornaram bem-sucedidas recentemente ou se tornaram exemplos de como liderar, notamos a ascensão do líder enigmático e forte.

Com a liderança certa posicionada, a missão certa em mente, com um papel e objetivo em vista, podemos então criar os elementos-chave necessários para o futuro próspero de uma empresa. O que termina com táticas, produtos, serviços e iniciativas começa com uma liderança que cria uma cultura de mudança. No entanto, a cultura é exatamente a coisa que pode reter a inovação. A cultura significa que as ideias são mortas cedo ou jamais são partilhadas ou, muito provavelmente, nunca nascem. A falta de inovação na cultura de uma organização se reforçará: um mau talento nutre mal os outros e os atrai. Vamos explorar isso mais tarde e o que pode ser feito, mas primeiro vamos nos concentrar em como mudar a cultura. Isso vem de cima.

Departamentos fortes de RH e de talentos podem ajudar a garantir que as pessoas trabalhem em torno de objetivos, e não em torno de "negócios". Muitas vezes reconhecemos o quanto trabalhamos, não o que realizamos. A cultura corporativa de hoje é tipicamente sobre presença em reunião, não sobre ponderar se a reunião realmente precisava acontecer. A confiança é uma parte vital da gestão por objetivo. Também é vital assegurar que as pessoas se sintam livres, empoderadas, importantes, confiáveis. Essa combinação permite que os colaboradores trabalhem a partir de onde quiserem, para que possam fazer o seu trabalho da melhor forma possível, tomar decisões sensatas, empreender ações arriscadas, mas com boas intenções e boa informação, fazendo isso pedindo desculpas caso as coisas ocorram mal, e não pedindo permissão antes de agir. Um forte RH pode capacitar comportamentos rebeldes, o tipo de comportamento mais provável de impulsionar o crescimento de novas maneiras.

Quando pessoas maravilhosas podem trabalhar em qualquer lugar, as empresas precisam se esforçar para aproveitar ao máximo os funcionários. Recompensá-los de diferentes maneiras, fazer da felicidade o objetivo número um, permitir que se sintam relaxados e valorizados. Eles são, até certo ponto, tudo o que você tem.

UMA INTOLERÂNCIA À BUROCRACIA

As pequenas empresas parecem diferentes das grandes. Já trabalhei em ambas. Em grandes empresas, se eu estiver viajando a trabalho serei forçado a recorrer a algum funcionário administrativo para reservar um hotel com um fornecedor de viagens corporativas. Talvez oito e-mails sejam enviados para mim com várias etapas de aprovação e atualizações, será preciso a aprovação de meu chefe, o motivo para viagem ficará registrado. Alguns sistemas vão conversar com outros, e o meu assistente tratará de tudo. Levará talvez dez minutos do meu tempo, trinta minutos do meu assistente, e provavelmente uma hora de outras pessoas nos escritórios. Tudo isso para reservar uma estadia em hotel por duzentos dólares, quando usando o aplicativo Hotel Tonight eu poderia fazer a reserva em torno de três segundos e por menos cem dólares. Por que posso convocar uma reunião de uma hora com vinte pessoas, um total de 2.500 dólares em tempo e ninguém se importa, mas tenho de usar agências aprovadas para conseguir um quarto de hotel?

Toda empresa, grande e pequena, precisa rejeitar a burocracia e sobrecarga de trabalho. Nós nos preocupamos muito com a senioridade e o protocolo, mas muitas vezes é uma desculpa. Adoro um memorando escrito por Elon Musk, no qual ele diz: "Qualquer pessoa na Tesla pode e deve enviar e-mail/falar com qualquer outra pessoa de acordo com o que eles pensam ser a maneira mais rápida de resolver um problema para o benefício de toda a empresa. Você pode falar com o gerente do seu gerente sem a permissão dele, você pode falar diretamente com um VP em outro departamento, você pode falar comigo". Ele continua dizendo, enquanto percebe os desafios e as oportunidades à frente e o que pode ser usado contra eles, "Nós obviamente não podemos competir com as grandes montadoras em tamanho, então devemos competir com inteligência e agilidade" (Bariso, 2017).

Melhore sua percepção sobre quando telefonar e quando enviar e-mails, quando aparecer para um bate-papo, quais reuniões de parceiros nunca serão aceitas. A falta de burocracia não significa caos, trata-se de focar na melhor maneira de fazer a diferença, e, às vezes, isso significa invadir anarquicamente uma reunião para conseguir que alguém tome uma decisão.

Muitas vezes penso que as equipes são grandes demais. Já ouvimos falar da quantidade suficiente para duas pizzas, mas vamos ser mais flexíveis. Tom Peters fala sobre a necessidade de recrutar os melhores talentos e pagar a melhor remuneração do mundo. Steve Jobs foi amplamente citado por sua afirmação de que um pequeno número de pessoas nível A+ pode superar qualquer grande equipe de *players* B (Keller e Meaney, 2017). Vejo muito tempo e energia gastos em trazer as pessoas para o circuito, sendo que as pessoas fazem parte de coisas que parecem importantes, e não acrescentam um valor claro.

COMEMORE O FRACASSO

Eu adoraria ver um indicador-chave de desempenho de "o maior fracasso" a cada ano e o que você aprendeu com ele. Se você não fez besteira de uma forma muito grande, não se esforçou o suficiente. Na cidade sueca de Helsingborg, perto de Estocolmo, existe um pequeno museu que, em vez de apresentar o sucesso – empresas, obras, desenhos ou obras de arte que funcionaram – faz o contrário. Num mundo que ama os vencedores, ele celebra os desastres absolutos do mundo. O Museu do Fracasso defende que devemos idolatrar aqueles que tentaram. Quando nos preocupamos com o fracasso, nos tornamos restritos, infelizes, pouco criativos. Precisamos imbuir em todos nós um sentido de descoberta e aventura. Bem, pelo menos aqueles que têm cargos intelectuais.

Temos que aceitar a imperfeição. O bom pode ser inimigo do ótimo, mas o perfeito é inimigo da ação. Há uma vulnerabilidade em muitos ambientes se você quiser compartilhar coisas que não são completamente perfeitas ou perfeitamente planejadas. A ideia de apresentar um novo produto sem mostrar páginas e páginas de pesquisa para ilustrar que ele definitivamente funcionará é contrária à forma como a maioria das pessoas pensa. A ideia de não ter uma resposta para todas as perguntas que podem ser feitas é assustadora, como também é sonhar um pouco mais alto ou diferente dos outros. A maioria das empresas sente que precisa de pessoas que sejam profissionais para poder defender tudo, que tenham pensado em cada cenário.

Precisamos que as pessoas abracem a bagunça, que aceitem que o verdadeiro progresso vem de coisas que nunca são feitas perfeitamente da primeira vez. Jovens empresas falam sobre a ideia de um produto mínimo viável ou *minimal viable product* (MVP), que são pensamentos desenvolvidos o suficiente para ver se há algo que vale a pena explorar mais.

Hoje temos processos, como prototipagem rápida ou sprints de design, ou outras formas de conceber, desenvolver e testar propostas muito, muito mais rápidas do que uma cultura de perfeição jamais permitiria.

Sem dúvida, o processo de inovação na China é por natureza mais rápido e ousado, graças ao seu espírito de *chabuduo*, que significa "isso serve", e *meibanfa*, ou seja, "não tem solução". Por um lado, significa que as coisas nunca são feitas na perfeição, mas, por outro, permite progressos rápidos. Ao contrário do ocidente, as pessoas não se assustam se algo não funcionar perfeitamente. A China tem uma maior aceitação da imperfeição, e isso é reconfortante se você está tentando coisas que podem estragar tudo!

MAXIMIZAR OS RESULTADOS, NÃO MINIMIZAR OS RISCOS

Cada vez mais sinto que o que impulsiona muito trabalho e os cargos é a negação plausível: é menos sobre fazer a diferença, e mais sobre mostrar que você fez a coisa certa, mesmo que tenha feito besteira. Conheço alguém que trabalha em A&R (artistas e repertório) para uma gravadora (sim, ainda!), e cujo papel costumava ser muito criativo. Era sobre sentir e entender quais artistas iriam chamar atenção. Eles ouviam crianças em playgrounds, participavam de fóruns on-line, de shows, iam às lojas de tênis, perseguiam pessoas no Facebook. Era muito motivado pela emoção, e eles eram fantásticos por isso. Hoje é pedido que façam de forma diferente. Eles executam programas que analisam o sentimento on-line, rastreiam linhas de tendência e olham para o modelo, analisam o tamanho e a influência das redes sociais. Apresentam os resultados em reuniões com dados. Nunca tiveram menos sucesso, mas sentem-se mais seguros no seu trabalho do que nunca. Como diz Rory Sutherland, "É muito mais fácil ser demitido por ser ilógico do que por ser pouco criativo" (Sutherland, 2017). Temos de mudar isso. Se você tiver sucesso graças a uma efusão emocional imprudente, as pessoas pensam que você teve sorte; se você fizer algo baseado em dados e isso estragar tudo, as pessoas se sentem muito menos vulneráveis. Temos de criar culturas que amem a estranheza.

Precisamos nos sentir confortáveis em estar desconfortáveis, com o ódio ao consenso, e ao abraçar o caos e a energia.

UMA VISÃO SENSATA DOS DADOS

Minha (verdadeira) história que deu início a este capítulo é um poderoso exemplo do perigo dos dados. Os dados só podem refletir a realidade de hoje, que é um problema terrível em um mundo que parece mudar mais rápido do que nunca e que recompensa melhor aqueles que são os primeiros a fazer coisas novas.

Uma doença da era moderna é a necessidade de apoiar os argumentos com dados. Se só tivéssemos construído pontes onde pudéssemos ver pessoas nadando pelos rios, não teríamos construído muitas. Vivemos para *insights* baseados em dados, e nunca vi nenhum deles. Os argumentos embasados por dados são bons, mas hoje em dia não tratamos os dados com desprezo suficiente. Precisamos ter uma atitude mais desdenhosa em relação à maioria dos dados que analisamos. A maioria dos dados sobre o futuro é baseada em interpolações lineares de perguntas incorretas. Se você perguntar às pessoas sobre uma propensão para comprar algo que ainda não existe, você recebe uma resposta mais que inútil – você recebe algo prejudicial e enganoso.

CRIE UM PROCESSO PARA A MUDANÇA

PASSOS PARA A TRANSFORMAÇÃO

Já vi muitos documentos que descrevem um número mágico de passos para a "transformação". Estão todos enraizados na investigação e no pensamento inteligente, mas não tenho a certeza se temos tempo para isso. Quando algo novo chega ao mundo, criamos unidades especializadas para lidar com ele. Isolamos uma parte do edifício ou montamos um escritório em Austin. Nós compramos sofás mais divertidos e brilhantes, empregamos pessoas mais jovens, usamos roupas mais casuais e compramos placas neon, tudo para lidar com o novo. Primeiro era interativo, depois era móvel, em seguida social, depois talvez uma ala de conteúdo ou prática de *chatbot*.

Empregamos pessoas para liderar essa tarefa, temos um diretor de inovação ou um chefe de estratégia digital, empregamos pessoas para conduzir essa mudança. À medida que essas unidades se enraízam, nós as financiamos. Criamos laboratórios de inovação. Compramos impressoras 3D e um drone, e os colocamos em uma sala com um robô a vácuo e um óculos de realidade virtual. Confie em mim. Convidamos especialistas para conversar. É fácil fazer assim. A inovação é comparada, mentalizada, higienizada e comercializada, mas não é a forma de efetuar mudanças.

Quanto mais você está "fora" da empresa, mais fácil é parecer vital, evangelizar, ser descolado e sinalizar para o mundo exterior que a empresa está levando a sério a inovação, a disrupção, a tecnologia e a mudança. Mas é cada vez mais difícil fazer realmente as coisas. Para provocar mudanças, você precisa estar nas reuniões, precisa entender os problemas enfrentados, a realidade de como as coisas são feitas. Você precisa ter autoridade para ser um incômodo total e para desafiar. Para invadir reuniões. É menos sobre uma planilha com cinco mil linhas mostrando startups, e mais sobre jogar golfe com o CEO, infiltrar-se em um jantar privado, invadir uma reunião chave sem ser convidado. A mudança é difícil.

Portanto, embora eu acredite na teoria dos "muitos passos", acho que o objetivo final dos diretores de inovação é o mesmo de um diretor do setor digital em 2010, um diretor de informatização em 1995 ou um diretor de eletricidade em 1940: é se tornar redundante. Criar uma cultura de inovação em todos. O primeiro passo nessa jornada é mostrar a todos suas intenções, sendo uma presença, mas com o objetivo claro de sair do caminho e ficar nos bastidores.

Vemos muitas empresas falharem em fazer alterações a um nível suficientemente profundo. Elas tendem a desistir. Por exemplo, muitos bancos ou companhias de seguros criarão uma filial de banco digital. É claramente o passo mais fácil de empreender porque separa tudo que é confuso de um lado, mas é a integração que é difícil – a política, as inter-relações entre dados sobre sistemas antigos e novos.

A outra abordagem frequentemente vista é a construção de uma fachada digital mais recente na antiga estrutura e empresa. Nós vemos companhias aéreas com novos aplicativos móveis incríveis, que parecem muito engenhosos, mas não permitem que você mude de voo porque isso depende do *backend* para ser reconstruído.

FUNCIONE COMO UMA STARTUP, MAS ACREDITE NISSO

Com a cultura no lugar, e um processo de mudança no lugar, quão difícil isso pode ser? Bem, você tem que fazer com que as pessoas trabalhem como você.

Eu trabalhei com alguns grandes clientes ao longo dos anos, e embora eles adorassem a ideia de trabalhar como uma startup, era um pouco como querer ir para Glastonbury, mas só se você conseguisse evitar tudo que envolve um grande festival de música. O fascínio de trabalhar como startups, mas de uma forma educada, das 9h às 17h, com grande apoio corporativo. Queriam trabalhar como uma startup, mas tinham 100 milhões de dólares para gastar. Eles queriam ser ágeis, mas com um processo de aprovação complexo. Queremos desafiar tudo, mas com os dados para apoiá-lo. Vamos mudar radicalmente, mas por favor use os parceiros de marketing existentes, vamos abrir novos caminhos, mas "nossos concorrentes ainda não fizeram isso".

"Vamos agir como uma startup" é um novo mantra corporativo. O que fariam os fundadores de Klarna? Como é que o Spotify comercializaria isso? Como podemos replicar a abordagem do WeWork? No entanto, nunca funciona assim. As planilhas eletrônicas precisam ser preenchidas mostrando os números de usuários-alvo, alguém vai atender aos requisitos de rentabilidade, alguém vai calcular a receita projetada, e, automaticamente, um nível de investimento será encontrado.

Todos sem entender que isso é toda a antítese das startups. As empresas em fase de arranque apressam-se, pedem favores e usam a limitação do dinheiro para se forçar a experimentar coisas arriscadas.

O PAPEL DA TI

A maioria dos sistemas de TI corporativos é relativamente complicada, e eles sabem que é improvável que o CEO os questionem. Temos cargos como o CIO (*Chief Information Officer*), que não quer ter a dor de cabeça de investigar um novo sistema, quando o antigo ainda serve. Assim como a ideia de que ninguém será demitido se comprar um IBM, ninguém é promovido por fazer algo que custa tempo, dinheiro e que ainda não precisa ser implementado. Mas como vimos no final de 2017, com uma falha no computador que permitiu que todos os pilotos da American Airlines tirassem uma folga durante as férias de Natal, o papel da TI é incrivelmente importante para o que precisa ser feito, mas os orçamentos são quase impossíveis de se obter. Atualmente, os CTOs têm orçamentos que são divididos entre manter a máquina rodando e fornecer funcionalidade. As atualizações de sistemas antigos só podem ser feitas à custa de investimentos em sistemas mais novos em outros lugares. Como resultado, o que acontece é como qualquer inovação: são os sistemas *frontend* que são favorecidos. Embora faça sentido que o sistema do cliente seja brilhante, novo e construído pelas melhores equipes com o melhor software, a realidade é que a experiência da maioria das pessoas depende dos sistemas mais chatos e menos visíveis por trás disso. Aqueles que precisam de correções rápidas para sites arcaicos usam ferramentas como serviços web baseados em XML, uma tecnologia de desgaste médio e estruturas de portal que permitiu prolongar a vida útil dos sistemas operacionais fundamentais que sustentaram muitos dos sistemas do início dos anos 1980.

O papel da TI sempre foi visto como uma função de apoio. Assim como o departamento de recursos humanos, ele está nos bastidores e só é notado quando não está fazendo as coisas como deveria. Temos de pensar nisso de uma forma diferente: menos como uma função de apoio, e mais como um veículo de investimento para conduzir um caminho através da mudança. A tecnologia de informação deve ser um dos departamentos mais vitais de qualquer empresa. Deve estar cheio de pessoas entusiasmadas com o futuro, investigando o software mais recente para aplicar seus gastos, testando entusiasticamente novos programas de *timesheet*, ou melhores formas de gerir faturas. Muitas empresas são desiludidas por sistemas antigos que, apesar de funcionarem, ocupam muito tempo.

LEGISLAÇÃO PARA *HACK*

Existe uma relação incrível entre regulamentação, regras e inovação.

As empresas normalmente recorrem ao Fosbury Flop como uma forma de mostrar o que acontece quando as pessoas pensam de forma diferente. Ao longo dos anos, vários atletas estabeleceram recordes de salto em altura com o salto estilo *straddle*, ou tipo *barrel roll*. Em 1978, a barra foi instalada tão alto e as melhorias a tinham tornado tão fina que parecia improvável que o recorde passasse muito de 2,34 metros.

A história é que Dick Fosbury ousou pensar de forma diferente, atingiu alturas muito maiores e criou um recorde mundial ao ultrapassar a barra ao contrário. Algo que nunca é realmente mencionado nessa história é o papel das regras e da tecnologia envolvida. Foi apenas porque os colchões tinham sido autorizados a ficar mais espessos que toda a noção do salto ao contrário passou a fazer sentido de repente. Na verdade, as pessoas estavam muito interessadas em saltar dessa forma durante anos, mas sabiam que isso provavelmente causaria alguma lesão.

O Lyft quebrou os regulamentos dos táxis pela primeira vez ao pedir doações, não exigindo pagamento. O Airbnb vive sempre no limite da lei. Muitas inovações podem prosperar no limite da legalidade. Vaping é totalmente disruptivo, porque ninguém sabe que leis aplicar, os drones vivem em uma zona cinzenta com legislação deficiente, a lei de propriedade intelectual é terrivelmente atrasada.

O que as novas empresas precisam fazer a esse respeito é compreender que a regulamentação e o sistema jurídico estarão sempre atrás do ritmo da tecnologia e do desenvolvimento da sociedade. As empresas podem compreender as implicações disso e procurar maximizar o que podem ganhar nessa zona cinzenta, ou, pelo menos, perceber rapidamente até que ponto podem aderir ao espírito e não à letra da lei.

O QUE AS EMPRESAS INSURGENTES DESEJAM TER?

Nesse momento é muito fácil se impressionar com o sucesso das Amazons e Facebooks do mundo. É muito fácil olhar para a forma como eles foram capazes de crescer, e se sentir pessimista com as suas oportunidades. É fácil pensar que a vida é injusta e que eles têm todos os benefícios.

A realidade é que a maioria das empresas existentes tem muitos ativos que elas subestimam. Se você é um varejista, ter uma presença física em cada grande avenida ou rua principal é obviamente caro, e parece ser uma desvantagem. Mas, ao mesmo tempo, oferece vantagens incríveis, seja a quantidade de confiança que cria, a capacidade de fornecer entrega imediata ou de fazer mais de uma compra no ponto de venda. Empresas como os bancos precisam perceber que sua manifestação física desperta extraordinária confiança com as pessoas. Através dos seus colaboradores, construíram relações duradouras e significativas com os seus clientes.

Portanto, é imperativo que as empresas de hoje considerem as coisas sob a perspectiva de outras empresas. Elas precisam mapear "o que a Amazon gostaria de ter" e explorar essa lacuna. Precisam pensar "o que os fabricantes de automóveis com centenas de anos de experiência gostariam de ter feito?" Talvez seja uma rede de concessionárias.

Talvez seja uma longa história para entender a rapidez com que os preços dos seus veículos se desvalorizam através dos anos. Toda empresa precisa buscar o que seus concorrentes gostariam de ter, e realmente focar nesse diferencial.

IMPULSIONE O PODER DOS ESPECIALISTAS GENERALISTAS

Francis Crick e James Watson não eram cientistas muito conceituados. Não mostravam mais promessa do que outros. O que eles tinham era algo que ninguém mais possuía: uma vasta experiência em diferentes áreas. Como praticamente as únicas pessoas vivas que tinham conhecimento de difração de raios-X, química e especialização biológica, eles tinham habilidades em todas as áreas necessárias para juntar as pontas e descobrir a estrutura do DNA.

Tendemos a nos apaixonar pela ideia do especialista, a assumir que a nova tecnologia precisa de um conhecimento profundo. Pensamos que tudo o que chega é mais complicado do que podemos imaginar, e que precisamos depositar nossa confiança em pessoas que entendem tudo sobre essas tecnologias e essas mudanças. Cada vez mais, o verdadeiro sucesso vem da construção de diferentes pontes entre diferentes linhas de pensamento – conectando pontos entre duas disciplinas distintas. Embora seja sempre importante ter especialistas, a indústria provavelmente precisa reconhecer mais as pessoas que podem abranger essas diferentes áreas, aplicar o pensamento criativo, aprender com um departamento e executar em outro.

Sofro muito de dores nas costas. Não conheço nenhum médico que entenda o suficiente sobre todos os aspectos do problema para decidir qual deles prescreve o melhor tratamento. Em vez disso, tenho de me encontrar com quiropratas, fisioterapeutas, neurocirurgiões, cirurgiões ortopédicos da coluna vertebral; cada um afirmará que a solução que eles têm a oferecer é exatamente o que eu preciso.

As empresas de automóveis precisam de pessoas que compreendam o design de software e como as pessoas dirigem. Os varejistas precisam de pessoas que entendam o comportamento de procura e como as pessoas se comportam no ponto de venda. As emissoras de TV precisam entender como fazer uma grande televisão, mas também como o comportamento dos jovens mudou e o que a tecnologia de *streaming* permite.

"Quando tudo que você tem é um martelo, todo problema parece um prego" é um ditado muito verdadeiro. Um aspecto fundamental para as empresas que aguardam com expectativa o futuro é encontrar formas de incentivar as pessoas curiosas a pensar de forma diferente sobre os problemas, a aplicar a criatividade de novas formas e a desafiar todos a pensar de maneira diferente.

USE A IMAGINAÇÃO

Nós costumamos apenas entender a nova tecnologia quando vista através de um quadro antigo. Os primeiros programas de TV eram rádio novelas com câmeras apontadas para eles. Hoje em dia, os sites da Web são muito parecidos com formas digitalizadas de papel no passado. A nossa imaginação é muito fraca. Mesmo uma criatura como o unicórnio, projetada para representar algo novo, mítico e ultrajante, ainda é baseada em dois animais existentes combinados.

Nunca ninguém previu a internet antes de seu surgimento. Ela não era como nada que tivéssemos visto antes, e nada que pudéssemos imaginar. Ninguém jamais conceituou realmente a ideia de criptomoedas, ou sistemas bancários descentralizados, porque antes essas noções não existiam, de nenhuma forma.

As empresas precisam melhorar a forma de pensar no futuro, menos em termos de combinar elementos existentes, e mais em criar coisas que nunca existiram antes. Obviamente, isso exige muito da nossa imaginação e do processo criativo, mas é essencial para as empresas, se quiserem obter o benefício de um pensamento inovador, que elas sejam capazes de fazer algo radicalmente diferente de tudo o que já foi feito antes.

ABRANJA SOFTWARE, HARDWARE E SERVIÇOS

De modo geral, no mundo, há empresas físicas tentando se tornar digitais, e empresas lideradas digitalmente tentando se envolver fisicamente. "O Walmart terá comércio digital antes que a Amazon tenha quatro paredes?" é uma pergunta clássica, mas vemos a batalha em todos os lugares, e é uma falsa dicotomia.

As incríveis e caras caixas de som Devialet soam como se tivessem vindo do céu, mas o aplicativo utilizado para controlá-las é menos impressionante. Quando você compra os alto-falantes, tem acesso a transmissões ao vivo de shows exclusivos e, ao longo de sua vida útil, eles são atualizados com maior conectividade e melhor qualidade de som.

Marcas e empresas precisam pensar menos no que fazem, e mais sobre a imagem que passam em todos os sentidos. A experiência de fazer compras on-line inclui a embalagem, a fatura que você recebe da empresa pode ser compensada pela facilidade de pagamento. Quanto custaria para fazer uma máquina Nespresso que encomende, ela mesma, as cápsulas de café e quanto mais lucro isso geraria? O que aconteceria se um fabricante de TV percebesse que o design do menu e o controle remoto eram importantes, e se eles viessem com aplicativos exclusivos? Mais do que qualquer outra coisa, precisamos pensar em termos de relacionamentos de longo prazo, como podemos manter os compradores de carro voltando para a marca, como podemos garantir que vamos passar de uma TV Samsung para uma casa inteligente operada pela Samsung?

Ao pensar no físico e no virtual, no acesso e não na propriedade, no holístico e não no próprio dispositivo, podemos aumentar o poder do que oferecemos e nossa capacidade de cobrar mais caro.

SEJA DRÁSTICO, NÃO ÁGIL

"Aja rápido e quebre barreiras", "Teste e aprenda", "Otimização dinâmica", "Falhe rápido", todos nós abraçamos o pensamento da era moderna e essa abordagem sempre ativa e ágil. É evidente que avançar depressa é bom, é óbvio que a burocracia é má, mas por vezes não tenho certeza de que pensamos. Muitas vezes, a estratégia empresarial para as grandes empresas parece estar ausente. Não há uma visão ousada, o progresso é um algoritmo, nós nos testamos com as variáveis para o futuro. Isso não é inerentemente ruim, mas reduz a chance de progresso ousado. A maioria das empresas hoje em dia está tipicamente apenas tentando acompanhar as necessidades atuais, elas estão somente tentando trabalhar mais para permanecer na mesma colocação.

Se pensarmos nas empresas como arranha-céus (veja no capítulo 1), ou como uma linha ferroviária principal antiga e em ruínas, chegamos a um ponto em que é melhor reconstruir do que manter. O software fica sobrecarregado e desconhecido, as pessoas, cansadas e amargas, o hardware, desatualizado, e os organogramas gemem sob o peso.

Às vezes pergunto-me se precisamos do oposto do ágil. Precisamos de saltos bruscos para a frente, e depois de períodos de estabilidade. Precisamos de sistemas e processos desenhados em conjunto. Precisamos saltar para criar novas entidades baseadas nas ideias e softwares mais recentes, e períodos de calma onde pouco mudamos. É uma nova forma arrojada de pensar a mudança, é contracultura, mas é interessante refletir.

SEJA OTIMISTA

Há oportunidades incríveis para as empresas que fazem isso bem. Todas e cada uma dessas formas de pensar são positivas por natureza, mas juntas, podem parecer esmagadoras. A cobertura da imprensa e as discussões gerais nos negócios de hoje tendem a se concentrar apenas no negativo. Concentramo-nos continuamente nas empresas que erraram ou que não mudaram. É muito difícil para as pessoas se sentirem otimistas demais.

Atualmente, ao dar a volta ao mundo, você vê sinais disso. Você vê muito poucas empresas abraçando entusiasticamente o que poderiam estar fazendo, e eu adoraria ver empresas antigas mudarem a sua abordagem. O dia em que o design auxiliado pelo computador entrou nas práticas de arquitetura passou-se a enxergar o lançamento de uma infinidade de novas formas, ideais e desenvolvimentos. Frank Gehry ou Santiago Calatrava não tiveram que mudar para se manterem no negócio; fizeram isso porque se sentiram incrivelmente entusiasmados por fazer coisas que nunca tinham sido feitas antes.

PARTE TRÊS

ANTECIPANDO O FUTURO

1
Uma tela de mudança

As pessoas são engraçadas. As duas coisas das quais a maioria se queixa são "como as coisas são" e "as mudanças no mundo". Precisamos gostar mais do que é novo, e estabelecer com o que devemos nos preocupar e o que devemos abraçar, o que ignorar e o que dar atenção. Este capítulo é uma tentativa de fazer isso.

Esse momento é difícil nos negócios e na vida. O que precisamos mais do que nunca é de simplicidade, de pessoas que passem tempo conectando os pontos, ignorando distrações, traçando um caminho através da mudança e tornando o que é complexo mais fácil de compreender.

Este capítulo descreverá os movimentos claros ao longo do tempo que as organizações podem explorar. São movimentos demonstráveis que vemos hoje, e com os quais podemos trabalhar. Ao contrário dos capítulos 9 e 10, este é voltado menos para o futuro. Não é um palpite do que poderia vir, é o aqui e agora, e muitas vezes mal compreendido. São temas mais relacionados com a conexão de pontos que vemos hoje, ao redor do mundo. Temas que podem parecer um pouco futuristas em sua natureza, mas são apenas um retrato de algumas das coisas mais contemporâneas do planeta no momento.

DESILUSÃO DIGITAL

As impressões digitais gordurosas contaram apenas metade da história. As grandes telas de plasma poluíam a sala de embarque, mas apesar (ou possivelmente por causa da) sua fonte superdimensionada, a altura perfeita dos monitores, e a taxa de atualização de dados muito lenta, preso a cada uma delas havia um rótulo impresso descascado: "Isto não é touchscreen".

O desapontamento digital nos rodeia. Tudo deve ser mais rápido, mais preciso e personalizado. Qualquer coisa nova passa rapidamente do mágico para o maravilhoso e esperado, então para o decepcionante. As únicas coisas que se movem consistentemente mais rápido do que os avanços tecnológicos são as nossas expectativas em relação a eles. O atraso é ainda maior, a lacuna entre o que esperamos e o que obtemos é cada vez maior, e o prazer se torna rapidamente uma desilusão. Isso está piorando.

Meu telefone pode acessar tudo o que já foi feito por qualquer pessoa em qualquer lugar imediatamente – mas por que isso está demorando tanto? Quando poderei ter 4G no metrô de Xangai, por que não posso ter sinal no elevador? Por que não posso acessar esse conteúdo em outros países? Mas o meu outro banco já usa Touch ID. Vocês ainda não têm Uber aqui? Por que não se lembra do meu nome de usuário? E apesar de toda a promessa de big data, a empresa do meu cartão de crédito ainda está enviando ofertas de inscrição mensais por correio.

Rodeado de expectativas mal geridas, o ritmo da vida moderna é decepcionante.

Para muitos, a tecnologia é algo que só notamos quando não está funcionando. As crianças pequenas parecem assustadas que a TV não está habilitada para ser tocada. Os adolescentes ficam revoltados quando os seus tuítes irritados não são respondidos em minutos. E isso está apenas se espalhando para as pessoas mais velhas, longe de serem grandes usuários. Como as empresas construídas para a era moderna lentamente substituem seus incumbentes industriais, passamos a ver cada uma das melhores experiências da categoria como o padrão para tudo.

Conforme o processo de disrupção tecnológica atinge a maturidade em algumas indústrias, ele ainda nem foi iniciado em outras. Ficamos com os retardatários: bancos que se recusam a ver o futuro e que insistem em se manter presentes em grandes avenidas em vez de aperfeiçoar o atendimento ao cliente; seguradoras que se recusam a aceitar o mundo em mudança da Zipcar e da Airbnb; sistemas de saúde baseados em fichas de papel; políticas tributárias e de imigração que ainda não aceitam que os aviões e a internet existem ou que os empregos podem ser freelancer.

O QUE AS EMPRESAS PODEM FAZER EM RELAÇÃO AO DESAPONTAMENTO DIGITAL?

O capítulo 11 deste livro vai focar na experiência do cliente no novo mundo, e vai discutir a necessidade da empatia e tecnologia, mas, por enquanto, basta assumir a percepção de que as empresas precisam compreender melhor a vida a partir da perspectiva de um cliente. As empresas pensam que os clientes comparam o fluxo de reservas de sua operadora móvel com o de outras operadoras, quando, na verdade, o comparam com qualquer formulário que já preencheram com informações.

AS EMPRESAS PRECISAM OLHAR AO REDOR E ALÉM

Cada empresa precisa considerar o conjunto de concorrentes e as comparações de cada experiência individual que um cliente pode ter, e não apenas aqueles em sua categoria. A experiência não é limitada por nada. Os varejistas de luxo olham para outros varejistas de luxo, mas nunca além disso. Bancos usam outros bancos como referência. As companhias aéreas fazem o mesmo. Precisamos melhorar a consideração de cada experiência incrível que temos como estímulo para a ideação. Se um hotel em Dubai te procura no Google e descobre que é o seu aniversário, por que a sua companhia aérea não pode fazer o mesmo? Se você pode comprar coisas com um clique na Amazon, por que não em um site bancário? Precisamos olhar para as melhores soluções da categoria em qualquer lugar. É provável que essas soluções de ponta sejam encontradas em todo o mundo, em uma variedade de lugares. Muitas vezes, podemos aprender mais ao olhar para marcas de luxo, ou empresas na Ásia, mas especialmente ao olhar para novas empresas que empregaram a melhor e mais recente tecnologia.

PRIMEIRO A EMPRESA DEVE FAZER BEM O BÁSICO

As correntes são tão fortes quanto o seu elo mais fraco. As empresas precisam melhorar em escorar a pior parte da experiência, fazendo todas as coisas básicas corretamente, antes de terem uma plataforma forte para executar os extras extravagantes. Isso é difícil porque ninguém fica famoso dessa maneira. O fato de que a Verizon sempre funciona para mim, de que o site do Chase nunca cai, de que a equipe da Delta Air Lines é sempre adorável, de que o Quartzo é apenas um site de notícias bonito e bem projetado com ótimos artigos raramente é reconhecido. Mas isso não significa que eu não repare nos seus concorrentes que falham.

TEMPO LIMITADO, COISAS EM ABUNDÂNCIA

Crescendo em uma pequena vila de Cotswold no meio da Inglaterra na década de 1980, eu me lembro do tédio. Quando a estação de TV Channel 5 foi lançada no Reino Unido, fomos impulsionados para um futuro com 25 por cento mais coisas para fazer; a matemática foi fácil assim.

Mesmo com cinco canais de televisão, com o fiel gravador VHS de meu pai e com acesso à biblioteca de aluguel de vídeo da loja da vila, eu me lembro de ficar entediado. Lembro-me de assistir à sinuca ou às partidas de lawn bowls na TV, ou ao *Antiques Roadshow*. Lembro-me de assistir ao programa *Chart Show*, com os dedos posicionados em cima dos botões de "gravar" e "play", paciente e avidamente à espera das músicas que gostava de ouvir para gravá-las. Muito da minha juventude foi sobre estar entediado e concentrado, prestando atenção total a coisas que eu não gostava muito, acho que aproveitando ao máximo a escassez.

Percebo que não fico entediado desde 2004. Nosso principal desafio, hoje, é operar em um ambiente onde acumulamos 31 horas e 28 minutos de atividade a cada dia. Para isso nos tornamos multitarefas, fazemos compras enquanto verificamos nossos telefones, ligamos o rádio enquanto cozinhamos, temos tablets por perto, telefones na mão, a TV ao fundo. Uma abundância de coisas é criada, postagens sociais, fotos de amigos, mais séries de TV do que nunca. Mais filmes, mais músicas, mais sites, mais de tudo. Temos coisas demais e muito pouco tempo.

Muitas vezes as tendências parecem funcionar como a física newtoniana: para cada ação há uma reação igual e oposta. É a confiabilidade uniforme de uma Bud Light que faz o movimento da cerveja artesanal fazer sentido, é a garantia chata, mas confortável, do Holiday Inn Express que faz daquele sentimento de "será que estarão realmente lá quando eu chegar?" do Airbnb algo divertido. O consumismo é o mesmo. Aqueles que cresceram sob o comunismo e a pretensa igualdade procuram uma forma de se expressarem e expressarem o seu status com um amor duradouro pelas marcas de luxo. É a semelhança dos apartamentos de arquitetura brutalista em Bucareste que significa uma cultura próspera de design de interiores e algumas das lojas de decoração mais caras que já vi.

É essa mesma dinâmica que explica uma mudança de atitude em relação às coisas na maior parte do mundo ocidental. Aqueles com trinta anos que cresceram no mundo desenvolvido provavelmente tiveram uma infância de consumismo desenfreado e coisas mais do que suficientes. Se você teve a TV que queria aos quinze anos, as roupas a preços de varejo aos dezesseis, então você nunca soube o que era escassez. Mas, de repente, você não gosta da ideia de coisas.

Está claro nessa época que nosso grande problema na vida não é a escassez, é a abundância, e em todos os sentidos. Temos muitas carreiras que poderíamos ter seguido, muitas cidades em que poderíamos ter vivido, muitas pessoas com que poderíamos ter casado, muitos restaurantes em que poderíamos ter comido. E quando você entende isso, torna-se mais capacitado para forjar uma empresa adequada para essas pessoas.

PASSOS PARA MELHORAR NA ERA DA ABUNDÂNCIA

Três coisas são óbvias a partir dessa mudança para um mundo de coisas demais e tempo de menos.

Torne mais fácil para as pessoas comprar os seus produtos

Tudo o que você vende deve ser o mais simples possível. A Casper oferece um colchão, Allbirds um tipo de sapato. Há muito tempo que trabalhamos na ideia da "cauda longa", de que alguém vai comprar tudo um dia. Cada vez mais precisamos oferecer um número restrito de itens para venda, ou usar software de personalização para parecer dessa forma, sermos único para todos. E vamos encurtar o funil de compra, vamos fazer publicidade comprável. Nossos telefones, tablets, laptops, relógios e cada vez mais as TVs são a vitrine de todos os varejistas do mundo. Nossos dispositivos sabem as informações do nosso cartão de crédito, ou endereço de entrega, e devem saber em breve as nossas medidas, gostos e necessidades. Em teoria, cada anúncio na internet pode ser entregue com um movimento de dedo, pressionando o polegar ou chamando a Alexa.

Torne mais fácil extrair mais dinheiro das pessoas

Algumas indústrias têm crescido com uma longa história e histórico de obter muito mais dinheiro das pessoas de uma forma simples. As companhias aéreas cobram pela rapidez de embarque e seleção de assentos no processo de reserva, mas em um fluxo de reserva que é tão perfeito que nunca pareceu te atrapalhar. Os varejistas físicos oferecem pequenas compras por impulso nas filas do caixa. Mas esse pensamento não está em todo o lado.

As pessoas estão ocupadas, não têm tempo para pensar; o fardo mental, o custo do tempo gasto, são muitas vezes mais caros do que gastar dinheiro. Isso separa as pessoas do dinheiro mais depressa do que nunca.

Faça produtos que se destaquem e criem demanda

Há essa estranha sensação de que, de alguma forma, a importância do *branding* está acabando junto com a publicidade. Nada poderia estar mais longe da verdade. Quanto mais escolhas enfrentamos na vida, menos parece que queremos comprar coisas; quanto menos tempo temos, mais vital se torna um *branding* claro e significativo. Claro que é banal dizer "faça coisas melhores". Já sabemos disso. Cada pessoa em cada negócio deve estar pensando em como fazer uma chaleira significativamente melhor, um par de jeans, um tênis de corrida... Penso que existe um enorme potencial para que as empresas tenham sucesso com produtos que são simplesmente excelentes. Mas também há potencial em fazer marcas que apenas se conectam mais fortemente.

Podemos passar da receptividade à ideia de comprar algo para querer um produto específico imediatamente. Os dois melhores exemplos disso são o iPhone e o Tesla 3.

Antes do iPhone, os celulares eram, em grande parte, vendidos ou dados de graça. Você atualizava seu contrato e via o que podia ganhar como recompensa. As pessoas interessavam-se pouco por telefones.

O processo de decisão era: "Preciso renovar o meu contrato?", "Que operadora devo escolher e depois que plano?". Em 2002, você escolheria entre um celular com *flip* ou um tijolinho ou, em 2004, escolheria um *camera phone*, um *music phone* ou um *enterprise phone* para e-mail. Em 2007, o iPhone mudou completamente o funil de compra. As pessoas passaram de "consumidores para quem se vendia" a "consumidores que compravam", de escolher um telefone baseado na operadora para escolher uma operadora baseada no telefone, de esperar até que o contrato terminasse para "Eu não me importo em quanto serei multado por encerrá-lo agora".

O Tesla 3 é um pouco do mesmo. As pessoas substituem os carros quando os arrendamentos estão em alta; elas decidem que tipo de carro, depois restringem as marcas, depois testam alguns e fazem uma escolha. O Tesla 3 encanta pessoas com carros novos que querem mudar, pessoas com diferentes formatos de carros que querem mudar de tipo de carro. Não preciso de um carro: eu odeio possuir coisas, o estacionamento custa uma fortuna, e enquanto eu não tenho nenhum desejo de comprar um carro, eu meio que quero ter um Tesla 3. É esse tipo de fascínio e diferenciação de produtos e marcas que as empresas devem aspirar a possuir.

A INTERNET GENERALIZADA

Se você perguntar a uma pessoa de sessenta anos típica quanto tempo passa on-line, ela pode responder em torno de três horas por dia; pergunte a alguém de quarenta anos, e ele pode dizer que usa a internet por quatro horas por dia. De um modo geral, os jovens gastam mais tempo por dia on-line. Um jovem de vinte anos pode dizer que passa cinco horas por dia on-line. No entanto, se você perguntar a alguém de catorze anos, e confie em mim, eu já perguntei muitas vezes, eles ficam calados. Eles não podem responder à pergunta. Os jovens de hoje não têm um modo "on-line" porque o conceito de offline não existe. Lembra quando digitávamos nas salas de bate-papo as letras BRB (*be right back*)? Os jovens de hoje não conhecem isso porque nunca se desconectam.

Consumir é apenas parte de estar vivo; não é um comportamento, é apenas isso. Não entendemos bem o mundo que nos rodeia por causa das nossas memórias e da forma como temos lentamente acrescentado coisas para nos adaptar ao novo mundo. Minhas primeiras experiências com a internet vieram por volta de 1997 na universidade. Lembro de ter ouvido falar sobre e-mail, de ter recebido uma conta e, muito semelhante à primeira pessoa no planeta a usar o telefone, me questionado a quem eu poderia escrever. Levou muito tempo antes de conseguir que os meus pais tivessem uma conta de e-mail ou até mesmo internet. Para que aquilo servia? Estávamos bem até o momento. O e-mail era confuso e novo, e, mesmo hoje, eles compartilham uma conta de e-mail, porque é assim que são os endereços: o lugar onde ambos verificam a correspondência.

Já reparou como hoje raramente vemos botões de ligar/desligar? A maioria dos dispositivos como TVs, telefones, tablets, caixas de som, são coisas em um estado permanente de quasi on. A internet é a mesma. Temos a noção de conectividade ambiental. Sempre assumimos que as coisas ligadas tinham telas, os modems "ficavam" on-line; cada vez mais, se as coisas têm energia, é quase sempre o caso de terem potencial para serem ligadas. De lâmpadas a molduras de arte, torradeiras a carros, chaves de casa a telefones, TVs a relógios, alto-falantes a termostatos, o mundo é um dos dispositivos conectados. Estamos passando de itens para sistemas; é menos sobre o item individual, e mais sobre o ecossistema holístico. O que cada vez mais tornará as coisas especiais é como elas funcionam com os outros e como elas criam soluções em vez de fazer coisas. A casa inteligente está muito distante, mas, quando se tornar realidade, funcionando perfeitamente à nossa volta, vai provocar uma mudança profunda: termostatos que se conectam com cortinas automáticas para manter os apartamentos frescos e poupar energia, iluminação que sabe onde você está, que desliga e liga quando você sai do cômodo, e mudanças de cor e sensações com base na hora do dia e no seu calendário.

O QUE AS EMPRESAS PODEM FAZER SOBRE ISSO?

Mudar o nosso modelo mental

Temos construído e adaptado empresas como a internet tem se desenvolvido adicionando coisas. Quando a internet chegou pela primeira vez, criamos departamentos "interativos" e depois os designamos como departamentos "digitais". Encontramos novas pessoas que compreenderam melhor a tecnologia, criamos pequenas equipes, mantendo-as ao nosso alcance e as convidando para algumas reuniões. À medida que o mundo evoluiu, repetimos o mesmo processo, obtendo departamentos "mídias sociais", depois departamentos "móveis", cada um com a própria área para trabalhar, P&L e clientes ou agências para servir ou ser servido. Construímos uma estrutura que ainda insiste em ver o mundo a partir das nossas memórias. Ainda falamos de e-commerce ou m-commerce quando isso é apenas a forma como as pessoas compram coisas no mundo moderno. Não telefonamos para o comércio por catálogo de compras; a forma como as coisas chegam às pessoas não é interessante. Falamos de *streaming* de TV versus TV linear, uma distinção que não significa nada para as pessoas. Nós rotulamos alguns canais de mídia social, quando praticamente toda mídia é social, e toda mídia social é essencialmente apenas mídia para as pessoas.

Hoje, as pessoas não fazem "e-banking"; elas pagam às pessoas, escaneiam cheques, fazem depósitos, independentemente das vias utilizadas para transmitir informação. Elas não fazem uma foto digital, nem namoram on-line, nem compram bilhetes eletrônicos para eventos; elas só tiram fotografias, namoram pessoas e veem espetáculos. O Spotify é diferente do rádio no sentido de que você pode controlar o que recebe, não porque ele chega até você através de uma infraestrutura diferente.

Temos que mudar completamente a nossa mentalidade, trabalhar em torno de pessoas, e não de canais, explorar melhores formas de servir às pessoas e receber o seu dinheiro em troca, encontrar melhores formas de fazer publicidade que flua através de telas e contextos, e não nos concentrar em como as coisas chegam até elas. Como discutido anteriormente, nossas empresas precisam estar estruturalmente alinhadas em torno de pessoas, não de tecnologias de entrega.

Construir pontes

Falamos muito sobre "on-line" como se ainda estivéssemos em 2005. As pessoas de hoje não estão on-line. Não ligamos modems ou discagem. Nós não gastamos tempo navegando na internet, com e-banking ou namorando on-line. Estar on-line é apenas vida em 2017. Continuamos tentando segmentar a vida como digital ou não digital. Falamos de "influência digital" e "influência móvel" em 56 e 37 por cento das decisões de compra, respectivamente (Gráficos de Marketing, 2016). Quando fazemos isso, mostramos que não entendemos nada das pessoas hoje em dia.

A nossa realidade não é aumentada com óculos de realidade virtual; é aumentada com informação. Nossos telefones servem como o canal principal, mas as adições ao botão Amazon Dash, alto-falantes do Google Home, tablet ou laptop e outros criaram um mundo verdadeiramente híbrido. A próxima etapa é melhorar a ligação da realidade com a rede da internet. Por exemplo, enquanto eu não estou tão animado sobre voz como muitos estão, os anúncios de TV que instruem você a chamar a Alexa para pedir algo são interessantes e reduzem a complexidade. Já que Alexa, Siri, Bixby estão integrados em telefones e dispositivos, em breve você será capaz de falar e obter ajuda em qualquer lugar.

A geolocalização é outro exemplo. Em teoria, o seu telefone pode mostrar os horários dos trens enquanto espera na plataforma. O seu aplicativo de academia pode iniciar automaticamente enquanto você passa pela recepção. Os apps das companhias aéreas podem fazer o seu check-in quando você chegar ao terminal. Quando o mundo real e on-line se conectam em nosso caminho, podemos automaticamente receber informações e resultados relevantes.

OS QR CODES PODEM SER A SOLUÇÃO

Os QR codes têm dominado a vida no Japão desde o final da década de 1990, e desde então têm decolado na China, mas nunca foram realmente adotados no ocidente (Loras, 2015). Ninguém entendia o que eles eram ou o que fazer com eles. Eles precisavam de um aplicativo especial para ser baixado ou tinham que ser incorporados em outro aplicativo. A mistura de casos de uso não específicos, nenhum comportamento existente e a dificuldade no download acabou com todas as expectativas. Eu tentei realmente fazer a primeira campanha de anúncio de QR code do ocidente em 2005, mas acho que eles foram apenas escaneados duas vezes (e talvez por mim mesmo).

Os QR code têm muitas vantagens. Eles são livres para usar, livres para serem feitos e livres para distribuir – é apenas uma imagem que pode ser criada dinamicamente em segundos. Eles podem ser apresentados em qualquer lugar que você quiser: em revistas e lojas, em roupas e placas. Podem ser criptografados, seguros e, portanto, usados para pagamentos. Pela própria natureza, os QR codes criam um círculo virtuoso reverso.

O Spotify incorpora códigos estilo QR em seu aplicativo para que você possa compartilhar música em segundos, e o Shazam os utiliza para fazer com que os cartões de visita ganhem vida com a realidade aumentada. Mais recentemente, a Apple incorporou a varredura automática de QR code na função de câmera iOS, e o Google os adicionou como uma opção clara no Chrome. Hoje temos mais de um bilhão de dispositivos que podem acessá-los.

Se atualmente pudermos encontrar uma maneira de aproveitar os códigos para fazer grandes experiências e recompensar as pessoas, o futuro poderá apresentar oportunidades fascinantes para oferecer valor real aos consumidores e ROI às marcas em toda a jornada do cliente. Nós poderíamos converter automaticamente a consciência e a consideração à compra criando anúncios impressos a partir dos quais você pode comprar produtos diretamente. Poderíamos digitalizar garrafas de bebidas para ver receitas de coquetel com links para ingredientes adicionais, e encomendar novamente um par de jeans que adoramos, simplesmente tirando uma foto de sua etiqueta, impulsionando assim a compra adicional e a retenção.

Os QR codes representam uma tecnologia amplamente subaproveitada quando se trata de oferecer valor real aos consumidores em sua jornada, e perderam oportunidades para que as marcas criassem duas das contribuições mais importantes para as compras: lealdade e defesa; e aumento dos pontos de contato e redução do atrito. Quando olharmos para o que o consumidor realmente busca em tecnologias como os QR codes, vamos entregar muito mais para eles e para as marcas.

CRIE EXPERIÊNCIAS QUE FLUAM PELOS DISPOSITIVOS

A convergência digital significa que a maioria dos dispositivos é de natureza bastante semelhante. Já tivemos dispositivos de uso único que faziam coisas muito distintas. Rádios, televisões, walkmans, leitores de vídeo, secretária eletrônica. As coisas eram todas diferentes, e cada uma era peça-chave de um ecossistema: TVs e controles remotos de TV, com programas de TV, transmissores de TV e canais de TV.

Os dispositivos são funcionalmente muito semelhantes. Os tablets são praticamente grandes telefones. Os laptops são tablets maiores com teclados. Smart TVs são tablets maiores, mas sem telas sensíveis ao toque, mesmo os *smartwatches* têm mais em comum com um tablet do que um relógio. A maioria dos nossos itens comumente usados são essencialmente (perdoe a expressão) *black mirrors* ou telas pretas: retângulos de vidro monolíticos que exibem imagens em movimento, estão conectados à internet, oferecem som e se conectam uns aos outros com tecnologias como Bluetooth. O que é fascinante sobre esses itens distintos não é o que eles fazem, mas o contexto usado para seu consumo. Os tablets e laptops até certo ponto são, principalmente, dispositivos baseados em trabalho para introduzir dados e conseguir que as coisas sejam feitas. Os televisores tornam-se telas inclinadas, para que fiquemos sentados e nos entretenhamos. Os smartphones tornam-se superfícies de fácil visualização para ver pílulas de informação, mas também (ainda por explorar) uma forma de interagir com o mundo real, seja como uma fatura de pagamento, uma forma de abrir portas de quarto de hotéis ou de casas ou mesmo carros, ou de servir como cartões de embarque para aviões, dispositivos de entrada para escritórios seguros, bilhetes para eventos. Nosso telefone é cada vez mais não apenas a principal forma de interagir com os outros, ou adquirir informações, mas um ponto de entrada para outras telas. É o sol do nosso sistema solar digital.

TELAS E DADOS PARTICULARES

Não sei quando os dados ganharam destaque. Algo deve ter acontecido há alguns anos, quando não estávamos vendo, ou à noite, quando ultrapassamos uma marca de dimensão arbitrária. Quando dizemos "big data", parece que queremos dizer mais do que isso. Temos mais sensores, medindo mais coisas, e, com mais conectividade, podemos partilhá-las mais facilmente. O maior poder de processamento e o armazenamento mais barato significa que podemos fazer mais com ele. Parece ótimo, mas e depois?

Na minha opinião, o principal poder dos dados está em informar e tomar decisões, e depois avaliar as decisões que tomamos. Literalmente, é só para isso que servem. Quando falamos sobre o seu tamanho, reconhecemos a coisa errada. O que realmente precisamos é da capacidade de tomar decisões melhores, mais rápidas e sobre coisas mais importantes, e depois otimizar com base nisso. O big data é realmente sobre uma profunda tomada de decisões. Nesse contexto, podemos ver que o que realmente importa é a robustez dos dados, a sua limpeza e o seu grau de complexidade, não o seu tamanho. Felizmente, mudar os padrões de consumo está tornando isso mais fácil.

As telas primárias da nossa vida mudaram ao longo do tempo. A primeira tela de nossa vida, no final de 1800, foi o cinema. Uma tela enorme a que assistíamos com muitas outras pessoas, da qual nos sentávamos distantes e de que tínhamos pouco controle. Podemos estar no cinema ou ir embora. A próxima tela inventada foi a da televisão, quase cem anos depois, e nela nós nos reuníamos mais perto de uma tela menor com menos pessoas, mas tínhamos mais controle, podíamos mudar os canais e o volume. Computadores, tanto laptops quanto PCs, vieram em seguida, uma tela menor da qual nos aproximamos muito mais, e compartilhamos com apenas um ou dois. Nessa tela podíamos ir a qualquer lugar, tínhamos a internet à nossa disposição, o maior controle que já conhecíamos.

Uma das mais recentes telas da nossa vida é o smartphone. Vemos exatamente as mesmas linhas de tendência. É a menor tela que já vimos, é a que vemos a uma distância mais curta, normalmente a poucos centímetros de distância. É a que mais controlamos. Podemos tocar, digitar, balançar, pressionar com mais força e isso permitirá uma experiência muito mais tátil e envolvente, mas, acima de tudo, é a mais pessoal. Isso significa que, a qualquer momento, a sua tela sabe onde você está, o que você deve estar fazendo, como se sente, quem conhece. Ela sabe o clima, a hora do dia, o seu humor, os seus gostos, as suas pesquisas recentes; esse dispositivo sabe mais sobre você do que talvez você mesmo saiba.

Quando um técnico de TV aparece em nossa casa, não nos importamos em deixá-los sozinhos. Quando nosso computador de trabalho está sendo atualizados, ficamos um pouco mais preocupados. Os celulares são diferentes. Peça para uma pessoa desbloquear o telefone e passá-lo para outra pessoa por alguns segundos e a tensão aparece imediatamente. Os telefones são as coisas mais pessoais que já conhecemos. Entre os níveis de estresse que podem ser detectados em nossa voz, nossos níveis de acelerômetros, locais visitados, registro de pressão barométrica, atividade social, padrões de navegação, nossos telefones sabem tudo sobre nós. Eles podem razoavelmente descobrir o clima onde estamos, onde planejamos estar, o que fizemos e, até certo ponto, o que estamos pensando e do que precisamos.

Em teoria, esta tendência deve continuar. Haverá outra tela menor, mais próxima de nós, medindo mais detalhes íntimos do que qualquer outra coisa, mais expansiva e tátil nas experiências em que pode confiar.

É essa teoria que sugere que os relógios inteligentes ou óculos de realidade virtual se tornarão a norma. Para mim é uma grande pergunta sobre a humanidade. Nós odiamos, sem exceção, a tecnologia em nosso rosto; do Google Glass ao Snap Spectacles, nosso rosto é vital demais para ser aumentado até que a sociedade avance. Eu vejo a realidade virtual não como o próximo smartphone ou o próximo aparelho de TV, mas como um grande nicho dos jogos, nada mais. Os relógios inteligentes têm mais chances de sucesso, mas não os vejo na moda. O imóvel de muitas pessoas expressa quem são, não estão obcecados com as métricas do corpo ou com a necessidade de saber tudo. Até certo ponto, estar desconectado, estar comprovadamente no momento, provavelmente em breve se tornará um status.

USE O PODER DOS DADOS PARTICULARES

A primeira mudança vem dos dados. Se estivermos usando relógios, roupas inteligentes e usando *sentient spoons*, nosso batimento cardíaco, humor, localização, níveis de estresse, agenda e atividades de busca estariam todos sendo registrados, compartilhados e analisados. Se, por enquanto, contornarmos as preocupações óbvias em relação à privacidade, estamos armados com os melhores dados que já tivemos. Esqueça o big data. Quando se tem dados particulares, pouca coisa além é importante.

ATINJA AS PESSOAS EM DETERMINADOS MOMENTOS

Os anúncios do futuro podem ser rotas patrocinadas no nosso carro, notificações nos nossos smartphones de que está prestes a chover e que um Uber está próximo, ou códigos de desconto para resorts de férias quando os sensores nos nossos aparelhos detectarem que estamos ficando estressados.

PERSONALIZE AS COMUNICAÇÕES

Não há momento na minha vida em que seja menos provável que eu compre calças brancas, uma torradeira ou um voo para Los Angeles do que depois de ter acabado de comprar estes itens, mas é precisamente nesse momento em que vejo anúncios para estes produtos ou serviços.

Podemos fazer melhor do que isso quando mais e mais dados comportamentais forem sobrepostos com dados de checkout, dados de cartões de crédito e tecnologia de recomendação. Em breve veremos uma nova era de publicidade personalizada. Nos mostrarão anúncios de itens de grande valor no momento certo, depois de termos pensado neles durante um período pré-determinado. Veremos anúncios de itens que combinam perfeitamente com as nossas novas calças brancas. A tecnologia está se movendo tão rápido que em breve tanto a colocação do anúncio como o próprio anúncio se tornarão automatizados.

Veremos anúncios de vídeo completamente personalizados e totalmente renderizados com base em preços em tempo real, disponibilidade em tempo real, o tempo e outras centenas de pontos de dados. O diretor de arte e a equipe de redatores do futuro são o algoritmo e o processador.

COMUNICAÇÕES *ONE-ON-ONE* COM MENSAGENS INSTANTÂNEAS

A tecnologia e o comportamento de crescimento mais rápido que o mundo já viu foram o incrível aumento das mensagens instantâneas, ou *instant messaging* (IM). Seu crescimento rápido destruiu o negócio de mensagens de texto e colocou o poder da comunicação instantânea e *peer-to-peer* nas mãos de mais de 2,5 bilhões de pessoas em todo o mundo, embora se espere que esse número tenha crescido para 3,6 bilhões em 2018 (*The Economist*, 2016). No entanto, poucas ou nenhuma empresa ou agência de publicidade parecem ter notado.

A conversa pobre que o marketing tem no momento parece completamente ignorar o objetivo. A maioria das empresas vê emojis patrocinados ou teclados com marca como a maneira de explorar esse mundo. Ainda menos imaginação parece ter sido usada pela miríade de empresas que espera injetar publicidade nas nossas conversas mais pessoais. De fato, esse canal representa uma forma totalmente nova de pensar o varejo, o serviço ao cliente e a forma como encaramos as marcas e a gestão da ideia da relação *one-on-one* com o cliente. Como um todo, o mundo da publicidade gasta em torno de seiscentos bilhões de dólares por ano divulgando mensagens. Esperamos que, com todas essas mensagens maravilhosas e a segmentação inteligente de público, as pessoas vão clicar, comprar, ligar ou descobrir mais. A esperança é que "as pessoas queiram conversar com as marcas", mas as empresas muitas vezes se recusam a oferecer serviços de atendimento ao cliente por e-mail, muito menos IM.

Uma geração de pessoas cresceu odiando telefonemas. Mesmo aqueles que cresceram com eles preferem qualquer forma breve de comunicação escrita à verbal. De fato, 72 por cento das pessoas (de acordo com um estudo da TeleTech) pensam que as chamadas telefônicas são a pior forma de realizar o serviço ao cliente.

Existem várias vantagens únicas de IM sobre chamadas telefônicas e e-mails:

- *segurança*: ao contrário de e-mail, o correio tradicional ou mesmo chamadas telefônicas, as mensagens instantâneas podem ser uma forma garantida de chegar à pessoa específica, correta e única. Usar Touch ID, câmeras ou reconhecimento facial para desbloquear telefones cria a plataforma mais segura que já conhecemos. Sem mais números PIN ou senhas; apenas serviço pessoal seguro e sem atritos.
- *assincronia e imediatismo*: ninguém gosta de esperar por chamadas de retorno ou por computadores lentos. A mensagem instantânea oferece comunicação imediata e assíncrona, o que permite uma multitarefa enquanto o representante do atendimento ao cliente investiga. Ela também impede que as áreas sem sinal interrompam as chamadas o que significa que

os serviços ao cliente podem trabalhar com várias pessoas ao mesmo tempo.
- *maior informação*: as plataformas de IM permitem que as mensagens incluam mapas de localização, imagens, vídeos, dinheiro, anexos e outros itens ricos, o que permite uma conversação muito melhor. Quer ver quais sapatos estão em estoque? Uma rápida mensagem instantânea torna isso possível.

O QUE ISSO SIGNIFICA PARA OS NEGÓCIOS?

Uma oportunidade para todos

Todas as empresas de serviços devem oferecer serviço de atendimento ao cliente e informação via IM. Não há desculpas para que isso não esteja habilitado. Desde acionar um serviço de lavagem a seco até reservar horários para cortar o cabelo e comprar artigos diretamente com designers ou mesmo receber notícias, o nosso principal modo de transações no celular pode envolver mensagens instantâneas. Imagine as possibilidades.

A tecnologia baseada em localização permite que as pessoas encomendem uma pizza para entrega na sua localização atual. Tecnologias como as interfaces de programação de aplicações (APIs) permitem que as mensagens se tornem incorporadas em outros serviços de sobreposição. Por exemplo, o Facebook Messenger permite que as pessoas peçam um Uber, reservem mesas de restaurante usando OpenTable, ou assentos de cinema pela API Fandango, de forma rápida e segura.

Muitas companhias aéreas oferecem um serviço notavelmente bom através do Twitter. Você pode usá-lo facilmente para trocar de assento ou remarcar voos ou cancelar ingressos, mas por que usar a interface desajeitada do Twitter quando uma IM é mais rápida, mais segura e pessoal? Desde alugar carros, ver onde ele está, verificar a conta, apresentar recibos de despesas, a IM será a melhor plataforma para tudo.

Não confunda bots com IM

Os *chatbots* são onde duas tecnologias incríveis e transformadoras se sobrepõem: onde a IM encontra a IA.

Eles são baseados no conceito e pensamento de IM, e são alimentados pela engenharia de IA. Mas a verdade é que eles não são assim tão bons. É mais provável que o atual momento da IA, fora das potências do Google, Facebook, laboratórios universitários e um punhado de outros, seja um algoritmo avançado. Na verdade, as interfaces *chatbot* de hoje parecem um fluxo de usuários visualizado a partir de um menu de call-center. Em vez de "pressione 1 para espanhol" e depois "5 para atendimento ao cliente", vemos frequentemente menus limitados pré-definidos para questões fixas, que não podemos sequer tentar contornar sem causar problemas. Digite qualquer coisa próxima a uma frase sensível que não tenha sido predefinida, e você rapidamente entra em território de erro.

Para vendas, geração de leads ou conversão de juros, os *chatbots* parecem ser uma solução especialmente pobre. Gastar centenas de milhões de dólares em publicidade na esperança de que, em um momento mágico, um cliente potencial faça o esforço para entrar em contato com você, e para, em seguida, nesse momento passá-lo para um computador, porque você não pode gastar a energia e o custo da interação humana, parece particularmente estranho.

Para o serviço ao cliente, quando visto nesse contexto de economia de custos, os benefícios dos *chatbots* são mais óbvios nas empresas – transformando seções de FAQ em sites de conversas, direcionando perguntas de atendimento ao cliente para o melhor departamento, verificando tarifas e horários de abertura ou atualizações em rotas de trem ou voos – a lista de aplicações potenciais continua.

BIFURCAÇÃO DO VAREJO

Comprar é ver a mesma divisão, passando das compras como uma "experiência de marca" para as compras como a "última palavra em facilidade".

COMPRAR É SIMPLICIDADE

Tenho certeza de que nenhuma pessoa nos tempos modernos ficou tão entediada que foi às compras na Amazon; o CMS espartano, as fotos feias dos produtos e a taxonomia funcional foram todos projetados para tornar a compra a mais fácil e perfeita possível. Mas nunca divertida.

Fazer compras na Amazon, no seu melhor, não é uma experiência, é falta de experiência. É imemorável. Comprei um livro duas vezes, porque aparentemente comprei o primeiro enquanto dormia. É o exemplo mais puro do ato de remover todas as barreiras possíveis, todos os pontos de atrito. O resultado de inúmeros testes tipo A-B para otimizar a simplicidade, velocidade e eficiência.

Esse é o mundo das compras. É a operação cirúrgica de um sistema para reduzir a carga cognitiva, para tomar decisões rápidas, fáceis e sem atrito, se não automáticas. O sistema foi projetado originalmente para pessoas que sabem o que querem e querem obter o que precisam sem pensar, mas tornou-se a forma padrão de adquirir bens na era de muitas escolhas e muito pouco tempo.

Cada vez mais o mundo do varejo parece funcionar assim. Nós temos avaliações de produtos espalhadas por todo o varejo com estrelas *quick-to-glance* para nos dar confiança. Temos o botão do Amazon Dash conectado por Wi-Fi, que nos permite adquirir itens com um toque indiferente.

AS COMPRAS SÃO EXPERIMENTAIS

Mesmo o fã mais fervoroso de M&M não acredita que os 2.300 metros quadrados da M&M's World na Times Square, em Nova York, está lá para saciar o desejo dos nova-iorquinos por chocolate às 11h45 da noite. Como todas as lojas emblemáticas, a M&M's World está lá para transmitir uma experiência. É comprar para recordar, é uma viagem de descoberta, é memorável, ela está lá para tomar tempo e saborear. É o oposto de comprar.

As compras são mais frequentemente encontradas no varejo físico porque é o mais fácil de fazer usando os sentidos. Fazer compras é um mundo da soma de experiências. É o laboratório interativo de perfumes em Selfridges, as oportunidades de selfie em Harvey Nichols, as experiências do Hardware Club em Harrods ou os extravagantes laboratórios de fragrâncias do Le Labo. Os cafés parecem ter aprendido: a espera desnecessariamente longa, o drama envolvendo o grão, o teatro do menu encadernado em couro no Intelligentsia Coffee.

A compra é o que impulsiona os mercados dos agricultores e as suas histórias de sucesso, as logos feitas a mão e a poeira estrategicamente acrescentada. É a loja da fábrica de óleo de lavanda na Provença, a estranhamente cara loja de vinhos na vinícola. Comprar é um terno feito sob medida da Suit Supply, onde a consulta é parte da experiência.

O QUE FAZER QUANTO A ISSO

Vá ao extremo para prosperar. Os varejistas precisam estabelecer que tipo querem ser e trabalhar duro para maximizar isso. Ou a sistematização reduz a complexidade a cada passo, ou a acrescenta da forma mais agradável. Não fique perdido nesse caminho.

JOVENS IDOSOS

As empresas são obcecadas pelos *millennials*. Falamos infinitamente sobre como os atingir, como fazer com que se sintam em casa no mundo do trabalho, como se comportam, como são diferentes. No entanto, acho que estamos atrás das pessoas erradas. As pessoas com mais de cinquenta anos têm oitenta por cento da riqueza do mundo desenvolvido e, no entanto, não fazemos qualquer esforço para falar com elas.

Os *millennials* não são os criadores e fabricantes de todas as tendências; a vida não começa e acaba com eles.

Temos outra ideia no marketing, que a adolescência é formativa, que crescemos para, mais tarde, sermos leais às marcas que experimentamos quando éramos jovens. As poucas marcas com as quais me preocupo (Rag e Bone, Virgin Atlantic, Design within Reach, Waitrose, Standard Hotels, Sonos, Tesla) chegaram até mim no último ano. Esse sempre foi o caso. As marcas mudam, os produtos mudam, as pessoas mudam. Isso não é um ciclo que está acabando. Muito pelo contrário.

Não sei se alguém no marketing já reparou, mas os idosos não parecem ou não agem como antigamente. Estamos mudando de Victor Meldrew para Helen Mirren, uma geração de pessoas incrivelmente enérgicas, fantasticamente confiantes e sábias, que por acaso têm praticamente todo o dinheiro do mundo e muito tempo para gastá-lo.

2
Preparação para o novo mundo

Em um livro cheio de declarações ousadas e opiniões pessoais, nenhum capítulo me enche mais de medo, uma sensação de que vou parecer idiota mais tarde, do que um capítulo baseado inteiramente na previsão do futuro. A internet está repleta de pessoas inteligentes fazendo previsões bobas, então por que eu correria o risco de fazer de mim um tolo?

A resposta é dupla. Em primeiro lugar, penso que é vital que as empresas comecem a olhar mais à frente. Vamos passar toda a nossa vida no futuro, por isso vale a pena pensar nisso e tentar estabelecer o que podemos e não podemos prever, e os níveis de confiança que temos. E, em segundo lugar, estou preocupado com o grau em que as pessoas e a cultura orientadas pela tecnologia e pelos dados parecem "possuir" a ideia de previsões. Vejo muita coisa escrita, tantas projeções claras baseadas no que parece ser, notavelmente, pouca familiaridade com a raça humana. Portanto, este capítulo está aqui para ajudar a iluminar o futuro, ajudar a estimular o debate, mostrar o que sabemos, mas também o que não sabemos. Este capítulo é sobre ajudar os outros a entender o estado futuro que as empresas, as marcas e as pessoas poderão enfrentar. Eu os encorajo a usar isso para estabelecer ameaças e oportunidades e para impulsionar as mudanças adequadas no momento.

OLHAR PARA O FUTURO É MAIS IMPORTANTE DO QUE NUNCA

Se olharmos para trás a partir desses tempos acelerados, encontramos conforto no conhecimento de que nunca antes as coisas mudaram tão rapidamente. De nova tecnologia para mudança de comportamento dos consumidores e a fragmentação dos meios de comunicação social, não admira que seja difícil acompanhá-los. A vida nunca foi tão rápida.

A necessidade de olhar para a frente nunca foi tão grande. Quando você dirige um carro, ou qualquer veículo, parece sensato que quanto mais rápido você estiver viajando, mais adiante você precisa olhar. Durante décadas, a resposta sugerida tem sido agilidade. Empresas adaptadas à mudança, com pequenas equipes ágeis, compostas por uma mistura de especialistas e generalistas. Mas e se a resposta rápida passasse a ser lenta demais? E se, em palavras atribuídas ao antigo jogador profissional de hóquei no gelo Wayne Gretzky, patinássemos para onde o disco vai?

Se formos honestos, quantos cargos na maioria das empresas tem um foco no futuro? Trabalhos e processos típicos são inteiramente baseados no passado recente ou distante. Os resultados de vendas captam os resultados históricos de decisões tomadas há muito tempo; estudos de caso mostram do que as agências eram capazes há muitos anos, desde resultados anuais até as melhores práticas; até mesmo exercícios de planejamento futuro começam com o que já foi feito antes. Copiamos o que os nossos concorrentes fazem hoje, quando as engrenagens de movimento começaram há muito tempo. Se copiarmos isso, chegaremos tarde demais. Se houve tal medida, o ponto focal coletivo de marketing e empresários está firmemente no passado.

E quem os pode culpar? A maneira mais rápida de se perder toda a credibilidade em uma reunião é chegar perto de mencionar qualquer coisa que tenha a ver com ver o futuro. A "Futurologia" parece tão duvidosa como a Cientologia. O mundo dos negócios precisa mais do que nunca mudar o seu foco. Vivemos na era dos insurgentes, que usam a vantagem da última moda para implantar a tecnologia mais recente, melhor e mais barata, e que se aproveitam dos novos comportamentos.

Precisamos coletivamente melhorar o planejamento futuro e a forma como estabelecemos o que são modismos e o que são mudanças. Gostamos de nos focar nas coisas curtas, simples e pequenas. Nós somos rápidos para discutir Flappy Bird ou Second Life, tentamos instantaneamente digerir o ChatRoulette, Meerkat, Periscope ou Candy Crush, mas, muitas vezes, essas coisas não são significativas.

Em vez disso, as mudanças mais longas, mais transformadoras, mais humanas precisam ser compreendidas. Precisamos entender o que vai durar mais tempo, o que terá um impacto material maior nos negócios e comércio, atendimento ao cliente, economia e marcas, e precisamos planejar de acordo.

Então, com isso em mente, aqui estão algumas maneiras de pensar de forma útil sobre o futuro.

É SOBRE EMPATIA, NÃO SOBRE TECNOLOGIA

As tendências podem parecer impulsionadas pela tecnologia, mas, na maioria das vezes, são sobre refletir a humanidade. Podemos pensar que os selfies são altamente contemporâneos e bastante estranhos, mas refletem a necessidade humana de construir uma rede social, expressar quem somos e criar um grupo de pares e de apoio. Podemos pensar que as redes sociais são novas, mas até as grutas de Lascaux tinham um muro. Quando você realmente entende as pessoas, percebe que serão necessárias várias gerações antes de usarmos tecnologia em nosso rosto, porque, para os seres humanos, o contato visual e as expressões faciais são muito importantes para serem cobertas. A humanidade e a tecnologia se chocam. Até tecnologias mais sutis como os *smartwatches* têm apelo limitado porque para muitas pessoas o pulso é uma propriedade vital para dizer ao mundo quem você é. Muitos gostam de usá-lo para mostrar seus gostos refinados, outros gostam de mostrar status social e riqueza, mas os relógios inteligentes hoje parecem transmitir as coisas erradas. Tal como as coisas estão, mostram que o usuário está fascinado, ou melhor, obcecado pela tecnologia, ou que precisa se manter a par de tudo; não sei se esses sinais são atrativos para muitos.

A melhor maneira de entender o futuro é entender o homem e a mulher primordiais. Somos levados a querer dizer ao mundo quem somos, a formar laços sociais, a procriar, a sobreviver, a buscar abrigo, comida e segurança para isso. Marcas e empresas construídas sobre esses princípios seguirão bem.

Você precisa sentir o seu caminho para compreender o futuro. O passado é um bom medidor do futuro, mas a verdadeira habilidade é saber o que nunca vai mudar e o que é provável que mude. Um dos problemas mais difíceis da vida é navegar entre aqueles que constantemente gritam que "desta vez é diferente" e aqueles que ladram "mas já vimos tudo isso antes". A maneira de lidar com isso é deixar sua mente vagar e deixar os pontos se juntarem.

As previsões são mais sobre empatia e imaginação do que sobre ciência. Tenho sorte, pois o meu cargo baseia-se em viajar pelo mundo, ouvir e observar. Chego a Paris e encontro ataques intermináveis de taxistas ao Uber, na Índia escuto as pessoas falarem sobre a explosão da classe média, no Rio vejo crianças nas favelas assistindo televisão em um smartphone, ou uma experiência de autosserviço além do que já esperava em Oslo, com isso você começa a sentir o seu caminho através do mundo e da vida, e a ver como as coisas devem e podem se desenvolver e se desfazer.

Estou espantado com a quantidade de previsões terríveis sobre o futuro.

Surpreendentemente, as pessoas que possuem Bitcoin preveem que vai dar certo. Mas estas não são as pessoas questionando; é do seu interesse criar um futuro onde possam prosperar. Eu vejo um monte de previsões com base em como as pessoas vão se comportar em cenários que elas não podem sequer imaginar. Quando se consegue que um grupo de pessoas responda a perguntas como "alguma vez compraria um veículo autônomo?" ou "confiaria num robô para cuidar de você mesmo?", obtém-se respostas totalmente inúteis. Pedir a opinião das pessoas sobre coisas que ainda não existem é ingênuo ao extremo.

Adoramos interpretar os dados de forma linear e isso não funciona. A adoção precoce do Amazon Echo não pode ser modelada em torno do smartphone e interpolada. Os dados fazem um excelente trabalho de mapeamento do passado e do presente, mas é terrível para aqueles que precisam olhar para frente. O "carisma" é abundante em todos os elementos da futurologia e, de um modo geral, nunca funciona. A interpolação de dados sugere que os televisores 3D estariam tomando conta do mundo, que a Sodastreams seria encontrada em todas as casas, que o mundo deveria ter mais smartphones do que pessoas, que passaríamos 24 horas por dia assistindo à televisão.

Muitas tendências existem como ações e reações. É a variedade de novas tecnologias em nossas casas que faz com que as pessoas na maioria dos países exijam moradias mais tradicionais que fazem fronteira com o pastiche. É o tempo livre com a utilização do Walmart, da Amazon ou da Tesco que nos faz querer ir à feira de orgânicos (e é interessante notar que essas feiras estão sempre nas cidades, nunca no campo). É porque almoçamos em nossa mesa de trabalho que queremos cozinhar à noite. A maioria das tendências tem contratendências, e é por entender isso que descobrimos onde estão muitas oportunidades. Se as nossas compras se tornarem entediantes, onde podemos voltar a nos divertir na vida? Se vamos passar a noite em hotéis de luxo, como as empresas podem explorar a individualidade?

TECNOLOGIAS SECUNDÁRIAS E TECNOLOGIAS ADJACENTES

Inovação e progresso nunca acontecem no vácuo. Está longe de ser uma experiência científica com uma variável fixa. O futuro dos carros de propulsores elétricos não é isolado contra mudanças no software que permitem que os carros automotores funcionem. Também não está isolado dos modelos de negócio baseados no acesso e não na posse de automóveis, nem da transição para empresas que utilizam estruturas de telecomunicações melhoradas para permitir que mais pessoas trabalhem a partir de casa, nem da mudança nas expectativas de carreira e nos objetivos pessoais, o que significa que as pessoas podem procurar trabalhar mais por conta própria.

A coisa mais difícil em qualquer previsão é ver os efeitos desconhecidos de segunda e terceira ordem que ninguém poderia ter calculado. Como disse Carl Sagan, e conforme complementado pela análise de Kevin McCullagh sobre as principais mudanças tecnológicas, "Foi fácil prever a propriedade em massa de carros, mas difícil prever o Wal-Mart" (McCullagh, 2017).

Quem viu a ascensão do celular e depois previu os emojis? Benedict Evans tem um argumento fascinante de que veículos movidos eletronicamente poderiam salvar milhares de vidas reduzindo as mortes por câncer, por causa da grande redução resultante em infraestruturas de postos de gasolina que incentivam a compra impulsiva de cigarros (Evans, 2017).

Temos de pensar no que acontecerá com as viagens áreas quando e se os óculos de realidade virtual decolarem. O que acontecerá com o comércio móvel em um mundo de impressão 3D? O que acontecerá aos ciclomotores eletrônicos se utilizarmos aplicações de transporte multimodal? As consequências imprevistas estão por toda a parte. Se os robôs começarem a assumir muitos empregos humanos, criarão mais empregos em novas áreas, ganharemos dinheiro com os impostos que pagam sobre o rendimento que geram gratuitamente? O que acontece com o sentido da vida nessa situação? Será que encontraríamos mais tempo para assistir a vídeos de gatos ou finalmente chegaríamos ao ponto de escrever poesia e ler literatura russa?

A chave para todas as previsões é estabelecer a imagem que todos esses pontos traçam quando alinhados. É equilibrar sentimento com dados, imaginação com conhecimento tecnológico, fixar o que é certo e idealizar em torno do que é desconhecido. Quando você faz isso, pode estabelecer um cone de plausibilidade e é daí que vêm algumas das visões de longo alcance que se seguem.

COMPUTAÇÃO ANTECIPATÓRIA E CONTÍNUA

Em termos gerais, tivemos três eras da web, cada uma definida por três comportamentos distintos e com os próprios vencedores e perdedores. É na era seguinte que as coisas ficam interessantes.

A ERA DO PORTAL

A primeira era da internet do consumidor foi a era dos portais: a internet como uma revista baseada na web.

Essa era foi dominada pelos mesmos *players* que governavam o mundo pré-digital. Simplesmente pegávamos a informação que outrora tinha sido impressa em papel e as colocávamos em uma tela. Nesse mundo pré-2004, *players* como Yahoo, Netvibes, Excite, Lycos ou AOL tornaram-se a nossa porta de entrada para a internet, guardando-a como documentos e organizando a informação em diretórios muito parecidos com armários de arquivo. Usamos as estruturas pré-digitais do mundo como fonte e as replicamos. O nosso comportamento nessa era se assemelhava a leituras de revistas ou jornais; tínhamos uma relação com um fornecedor e, em grande parte, caímos pela toca do coelho que era o seu conteúdo. Era uma internet baseada em homepages, bookmarks e uma rotina diária: a internet era principalmente palavras, imagens simples e links pouco frequentes.

A ERA DA BUSCA

A segunda era foi a da busca, quando a barra de pesquisa se tornou a nova porta de entrada para a internet. A partir de 2004, o primeiro destino que visitaríamos muitas vezes não seria uma página cheia de informações, mas uma barra de pesquisa e nada mais. Pela primeira vez, estávamos no controle. O PageRank do Google tornou-se o facilitador, mas nós ainda éramos o navegador. A informação não era encontrada para nós, tínhamos que ir ao seu encontro, mas todos puderam contribuir e a popularidade e profundidade da internet explodiram.

Essa era a época da web mais profunda, mais rica e mais democrática. O conteúdo estava escondido em estruturas confusas, mas era encontrado, para a nossa camada de navegação, por algoritmos de pesquisa complexos. A internet nessa época se tornou sobre navegação. Desbravávamos a internet, abrindo dez, vinte e, depois, trinta janelas de cada vez. O vencedor dessa era foi o Google, a vitrine para toda a navegação, o proprietário da maioria dos dados, a interface do cliente para mais tarde se tornar a própria publicidade.

A ERA SOCIAL

Os grandes vencedores no terceiro momento foram as redes sociais. Do Facebook ao LinkedIn, do Twitter ao Instagram, a nova forma dominante de navegação é baseada naquilo que as pessoas que conhecemos compartilharam, sugeriram, transmitiram, retuitaram ou enviaram. A partir de 2006, são essas as empresas que se saíram melhor recrutando usuário e tráfego.

Claro que ainda pesquisamos, mas os níveis de utilização nos últimos anos baixaram. Utilizamos cada vez mais a internet nos celulares, mas grande parte do nosso tempo na Web móvel é gasto em redes sociais. Embora possamos mergulhar no micro portal de um aplicativo bancário para ver nosso saldo, provavelmente estamos gastando mais tempo no Facebook, WeChat ou outras experiências de curadoria e orientação social.

A era social tem sido a versão mais completa e madura da web. Nós acabamos com as homepages e, em vez disso, quando vamos à internet, por causa de amigos ou pessoas que seguimos ou algoritmos inteligentes, somos apresentados a uma versão da informação e da internet que é provavelmente a mais relevante para nós. Nossos resultados de pesquisa são baseados no histórico, nosso feed do Facebook é assustadoramente baseado no que mais gostaríamos de ver, ou pelo menos acharíamos mais palatável, nosso feed do Twitter é uma versão menos sofisticada e mais simples do que as pessoas que escolhemos ouvir pensam que devemos ver.

A INTERNET DAS COISAS

O principal motor da próxima era da internet provém principalmente dos dados, mas também do seu melhor processamento e de ações mais inteligentes. Se a internet sempre foi sobre conexões entre pessoas e informação, o próximo paradigma é uma das coisas que estão sendo adicionadas à mistura.

Em breve, poderemos estar em uma era em que os computadores se tornem uma função de apoio para nós. Eles se tornarão uma camada de assistência ambiental.

Uma expressão bem conhecida do desenvolvedor de software Eric Raymond, e relatada por Benedict Evans, afirma que "um computador nunca deve pedir ao usuário qualquer informação que ele mesmo possa autodetectar, copiar ou deduzir" (Evans, 2016). À medida que mais dados são registados e mais partilhados, cada vez mais precisamos dizer menos ao computador.

A grande esperança da computação no futuro próximo é que um grande aumento de sensores, uma grande melhoria na forma como falam uns com os outros, um sistema muito mais robusto para olhar para o comportamento passado e fazer, e (o mais importante) uma atitude mais progressista das pessoas em relação ao que podemos confiar aos computadores, significará que a computação se tornará personalizada, assistida e preditiva. Isso oferece oportunidades incríveis para que as marcas anunciem melhor e para que as empresas mudem seus modelos de negócios, oferecendo-se para atender a essas novas expectativas. À medida que o tempo passa, temos menos tempo e mais escolhas a fazer. Enquanto tecnologias como as interfaces de voz vão reduzir a carga cognitiva necessária para que as coisas aconteçam, ainda mais transformador será a automatização das decisões e a noção de "sugestões suaves", ou sugestões contextuais chave. É fascinante para as empresas pensar como elas podem aproveitar as oportunidades que essa inteligência vai criar. Como conseguir que as pessoas encomendem mais produtos? Como conseguir que as pessoas invistam em sistemas mais caros? Como tornar tudo o mais sem atrito e contínua possível?

A WEB PREDITIVA: A TH'INTERNET

Vemos pequenos sinais do fenômeno hoje. Por exemplo, o Google verifica o seu e-mail e pode controlar automaticamente os voos e adicioná-los à sua agenda. Em algum momento tudo deve se conectar e funcionar, mas, antes disso, estamos em algum lugar entre o estúpido e o inteligente – o provisório das coisas, que chamo de Th'Internet.

Em breve, veremos o mundo ficar inteligente à nossa volta. No momento, temos a assistente pessoal da Amazon, Alexa, e a iluminação sem fio pessoal da Philips, Hue, o que significa que tenho que pensar um pouco mais sobre a iluminação da minha casa do que quando eu simplesmente usava um interruptor de luz. Mas talvez em breve, quando voltar para casa em janeiro em uma segunda-feira à noite, a minha música de jazz preferida estará tocando e as luzes estarão acesas, mas amenas, e entrarei em uma casa pré-aquecida que já sabia quando eu retornaria. Isso levanta desafios fascinantes para a interface do usuário. Isso é feito automaticamente? O sistema me chamou e perguntou: "Qual a configuração para segunda-feira à noite?" e eu tenho que responder?

A computação antecipativa fará micro previsões constantes sobre o que é provável que façamos, necessitemos e desejemos. Muitos aspectos de nossas vidas se tornarão perfeitamente assistidos por finas informações contextuais e inteligentes opções sugeridas ou encorajadas. Isso oferece oportunidades incríveis para as marcas anunciarem melhor e para as empresas mudarem o seu modelo de negócio e se oferecerem para servir novas expectativas.

NEGOCIAÇÃO DE PRIVACIDADE

"A privacidade pode realmente ser uma anomalia", disse Vinton Cerf, cocriador do primeiro protótipo de internet militar e executivo do Google (Ferenstein, 2013).

Durante muito tempo, fizemos tudo o que podíamos para proteger a privacidade e os nossos dados pessoais. Progressivamente nós podemos primeiro desistir da batalha e, em seguida, nos concentramos em negociá-los por algo de valor.

Vivendo em um momento em que celebridades de reality shows continuam enriquecendo, em que parece que cada usuário do Instagram quer ser pago para ser um influenciador, parece bastante estranho querer ser conhecido, popular e invejado e ao mesmo tempo não querer que ninguém saiba nada sobre você. A privacidade é um assunto complexo, mas é realista compartilhar tanto por tanto tempo, e depois ficar chocado quando muito pouco sobre a sua vida é um segredo?

Estamos à beira de uma divisão: alguns de nós guardam a privacidade furiosamente, alguns de nós abrem mão dela com relutância, e alguns de nós não tem entendimento nem uma necessidade real para defendê-la. Tenho a sensação de que em breve a batalha para manter a privacidade se tornará difícil, que os benefícios do compartilhamento de dados se tornarão tão claros que a maioria das pessoas aceitará a ideia de que a privacidade é um ativo a ser negociado.

Os erros que cometemos quando éramos jovens estão sendo deixados de lado com o passar do tempo: os erros das crianças de hoje podem se manifestar nos servidores do planeta, em oposição aos pequenos confins de nossas escolas ou comunidades. Mas as crianças podem perder algo como privacidade, um conceito que provavelmente nunca conheceram?

Trocamos a privacidade há mais tempo do que pensamos. Temos cartões de loja que registram o que compramos, que agregam e vendem os dados anonimamente, e depois usam isso para nos bombardear com ofertas especiais enquanto nos dão descontos. Quando utilizamos os nossos celulares e o Google Traffic, compartilhamos a nossa velocidade e localizações, e nos beneficiamos de um bem maior. A navegação e os históricos de pesquisa são usados para nos fornecer dados mais relevantes; os cuidados de saúde baseiam-se na utilização dos dados e do histórico dos doentes; empresas como a 23andMe utilizam registos de DNA. Através de tudo isso, corroemos gentilmente a nossa privacidade e recebemos pouco em troca.

Penso que, em um futuro próximo, poderemos vir a abraçar mais enfaticamente o comércio da privacidade. Há três elementos-chave a considerar.

CONFIANÇA

Aparentemente, violações semanais de dados e hacks significam que vamos precisar de empresas com registros robustos para segurança de dados e governança. É mais provável que pensemos em empresas como a Amazon ou o Google, e muito menos no Facebook, para gravar, armazenar e gerenciar nossos dados para nós. Se confiarmos a essas empresas os nossos dados mais pessoais, então temos uma base potencial para esse conceito.

TRANSPARÊNCIA E CONTROLE

Para que isto funcione, as empresas terão de ser claras, honestas e transparentes quanto aos dados que estão guardando, para que servem, e oferecer continuamente a possibilidade de os controlarmos e modificarmos. Saber que você comprou uma TV é uma coisa; saber os resultados dos exames de sangue ou código genético é outra absolutamente diferente. Se as seguradoras de saúde, por exemplo, pudessem acessar algumas dessas informações, teríamos um caos absoluto.

VALOR

Então, se a chave é fazer valer a pena para as pessoas, o que pode ser oferecido em troca do grande valor dos dados registados, armazenados e utilizados? Embora falemos muito sobre dados hoje em dia, o mundo não reflete um ambiente em que as empresas saibam muito. Elas me mostram anúncios de relógios que comprei há tempos, de condomínios de apartamentos para alugar onde já vivo; você compra uma fita métrica, e a Amazon pensa que você quer avidamente começar uma coleção.

Gosto da experiência mental de assumir que as empresas sabem tudo sobre mim. Tenho 38 anos e viajo muito. Será que isso é ruim? E se alguém pudesse encontrar uma maneira de me mostrar, em vez de uma ação coletiva de mesotelioma ou anúncios de televisão para Viagra ou aluguel de Chevrolet, anúncios para uma nova bolsa masculina da Burberry, ou um novo aplicativo que oferece uma melhor experiência médica ou um anúncio impressionante para uma nova empresa de roupas, que faz moda irritantemente simples? Sei que essas empresas estão preparadas para gastar uma fortuna a fim de me alcançar. O inventário de publicidade valeria ainda mais se me mostrassem menos anúncios. Se me mostrassem um pouco menos anúncios, porém anúncios mais relevantes, eu ficaria muito mais feliz, as marcas ficariam muito mais felizes, e os canais de TV que vendem espaço publicitário poderiam ganhar muito mais dinheiro ao mesmo tempo.

Vamos supor que o meu banco e a minha empresa de cartões de crédito saibam sempre onde estou, e talvez a minha companhia aérea, os hotéis que uso ou os varejistas que visito também saibam. Na verdade, por que é que todo mundo não pode saber onde estou?

Em um nível conceitual, não tenho problema em explorar como esses dados podem ser usados. Adoraria ver as pessoas concentrando-se na forma como eles podem ser armazenados e geridos de maneira que funcione para todos. Talvez não me importe que o meu cartão de crédito seja partilhado com anunciantes, os meus hábitos televisivos compartilhados com bancos. Talvez eu só queira que as coisas funcionem à minha volta, e isso ajudaria.

Como parte desse sistema, em breve teremos o atrito removido da vida. É incrível que hoje em dia as senhas e IDs de usuário e outras contas ainda sejam digitadas todos os dias, e muitas vezes várias vezes ao dia. Estima-se que 16 bilhões de dólares são desperdiçados a cada ano apenas com senhas perdidas (Loftus, 2010). No futuro, as coisas serão perfeitas, com senhas desvanecendo-se em segundo plano, e nosso rosto, dedos, voz, batimento cardíaco ou outros mecanismos usados para obter acesso sem problemas.

A ideia principal aqui é que nós paramos as suposições do passado. Nós sempre tratamos cuidadosamente a privacidade como se fosse uma fera que podemos acordar. Descobrimos formas sutis de fazer pequenas coisas em segundo plano que não oferecem um valor claro, mas que não serão notadas. Podemos começar a conversa de uma maneira diferente, e trabalhar em torno do que é possível maximizar como valor a dar às pessoas. Podemos ter conversas muito mais honestas e abertas com as pessoas sobre quais informações podem estar dispostas a compartilhar conosco, e, assumindo que elas tenham nossa confiança, podemos criar experiências mais personalizadas e melhores.

Os benefícios do comércio de privacidade para as empresas no futuro são claros: à medida que recebemos mais dados de mais pessoas, podemos ajudá-las a tomar decisões como nunca. Podemos oferecer melhores experiências: hotéis que podem recebê-lo no seu check-in, sem necessidade de qualquer informação sua, e aviões que podem ser mantidos à sua espera porque conhecem o seu status como passageiro frequente.

INTELIGÊNCIA NA NUVEM

Os dispositivos estão se tornando mais inteligentes e mais úteis, e a nuvem permitiu que uma inteligência penetrasse nas tecnologias que usamos todos os dias.

Há muito debate sobre o futuro da inteligência. O Echo da Amazon é, provavelmente, o primeiro a mostrar a ideia na prática. O Amazon Echo é um dos dispositivos mais inteligentes e baratos disponíveis atualmente. Na verdade, é apenas um alto-falante e uma conexão com a internet. O orador aqui, como o Google Home ou Apple HomePod, apenas se torna um ponto de acesso relativamente burro para a inteligência na nuvem. Vemos isso em todo o lado. Os tablets hoje em dia são relativamente baratos e não se tornam obsoletos tão rapidamente, os PCs são teimosamente baratos e lentos para melhorar, softwares como o Adobe passaram a operar na nuvem e não no dispositivo. Nossos dados estão cada vez mais em outro lugar, no Google Docs ou Dropbox.

Mover a inteligência para a nuvem facilita um novo sistema e forma de pensar. A inteligência é removida dos dispositivos e é encontrada nos sistemas e estruturas por trás deles. Um bom exemplo é o pagamento sem contato com cartões bancários no metrô de Londres. Nesse sistema você não está comprando um bilhete digitalmente, você nunca possui um bilhete, você simplesmente tem permissão para entrar e permissão para sair, e quando você sai, você é cobrado pela viagem diretamente na sua conta bancária. Imaginem se, em vez de passaportes, não carregássemos nada: todos os registos seriam armazenados na nuvem – autorizações, vistos, carimbos de entrada – e, em vez de transportarmos um documento, seríamos apenas identificados por impressões digitais, como o sistema de entrada nos EUA permite. E se usássemos o nosso rosto, como o Face ID, para embarcar em aviões e nunca carregássemos passagens? E se nunca precisássemos usar um cartão de telefone ou de metrô para entrar no transporte e fossemos automaticamente cobrados pela nossa companhia telefônica pela distância que viajamos, o método e a hora do dia com base no quão longe fomos, tudo isso estabelecido por roteadores GPS ou mesmo tecnologia sônica como o Chirp?

Precisamos estruturar o nosso pensamento sobre a transformação digital de uma forma mais eficaz. Os cartões de crédito não são fotografias de dinheiro que as pessoas trocam; são sistemas com fundamentos inteiramente novas. Vamos repensar todos os sistemas dessa forma. Talvez o dinheiro do futuro não seja uma carteira digital, mas o seu rosto ou uma bandeira de identidade única. Talvez já não carreguemos a tecnologia. Será interessante ver o que acontece ao redor do mundo à medida que as empresas constroem essa realidade.

Cada vez mais a vida não é sobre coincidência, é sobre algoritmos. As notícias são automaticamente selecionadas com base no que gostamos, vamos clicar e muito provavelmente compartilhar.

A publicidade é lentamente não só ofertada e comprada com algoritmos e tecnologia programática, mas também criada automática e especificamente para você. Todos nós conhecemos o sistema de redirecionamento e os sapatos que no perseguem na web, mas cada vez mais há tecnologia como a Dynamic Creative que pode renderizar uma exibição personalizada de anúncios de vídeo com base em seu histórico de pesquisa, clima, desempenho do mercado de ações, locais e até mesmo coisas como níveis de estoque em lojas locais. Você pode ver anúncios de carros conversíveis em dias ensolarados de primavera, ou um relógio mais caro quando o Dow atinge novos índices. Os anúncios podem ser processados a partir de bilhões de permutações para lhe direcionar à loja local, e até mesmo oferecer preços personalizados com base no que o software acha que vai fazer você tomar decisões.

DESLOCAÇÕES DEMOGRÁFICAS

Uma das tendências mais profundas, impactantes e interessantes que não estou abordando em detalhes neste livro é a enorme mudança que a tecnologia gera na sociedade.

Não estou em melhor posição para abordá-la. Não sou especialista no assunto, mas quero despertar algumas reflexões enquanto olhamos para a frente. Essas mudanças não são amplamente discutidas porque sinto que a maioria das pessoas está em negação.

As pessoas preocupam-se com as mudanças significativas na distribuição da população. Quer se trate da bomba-relógio demográfica de pessoas se aposentando na mesma idade, vivendo mais tempo na aposentadoria e exigindo cuidados de saúde mais caros para mantê-las vivas, ou da natureza mutável da classe média e das crescentes diferenças de renda entre ricos e pobres – esses não são tópicos que muitas pessoas gostem de ouvir em conferências.

O FUTURO ORIENTADO PARA A TECNOLOGIA ESTÁ SENDO DIVIDIDO

Enfrentamos um mundo que parece mais dividido do que nunca. Não acho que sua raiz e única causa seja a tecnologia, mas a tecnologia está certamente catalisando, exagerando a mudança social e criando futuros preocupantes para muitos em termos de emprego e em países que enfrentam mudanças em um ritmo mais rápido do que o que pode ser enfrentado. Parece que estamos no limiar de uma grande transformação.

É justo dizer que, na maioria das vezes na história da humanidade, a tecnologia tem sido vista como uma força do bem, e como uma forma de progredir para um estado melhor. A tecnologia melhorou a saúde, deu-nos luxo em muitas formas, seja através do tempo ou por meio de mais posses. Durante anos, o mundo dos negócios foi um mundo liderado por empresários. Eles tinham visão, mas nunca foram "geeks". Esse tem sido um mundo de Jack Welches, Henry Fords, Andrew Carnegies, Richard Bransons, até mesmo Steve Jobs foi mais empreendedor do que hacker. Durante um período considerável, cientistas e "geek" não moldaram a estratégia corporativa: eles fizeram as coisas acontecerem.

Pela primeira vez na história, os geeks estão dando as ordens, moldando o futuro, e eles entendem a tecnologia perfeitamente. Contudo, eles não são como os empresários do passado. Essas não são pessoas que parecem ter uma compreensão inata das outras – longe disso. De certa forma, a precisão matemática mais objetiva necessária para ter sucesso na tecnologia e programação quase requer que essas pessoas não entendam a subjetividade, a emoção e as nuances do caráter humano. Isso cria para mim uma combinação muito preocupante de circunstâncias. Parece que para muitas pessoas o futuro da humanidade não está em conectar comunidades e construir pontes entre pessoas diferentes, mas em tentar escapar, enterrar ou voar sobre as questões que os novos problemas criaram.

EXTREMISMO

Vivemos há muito tempo em um mundo onde pessoas diferentes têm visões diferentes. Há muito tempo que temos jornais que representam lados políticos distintos, mas tendíamos a saber isso. Se eu fosse um espectador da Fox, sabia que estava assistindo ao lado direito do debate. Um espectador da CNN sabia que estava assistindo ao lado esquerdo do debate. Mas sabíamos que existiam dois lados. O mesmo acontece com os jornais – você iria à banca e veria uma variedade de manchetes, cada uma projetada com um público específico em mente.

    O aspecto aterrorizante da plataforma de mídia moderna é que não nos damos conta de como pessoas diferentes recebem a mesma notícia, de maneiras diferentes. Um olhar sobre o feed do Facebook de outra pessoa pode dar uma ideia de uma série totalmente diferente de eventos, ou sentimentos distintos, sobre os mesmos acontecimentos. Isso significa que as pessoas podem ter opiniões bastante estranhas, e pensar que elas são bastante normais. A abundância de material escrito no mundo, os incríveis incentivos que existem para pessoas que escrevem artigos extraordinários significam que você pode ter praticamente qualquer opinião no mundo, e sentir que de alguma forma é normal – seja pensando que as vacinas causam autismo nas crianças, que a terra é plana, que a mudança climática não está acontecendo, ou que o 11 de Setembro foi uma conspiração governamental. Você pode ter qualquer opinião, e ser enganado por uma falsa sensação de normalidade.

Embora isso não tenha impacto direto nos líderes empresariais, ou conduza a quaisquer oportunidades, isso nos ajuda a entender o contexto no futuro, quando é provável que vejamos maiores divisões entre os diferentes tipos de populações. Talvez vejamos as marcas procurarem definir seus públicos por meio de sistemas de crenças e opiniões políticas específicas, mas o principal aprendizado aqui é que não estamos prestes a ficar mais conectados. Todos os anos, temos mais países no mundo. Todos os anos, novas regiões ameaçam separar-se – vemos o Brexit, a Catalunha na Espanha — o mundo não está ficando mais interligado.

MORTE DA CLASSE MÉDIA

Muitas pessoas pensam que a classe média é uma anomalia histórica, que sua ascensão foi surpreendentemente recente, acontecendo em meados do século XIX, e que está desmoronando rapidamente. É normal assumir que o mundo que vemos hoje é como sempre foi a vida inteira, mas durante a maior parte da história essa camada conhecida como classe média não existiu.

No entanto, muitas pessoas acham que uma classe média grande, crescente e confiante é vital para o crescimento. Henry Ford primeiro entendeu que, se sua força de trabalho habilidosa fosse incapaz de ter recursos para possuir o produto que estavam fabricando, isso limitaria a possibilidade do sucesso. Peter Drucker considera que o objetivo de uma economia é criar uma classe média (Drucker, 1993). Enquanto muitos nos EUA amam a ideia de uma economia *"trickle down"*, há um crescente movimento *"middle out"*: um grupo de pessoas que pensa que o dinheiro dos ricos que flui para baixo simplesmente não funciona. No momento, a evidência de gotejamento para muitos é escassa. Então o Instituto Global McKinsey produziu um relatório, *Poorer than their Parents: Flat or falling incomes in advanced economies* ("Mais pobres que seus pais: renda fixa ou decrescente nas economias avançadas", em tradução livre), que mostra uma tendência crescente para a estagnação ou declínio dos rendimentos dos trabalhadores da classe média.

E mostra que isso é global (McKinsey, 2016). O relatório revelou que, em 25 economias avançadas em todo o mundo, 75 por cento das pessoas sofreram com a redução da renda nos últimos nove anos. Nos doze anteriores, apenas dois por cento dos lares viram a renda diminuir. A matemática mostrou que, entre 2005 e 2014, entre 540 e 580 milhões de pessoas ganharam menos.

INTELIGÊNCIA ARTIFICIAL

A inteligência artificial (IA) é um daqueles termos que tem o hábito de ser usado indiscriminada e abundantemente, uma espécie de recheio de press release para implicar que algo é melhor do que costumava ser, mais avançado e que vale a pena pagar mais por isso.

Uma das minhas citações favoritas é a do Juiz Steward Potter, falando sobre o conteúdo adulto no famoso caso *Jacobellis* v. *Ohio* de 1964. Nele, ao comentar a natureza do material pornográfico, aceitou que não sabia realmente o que era, mas nas suas palavras, "Eu sei quando o vejo". Hoje a inteligência artificial parece ser quase o contrário: você pode ter uma grande compreensão teórica do que ela é, mas absolutamente nenhuma ideia quando você a experimenta ou vê.

Uma das razões pelas quais o nosso cenário tem visto o termo IA proliferar é porque parece profundamente excitante e tem profundas implicações para muitos aspectos da vida. A outra é porque na verdade parece um termo tão vago que diminui o seu significado e compreensão. A Enciclopédia Britannica chama de "Inteligência artificial (IA) a capacidade de um computador digital ou robô controlado por computador de executar tarefas comumente associadas a seres inteligentes" *(Enciclopédia Britannica*, 2017). Você pode ver porque a IA é tão comumente usada para descrever algo que parece ser muito avançado, usa algoritmos de forma profunda, toma decisões por nós ou envolve automação. Se o seu trabalho é baseado em Excel, você é mais facilmente substituível (contabilidade); se trata de mover coisas (trabalho manual) você está mais seguro; se for no Word (comunicações), você vai durar ainda mais;

mas é o trabalho baseado em PowerPoint (ideias e criatividade) que será o mais seguro de todos. No entanto, na verdade, a IA é melhor pensada menos como uma tecnologia, e mais como um conjunto heterogêneo de tecnologias sustentadas por alguns elementos comuns. Mais dados, processamento mais rápido, a capacidade dos computadores de aprender ou melhorar, e algum grau de lógica ou raciocínio avançado.

Na minha opinião, é mais útil pensar nisso como uma abordagem filosófica da computação e dos problemas.

É mais fácil pensar em IA menos como uma palavra da moda, e mais como uma forma de pensar sobre a transformação do negócio, da mesma forma que a eletricidade o mudou. Na verdade, o que aprendemos sobre a aplicação da eletricidade e a aplicação do pensamento e processos digitais pode ser transposto perfeitamente ao conceito de IA. Se adicionarmos IA a alguns cargos e departamentos, se a aplicarmos ao que já temos, mais uma vez teremos perdido o seu poder transformador.

O que a IA precisa fazer é recriar toda a tela da oportunidade. As empresas que usam IA precisam considerar primeiro qual será seu papel em um mundo impulsionado por IAs. Que valor precisam adicionar? Nesse novo mundo, que ideias, que decisões e que coisas precisam fazer, e quais serão os papéis da humanidade e das máquinas? Se a IA não levar as mudanças à estrutura da empresa, se ela não elevar o papel da automação de uma grande maneira, se não levar a mudanças significativas de trabalho, então a IA foi feita errada. Ela é mais parecida com um canal radicular do que com um polimento. Vai ser doloroso, mas é o que é preciso ser feito.

Foi Ginni Rometty, CEO da IBM, que disse que a IA deve realmente significar inteligência aumentada (humana) (Pearson, 2017). O tempo parece estar nos pressionando para questionarmos até que ponto a IA deveria transcender os esforços humanos históricos, como a lei, a ética e uma contribuição efetiva para a sociedade. Se não entendemos, então nós acabamos ou exagerando ou desvalorizando o papel da IA, com ramificações prejudiciais de qualquer maneira. Nossa visão da IA vai, é claro, mudar junto com a sociedade, mas o que peço neste livro é que pensemos sobre onde tudo isso nos leva.

Além disso, embora eu tenha dividido as seções anteriores como tópicos menores, gostaria que o leitor as considerasse ser intelectualmente conjuntas. Por exemplo, uma forma de combater o extremismo está ligada à possiblidade de as grandes plataformas de conteúdo – Twitter e Facebook – usarem a IA de forma a sinalizar artigos e pessoas de destaque que estão *fora* da bolha de filtragem de um usuário extremista. Esse é um exemplo perfeito de IA sendo para aumentar a inteligência humana, tanto para ampliar quanto para desafiar nossos horizontes.

3
Nos preparando para o futuro

Não é a mais intelectual das espécies que sobrevive; não é a mais forte que sobrevive; mas a que melhor se adapta e se ajusta ao ambiente em mudança onde se encontra.

Megginson, 1963

A verdade é que quanto mais você sabe sobre IA, menos certeza tem quanto ao seu futuro ou significado. A forma como a tecnologia se desenvolverá é desconhecida, e como ela vai se combinar com outras para criar efeitos secundários é ainda menos clara. Podemos facilmente sonhar com a singularidade, onde o ritmo da mudança se torna extremamente rápido, os computadores criam outros computadores e os "controlam", mas os robôs que vemos hoje são mais incapazes do que os humanos de dois anos de idade. Nós nos preocupamos com o fato dos computadores tomarem o controle, mas a minha impressora normalmente não consegue localizar meu notebook.

O capítulo 9 foi concebido para fornecer inspiração, concebido para desencadear sentimentos e retratar uma clara demonstração do futuro possível. É uma ótima maneira de avaliar potenciais modelos de negócios, desencadeando pensamentos para planejar e testar cenários de estresse. É alimento para o pensamento, é nutritivo e talvez com um toque inspirador.

No entanto, precisamos compreender o que não sabemos. Temos de nos preparar para a incerteza.

Esse capítulo é o fim do tema sobre o futuro. Está aqui para explicar como podemos nos adequar mais amplamente à mudança; ele considera algumas formas de pensar a mudança e de maximizar a chance de sucesso em cenários imprevisíveis.

NÍVEIS SEM PRECEDENTES DE IMPREVISIBILIDADE

É incrível para mim pensar na vida antes da internet. Esqueça aquelas raízes militares que remontam ao passado. Vamos pensar em um momento no tempo, em meados dos anos 1990, e imaginar, em retrospectiva, o que esperaríamos que a internet fizesse. Digamos que alguém falou sobre um sistema que conecta todo o planeta, algo com acesso quase livre, algo que um dispositivo de dez dólares poderia usar em qualquer lugar. Imaginemos que falamos de um sistema que todos podem acessar, quase instantaneamente. Um sistema que incluiria imagens e vídeos e todo o conhecimento humano, que você poderia usar para falar ou escrever para qualquer um, em tempo real.

A internet significa que o mundo está conectado mais firmemente do que nunca. Podemos alcançar tudo o que já foi feito, conhecido, escrito ou gravado. Uma criança de oito anos de idade na África rural com um smartphone de dez dólares pode acessar mais do que a pessoa mais rica da Terra poderia acessar no ano 2000. Não há nada que não possamos aprender. Podemos entender a maioria das línguas do planeta quase instantaneamente, nos conectando com pessoas com as quais nunca poderíamos ter sonhado antes.

Deveríamos, em teoria, ser mais educados, mais competentes e mais empáticos do que nunca, e a ignorância deveria tornar-se obsoleta. Seria de se esperar que nos sentíssemos mais ligados, mais em sintonia uns com os outros, e seria razoável pensar que o bullying fosse mais difícil, que violar a lei fosse menos provável ou que as pessoas que enganaram outras pessoas ou parceiros encontrariam uma forma de expor mais claramente a confiança e a reputação. Esperávamos mais transparência, que a corrupção fosse mais difícil. Esperávamos uma mudança social inimaginável. As mulheres nas zonas rurais poderiam se apoiar, as empresas ruins sairiam mais rapidamente do mercado, e mentir seria mais difícil do que nunca. Era de se esperar que a mobilidade social aumentaria, e que qualquer pessoa em qualquer lugar com um sonho e ambição poderia encontrar outras, conhecimentos e recursos para escapar do que antes teria sido uma prisão de oportunidades.

Disso tudo, algumas coisas aconteceram. Lemos sobre elas nas notícias, mas lemos porque é digno de ser noticiado e é incomum. Na realidade, nos tornamos mais segregados, mais temerosos, as visões extremas foram normalizadas. Um dispositivo que se esperava que nos uniria mostra um mundo com nações se quebrando cada vez mais em grupos menores. O Reino Unido quer sair da UE, a Catalunha quer separar-se da Espanha, a América de Trump parece menos confiante e mais dividida do que alguém poderia imaginar. Embora nunca tenhamos tido tantas democracias no mundo e menos autocracias desde o arranque da internet, também nunca tivemos, com 195 nações distintas, mais países.

Vemos um mundo ficando dividido, o ódio alimentado, a empatia esfomeada, com menos pontes a serem construídas e menos exemplos de compromisso. Da Turquia à Alemanha, da França ao Reino Unido, da Suécia à Rússia, a elite rica vê seu futuro brilhar, enquanto uma corrente subterrânea das massas se enfurece, procura virar as costas à globalização e à imigração, e sonha com o passado. O tempo todo, muitas das pessoas mais ricas do mundo são líderes em tecnologia, mas não em empatia.

Nunca o poder e o potencial de mudança foram menos compreendidos. Assistimos à queda da pobreza em todo o mundo, à erradicação cada vez mais fácil de doenças, vemos a crescente classe média na China, na América do Sul e na Ásia. Itens que antes eram de luxo viraram baratos e acessíveis. A internet significa que os jovens da África Subsaariana podem ter acesso a uma educação de classe mundial. Os conselhos sobre cuidados de saúde são distribuídos gratuitamente. Nunca tivemos mais razões para ser otimistas e razões mais fortes para nos preocupar com o nosso bem-estar. O que acontecerá quando a crescente classe média desejar carros ou comer carne? O que acontecerá quando a mudança climática global submergir aqueles em margens de rios e ilhas tropicais? O que acontecerá a uma sociedade onde as crianças crescerão enviando mensagens de texto aos amigos, e nunca os encontrando? Não fazemos ideia.

A maioria das mudanças na vida é lenta de perceber, como as mudanças climáticas. Os futuristas querem falar sobre óculos de realidade virtual, carros tipo lounges, arranha-céus feitos de árvores, querem entender o significado da impressão 3D ou drones. É a celebração da manifestação física da *gadgetry*. Seria melhor pensarmos em mudanças sociais, movimentos populacionais, governança na era do voto por smartphone. Concentramo-nos demais na tecnologia, não nas pessoas; demais no software, não o suficiente na ética. A triste verdade é que o futuro parece mais imprevisível do que nunca. Nunca fizemos um bom trabalho de previsão e, na maioria das vezes, a interpolação tem sido mais fácil do que a previsão. Nossa experiência tem sido "linear e local", e assim estamos programados para pensar. Nossa maneira pré-programada de considerar o futuro, e imaginar o que vem a seguir, tem sido um dos passos incrementais. Desenvolvemos uma intuição baseada na ideia de uma escadaria. Tendo subido cinco degraus, achamos que podemos prever o sexto e o sétimo, como se cada um deles fosse ser mais ou menos como o último.

REPENSAR A EDUCAÇÃO

Para fomentar uma população mais capaz de lidar com um futuro que ainda não podemos ver, vamos precisar mudar a educação... e muito. A realidade da era moderna é que eu aprendi mais em um ano com um *feed* bem curado do Twitter do que em todo o meu mestrado. Tenho melhores relacionamentos no LinkedIn do que na universidade, e, no entanto, o ensino superior é uma das maiores indústrias do mundo inteiro.

Se realmente pensarmos sobre isso, se a maioria das pessoas fosse questionada sobre qual é o papel da educação, diriam que existe para preparar melhor as crianças para o futuro. Isso significaria dar-lhes as competências de que necessitam para conseguir bons empregos, para enfrentar o estresse da vida, para ser pessoas felizes, prósperas, equilibradas, bondosas e empáticas. É fascinante para mim que hoje uma criança de sete anos na escola esteja atingindo estágios-chave de sua carreira por volta dos 35 anos, o que será no ano 2040. É claro para mim que 2040 é um ano em que nem sequer nos aproximamos na imaginação. A quantidade de mudanças entre 1997 e 2018 tem sido selvagem e imprevisível, e há mais sinais de que esta mudança vai acelerar do que abrandar. Os desafios que uma pessoa enfrentará nesta era estão além da nossa imaginação. No entanto, essa criança de sete anos na escola está se submetendo a um processo educativo baseado não nas prováveis competências e características de que necessitará para uma carreira em 2040, mas, sim, nas necessidades de industrialistas em 1840.

As empresas estão se queixando das fracas competências dos níveis médio e superior (Berr, 2016). Assumimos que o caminho a seguir é garantir que mais pessoas estudem por mais tempo, mas acho que o mundo em mudança significa que precisamos preparar as crianças de uma maneira totalmente diferente. É a esperança clichê dos pais paranoicos de que aprender chinês preparará melhor as crianças para um futuro de diferentes estruturas de poder na geopolítica, mas será que isso é essencial em um mundo de Google Tradutor? Muitos acham que ensinar crianças a programar é a solução, mas os softwares não serão escritos por outros softwares em breve, de qualquer maneira? Nossa visão para o futuro precisa incluir mais imaginação. É espantoso para mim o quanto o mundo mudou, e quão pouco a educação o acompanhou. A era digital significa um mundo diferente.

A escolaridade atual parece ir de fora para dentro. Priorizamos o conhecimento acima de tudo. É testado em exames. Os melhores alunos são aqueles que se lembram mais facilmente das informações, o que era muito útil até hoje, quando a informação é imediata, em todo o lado e abundante. Em um mundo de *fake news*, ser capaz de formar opiniões, criticar, avaliar e ver os dois lados da história é muito mais vital do que simplesmente saber e absorver coisas, e expressar isso roboticamente.

Para as crianças que crescem hoje, e amanhã, estamos vivendo em um mundo onde terceirizamos conhecimento e habilidades para a internet. Não estou dizendo que é uma perda de tempo ter uma boa caligrafia quando é mais provável que estejamos interagindo com vozes e teclados, mas não sei se é uma prioridade ser especialista nisso.

As crianças terão dificuldade em se comunicar se não souberem soletrar, mas quando os verificadores ortográficos traduzem automaticamente e o software lida com voz para texto, talvez não seja algo para se gastar muito tempo. A matemática e o pensamento lógico que ganhamos com a compreensão é essencial, mas talvez precisemos pensar nisso mais filosoficamente e lidar com o raciocínio mais do que memorizar processos.

Essas não são alterações que tenhamos que fazer, mas, sim, princípios e pressupostos que devemos questionar. O futuro é menos sobre o que remover, e mais sobre o que "reconcentrar". Creio que há seis atributos--chave a desenvolver; tanto na escola como no local de trabalho – valores que estão no cerne de quem somos. Essa é uma abordagem de dentro para fora para desenvolver pessoas robustas, felizes, equilibradas e capazes de abraçar a era moderna.

As características essenciais são tipicamente desenvolvidas enquanto somos jovens e tipicamente moldados pelos estabelecimentos de ensino, mas é vital que esses valores estejam imbuídos tanto na criação familiar como para além da escola e durante mais tempo. Esses valores e abordagens não só servirão às pessoas durante muito tempo nas suas carreiras, como também devem ser cultivados, apoiados e recrutados em todas as empresas.

O local de trabalho vai mudar mais nos próximos dez anos do que nos últimos cinquenta, e os papéis que outrora dependeram do trabalho físico serão cada vez mais automatizados. É provável que as funções que exijam entrada de dados, cálculo de rotina e Excel sejam substituídas mais rapidamente por algoritmos. As funções de atendimento ao cliente em muitos setores podem desaparecer, mas as funções de atendimento ao cliente de luxo, que exigem habilidades e atitudes personalizadas, podem crescer. Precisamos pensar de forma criativa. A codificação será feita em breve pelo próprio código, mas a resolução criativa de problemas pode ser mais vital do que nunca. Cada vez mais, o mundo do emprego se afasta do fazer, e se volta para o pensamento. A economia do conhecimento precisará de pessoas armadas com as seguintes competências essenciais para prosperar.

RELACIONAMENTOS

A realidade do mundo de trabalho moderno, para muitos, não existirá como um empregado, mas como um criador de valor através de relacionamentos. Eu não preciso saber como programar, filmar em 360 graus ou comprar direitos de música, mas preciso conhecer as melhores pessoas que sabem. A educação para o futuro precisa se concentrar em maneiras de garantir que as pessoas possam construir relacionamentos duradouros e confiáveis. O ambiente atual, onde as mensagens de texto substituem as chamadas telefônicas, onde os e-mails substituem as reuniões, onde uma geração olha de forma despreocupada, solitária e isolada para os celulares, precisa ser restringida por um foco nos relacionamentos. Temos de aprender a ouvir, a conversar novamente.

Líderes e gerentes terão sucesso no futuro estabelecendo uma combinação de duas coisas. Em primeiro lugar, é fundamental que construam relacionamentos fortes e de confiança com um número seleto de conexões vitais essenciais. Uma rápida olhada no LinkedIn mostra uma enorme abundância de pessoas. As pessoas precisam saber como filtrar aqueles que são menos úteis e, em seguida, como melhor construir relacionamentos profundos e confiáveis com as pessoas que realmente importam. Em segundo lugar, ao mesmo tempo, as pessoas têm que se afastar. Os progressos resultam da ligação de pontos de novas maneiras, da ligação de conhecimentos especializados de áreas díspares de novas formas. Uma habilidade chave será construir amplas redes em várias disciplinas, e estabelecer uma reputação para ajudar essa rede a crescer. Pessoalmente não gosto do clima atual da "marca pessoal", mas ter uma personalidade e ser consistente e carismático no modo como pensa e age, ser conhecido, confiável e *top of mind* sempre vai ajudar a preparar a sua carreira.

MANTER A CURIOSIDADE VIVA

Dois dos melhores atributos de ser jovem são, primeiro, que não sabemos de nada e vamos correr riscos e não temer o julgamento, e segundo é ter uma curiosidade implacável e inabalável. Não precisamos aprender a ser curiosos, precisamos alimentar essa capacidade em nossas crianças, e, como adultos, lembrar-nos continuamente de sua importância.

Quando os smartphones acessam tudo, o que aumenta nosso conhecimento e profundidade de pensamento é a curiosidade. Ela alimenta nosso interesse e forma a necessidade de relações com especialistas. Se há um atributo com o qual nascemos e, ainda assim, morre à medida que amadurecemos, é a nossa sede inata de saber mais. Temos de abraçar isso. As pessoas que abrem a Wikipédia para obter dicas sobre suas férias no exterior e acabam, de alguma forma, pesquisando sobre os rios ou estradas mais longas do mundo, ou as pessoas que, para cada momento na internet, terminam com 23 abas abertas são aquelas que ainda alimentam essa curiosidade. A curiosidade é exaustiva e maravilhosa, e raramente discutida.

De escolas a empregadores, professores a pais, eu adoraria ver as pessoas buscando grandes questionamentos, histórias maravilhosas e interesses excêntricos. Pensamos que mostramos ao mundo como somos inteligentes com as coisas que dizemos, ao passo que, na maioria das vezes, são grandes perguntas que revelam quem somos. Demasiadas vezes na vida, as pessoas se alternam nos questionamentos para poderem falar; elas usam o tempo entre as respostas das outras para pensar no que vão dizer a seguir. Precisamos melhorar nossa paixão em ouvir e de fazer corretamente. Precisamos ouvir o que as pessoas estão dizendo para compreender, não para responder, como acontece frequentemente na vida moderna das redes sociais.

Mais do que qualquer outra coisa, as organizações de todos os lados precisam realmente digerir o poder da curiosidade. A curiosidade não é excentricidade. Não é um aspecto secundário das nossas personalidades que parece divertido e frívolo. É o motor do progresso, é central para a realização de tudo o que fazemos. O primeiro passo é assegurar que as organizações de todos os tipos compreendam a sua importância e encontrem sistematicamente formas de recrutá-la, promovê-la e compará-la. Temos de reconhecer pessoas com interesses estranhos. Exponha os talentos das pessoas e inspire-se. Temos de promover a autoaprendizagem, especialmente a aprendizagem que não envolve certificados e diplomas. Eu adoraria ver KPIS, *Key Performance Indicator*, (indicadores-chave de desempenho) baseados em interesses externos e projetos paralelos. É vital que aqueles que mostram curiosidade em todas as formas sejam apoiados, financeira ou emocionalmente. Acima de tudo, precisamos ter objetivos de curiosidade, programas para trazer oradores de fora, viagens em grupo a museus peculiares, dias de trabalho em equipes em localidades diferentes e com estímulos maravilhosos.

Como aprendemos anteriormente, a ruptura acontece quando diferentes formas de pensar se juntam, quando as pessoas questionam as coisas com base em um novo ponto de vista. No futuro, são as empresas e líderes que têm uma amplitude de paixão, conhecimento e habilidades, e a adaptabilidade que resulta disso, que serão melhor sucedidos.

FOMENTAR A AGILIDADE

Não podemos começar a imaginar uma carreira em 2020, quanto mais em 2030. Não sabemos que habilidades serão necessárias, que empregos existirão. Uma pessoa ousada pensará que a vida será mais lenta. Vamos todos ter que melhorar para sermos mais maleáveis e adeptos à mudança. Não está para além dos limites da imaginação que mesmo um jovem de 25 anos possa ter trinta empregos diferentes em várias carreiras diferentes na sua vida. Ele pode ganhar dinheiro em dez empresas ao mesmo tempo. Temos de melhorar essa flexibilidade. No mundo de hoje, tendemos a descobrir que os algoritmos e a sociedade nos protegem do desconhecido. Nós, sem saber, procuramos as pessoas com quem mais facilmente nos relacionamos, lemos as notícias que achamos mais confortáveis e escolhemos bares onde pessoas como nós frequentam. Não pensamos que é assim que agimos, mas é. Nesse momento, as redes sociais reforçam esse comportamento. Nós lemos artigos de opinião que são os mais palatáveis, mais agradáveis, nossa dieta da notícia torna-se *fast food*, mais *rápida* para atingir os receptores de prazer e mais facilmente digerida. Precisamos exercitar os músculos mentais de forma mais eficiente, movendo nosso corpo e mente para novas posições.

Da mesma forma, no trabalho, falamos de estruturas "fluidas", "scrums" e equipes ágeis, e tudo faz sentido. Mas e se não fosse sobre isso?

SER DECISIVO

Para além de estarmos mais à vontade com o novo, penso que precisamos melhorar muito mais na tomada de decisões.

Precisamos de coragem para tomar mais decisões, com mais rapidez e com mais empenho. Vejo empresas paralisadas pelo medo de más escolhas, vivendo infinitamente na indecisão. Vejo que as empresas precisam tomar decisões informadas e inundadas por dados, e vejo o resultado de decisões que levam à inação. Vivemos em um momento em que a tomada de decisões terríveis, baseadas em dados ruins e sua má compreensão, não é punida ao ser sustentada pelos dados. Pensamos que os dados vão iluminar o caminho, mas eles nos cegam cada vez mais.

Ao mesmo tempo, a recompensa por momentos geniais, baseados em ideias soberbas, fundadas em uma centelha de criatividade e empatia profunda é nula porque muitos pensam que foram afortunados na melhor das hipóteses, e imprudentes na pior delas. Nós minamos a qualidade dos sentimentos o tempo todo. Se você pedir a um jogador de críquete de classe mundial para explicar como sabe quando rebater, ele parece confuso. Não consegue explicar o porquê, consegue apenas sentir. No entanto, após uma análise mais aprofundada, está analisando subconscientemente muito mais dados do que pensa. O ressalto do arremesso, a umidade, a linguagem corporal do lançador, a forma do pulso. Podemos facilmente ignorar o que é inato porque é desconhecido e inexplicável.

Mais do que qualquer outro atributo, a indecisão está enraizada na cultura. As empresas, muitas vezes, têm uma cultura de insegurança, de culpa, da necessidade de parecerem seguras no papel por não serem notadas. Eu adoraria ver as organizações apoiando aqueles que procuram não reduzir o risco, mas sim maximizar o progresso que fazem. Uma cultura em que as pessoas a todos os níveis são empoderadas para tomar decisões apropriadas será mais rápida. As empresas devem reconhecer as pessoas que assumem riscos, devemos recompensar aquelas que aprendem mais rápido, a indecisão deve ser um crime maior do que as decisões bem-intencionadas que acabam mal.

Nesse ambiente, as reuniões serão usadas menos como lugares para compartilhar informações ou laços sociais, e mais como pontos-chave em um processo para levar as pessoas a discutir e, em seguida, decidir em massa. Jeff Bezos é um mestre na criação de um local de trabalho baseado em escolhas inteligentes. As pessoas falam, ouvem, discordam, mas comprometem-se. Ele fala da necessidade de compreender as diferenças entre as decisões facilmente reversíveis e as que você deve cumprir. Jeff fala sobre a necessidade de tomar decisões com a quantidade certa de informação: noventa por cento da informação necessária significa que é provável que você esteja correndo muito devagar, menos de setenta por cento significa que você não sabe o suficiente para ser informado (Bezos, 2017).

Com tudo isso, precisamos de uma visão do que estamos tentando realizar, mas precisamos ser flexíveis. Temos que ter sempre certeza da nossa missão e no nosso papel, mas sempre ter a incerteza sobre o caminho até lá. Mas essa viagem começa sempre com a caminhada, mesmo que nem sempre de forma linear.

CONSTRUIR EMPATIA

Precisamos saber o que é ser diferente, como se relacionar uns com os outros e como superar as expectativas, esperanças e ambições dos outros. Em um mundo mais dividido e polarizado do que nunca, precisamos construir pontes e semelhanças. A empatia é a nossa ferramenta para fazê-lo.

A empatia é difícil. É relativamente difícil colocar-se na posição de alguém, mas isso não é empatia verdadeira. A verdadeira empatia não se trata de se mover para a posição do outro: é imaginar que você é *o outro* na posição *deles*, no sentido de que você está levando em conta *seus* valores e experiência de vida, e tudo o que os torna únicos – e não tentando fazer isso enquanto ainda se agarra ao que te torna único e torna as suas experiências únicas. A verdadeira empatia está por baixo da própria maquiagem, das coisas que os tornam quem são, da razão pela qual fazem e escolhem o que fazem. É extremamente difícil. Nós rapidamente julgamos estúpidas as pessoas que escolhem coisas muito diferentes das nossas. Vemos pessoas que estão preocupadas com os imigrantes, e presumimos que seja ódio, quando pode ser que estejam preocupadas com o próprio futuro. Somos rápidos em traçar linhas, a fazer generalizações, julgamentos, a ser esnobes. As pessoas que são diferentes de nós destroem o mundo que queremos ver, um mundo que podemos entender mais claramente e que faz sentido para nós.

Em termos pragmáticos, veremos porque os pais em shoppings não querem experiências de RA em seus telefones; eles querem que seus filhos parem de bater na cara uns dos outros. Veremos porque os resultados do questionário de satisfação estão distorcidos. Vamos notar que pedir um endereço de e-mail para obter conteúdo não vai gerar e-mails reais em troca, e porque as pessoas não vão ler o incrível conteúdo que produzimos sobre colchões, ou fazer upload de seu corte de cabelo para um site.

A empatia é a ferramenta mais forte que temos para prever o sucesso do marketing, negócios e ideias. Ela nos ajuda a estabelecer relações, a nos sentir felizes e a fazer parte de alguma coisa. É difícil de desenvolver, mas é de vital adoção.

Precisamos, de alguma forma, fomentar a tolerância e a compreensão, a imaginação e a agilidade mental, de tal forma que sejamos mais capazes de suportar o que os outros sentem. Ajudará a sociedade, mas também as empresas. Em primeiro lugar, penso que as empresas precisam elevar a importância da empatia. Nós nos concentramos tanto no que se diz, e não no que se compreende, tendemos a valorizar comportamentos extrovertidos, e não introvertidos, gostamos de ver as manifestações mais materiais do que se fez, não o que se decidiu sensivelmente não perseguir.

Precisamos garantir que as empresas sejam diversificadas em seus talentos. A empatia vem da compreensão da maravilhosa variedade e profundidade das pessoas, diferentes culturas, raças, classes, idades e tipos de personalidade. Tendemos a querer recrutar e reter pessoas de mais fácil convivência, que gostam prontamente das nossas ideias e pensam da mesma forma. Essa é uma maneira terrível de fazer qualquer progresso válido. Na busca da maneira mais suave de fazer negócios, perdemos o que é mais importante para o progresso: o atrito. A discordância é a energia que impulsiona a criatividade; o pensamento diverso traz melhorias *porque* dificulta as coisas, não apesar de fazê-lo.

Precisamos melhorar a observação, dedicar tempo à criação de processos e sistemas que permitam às pessoas obter informações de forma adequada. Temos uma necessidade apaixonada de nos sentir como se estivéssemos corretos, por isso vemos o mundo como ele se encaixa nas nossas ideias preconcebidas, em vez da realidade objetiva, que nos faz sentir estranhos, diferentes e como se não o compreendêssemos. Temos de melhorar o desconforto que a verdadeira empatia traz.

E o meu pensamento final é a criatividade, um assunto com o qual me preocupo tão profundamente que quero destacá-lo.

O PODER DA CRIATIVIDADE

É muito mais fácil ser despedido por ser ilógico do que por ser pouco criativo" (Sutherland, 2017).

Cada um de nós nasce curioso e criativo. A escola, os amigos e os "empregos adequados" diluem um pouco isso, ou (mais realisticamente) isso é metaforicamente arrancado de nós. Somos dissuadidos de pensar diferente, de olhar pela janela, de ter a audácia de sonhar ou de ser ingênuos. A criatividade é fácil de manter quando se é jovem, mas a vida moderna diz que é trapacear, ou que não é correto, ou que é indefensável.

No mundo real somos pagos para resolver problemas, fazer ou produzir coisas. Nunca somos pagos para remover passos, decidir o que não está certo, ou resolver um problema de uma forma mais simples. A maior alavanca de valor que já conhecemos é o poder de uma ideia. O ótimo design raramente custa muito mais, mas pode gerar maiores economias ou aumentos na receita do que qualquer coisa sem design.

Se for dito à Balfour Beatty que é preciso construir uma ponte, e pedir-lhe que apresente um orçamento, a resposta não será uma balsa ou fazer as pessoas dirigirem até a outra ponte e tornar a viagem divertida, ou um teleférico muito mais barato, ou uma forma de cobrar mais às pessoas nas horas de pico para diminuir o peso da ponte existente.

Precisamos dar a máxima importância à criatividade e às ideias no futuro, mas a minha grande preocupação é que não tendemos a pensar porque pensar é barato. É incomensurável e é desconhecido, e a maioria das pessoas prefere a certeza, as folhas de cálculo e desperdiçar dinheiro de uma forma chata e justificável. A maioria das pessoas trabalha não para maximizar as chances de algo maravilhoso acontecer, mas para minimizar as chances de algo ruim.

Tenho a sensação de que as empresas com vastos recursos dependem de ativos, processos e eficiência, em vez de se aprofundar no último recurso, no pensamento ou na criatividade. O que é estranho porque o processo e a eficiência são uma forma segura de obter pequenos ganhos incrementais, em que as mudanças de paradigma na melhoria vêm da inovação.

O CONFORTO DO ADEQUADO E DA DESPESA

Geralmente, aos problemas muito grandes são atribuídos orçamentos muito altos. Afinal, eles são importantes. Grandes orçamentos permitem todo tipo de solução, desde pequenas correções até grandes construções. Os grandes orçamentos conduzem a um ambiente de medo – afinal de contas, algo grande também é grave. Eles levam a grandes equipes, processos de formatação, grandes decisões, pressão sobre os ombros. E é precisamente nessa cultura e forma de pensar que a criatividade sofre. Pensar é barato demais para ser levado a sério, as ideias parecem frágeis em uma atmosfera tão objetiva e formal, a criatividade é muito pessoal e qualquer um dos resultados não parece suficientemente tangível para ser levado a sério.

Você consegue imaginar a coragem que deve ter para sugerir a um CEO, primeiro-ministro ou presidente que a resposta para o seu grande problema de transporte, com um orçamento de dez bilhões de dólares, é um aplicativo de cinquenta mil dólares? Que a solução para a educação não são bilhões em construção, mas um novo motor de agregação? Que a melhor maneira de lidar com o aquecimento global e o clima extremo poderia ser adaptar-se aos efeitos, e não gastar trilhões a fim de parar o problema? Consegue imaginar o quão vulnerável você se sentiria?

A CRIATIVIDADE PRECISA DE LIMITAÇÕES

O problema com o dinheiro é que ele cria muito conforto, muito processo, muito conservadorismo, muito a se perder. Você já notou como algumas empresas são bem-sucedidas apesar dos fundos limitados?

A criatividade vem de constrangimentos, de pessoas que usam engenhosidade, e não poder, de pessoas que pensam, e não constroem, de pessoas que têm de fazer algo que valha a pena falar, de pessoas que não pagam para espalhar a palavra. Mais do que nunca, parece que o alto custo da publicidade na era moderna, como Robert Stephens, fundador e inspetor-chefe do The Geek Squad disse, é o preço que você paga por um produto sem importância (Stephens, 2008).

Nunca vi ninguém ser despedido por fazer um produto abaixo do padrão, gastar uma fortuna tentando comercializá-lo de uma forma tradicional, e não ter sucesso. No entanto, já vi muitas pessoas temerem pelos seus empregos quando dizem que algo não é suficientemente bom. Estive em inúmeras reuniões corporativas em que pessoas em conformidade dizem ao chefe o que ele quer ouvir, e não o que é mais provável que leve a um resultado melhor.

Tendo trabalhado em publicidade nos velhos tempos – os longos almoços regados a álcool, as extravagantes festas de final de ano, as boas filmagens na praia – a única coisa que me faz falta não é essa atitude descontraída e o dinheiro que rodopiava por aí, é a confiança que tínhamos. Costumávamos estar lá, pagos para dizer ao cliente o que fazer. Estávamos lá como um parceiro confiável para economizar cem milhões de dólares no lançamento de um produto que não era suficientemente bom. Nosso valor foi, e deve continuar sendo hoje em dia, o marketing para entender o cenário do consumidor e sugerir maneiras criativas de lançar produtos.

A falta de dinheiro nunca impediu a Nest de fazer o melhor termostato do planeta Terra. Vemos inúmeras empresas de grande porte compensarem uma falta de genialidade usando dinheiro para promover produtos pobres e fazer com que as pessoas comprem coisas que realmente não gostam ou não querem, e que são a coisa mais cara da Terra.

AUDÁCIA

A imaginação requer audácia. Nenhuma tendência do mercado mostrou que um smoothie por duas vezes o preço de uma lata de Coca-Cola e metade do tamanho funcionariam. Os fabricantes da Red Bull fizeram algo minúsculo e muito caro, e tornaram-se bilionários. Não podemos usar o passado para prever o futuro. Sentei-me em grupos de discussão intermináveis enquanto testava os smartphones Nokia, e as pessoas os odiavam: eram grandes demais, caros demais, tinham apenas dois dias de bateria e, (cito ao pé da letra) "por que eu iria querer internet portátil, se já tenho em casa"?

A tomada de decisões também exige audácia. Vamos valorizar o pouco ortodoxo e o arriscado, vamos nutrir aqueles que são preguiçosos o suficiente para encontrar melhores caminhos, não aqueles que trabalham através de problemas. Vamos celebrar o risco, recompensar a paixão e a persistência em meio à vulnerabilidade. Talvez as ideias selvagens que não funcionavam ainda precisem ser medidas, mas de uma forma diferente. Temos de reconhecer não só as ideias estranhas e selvagens, mas também alimentar as pessoas estranhas e selvagens que as põem prática. E isso, para muitas empresas, é difícil, porque essas pessoas muitas vezes não se encaixam em uma caixinha marcada como "nossos valores".

O problema da tomada de decisão contemporânea não reside apenas no fato de termos de aprender a dizer "sim", mas também no fato de termos de aprender a dizer "não". Dizer sim requer coragem e capacidade de dançar com o risco – ter consciência disso, em vez de ter medo. Como disse em um capítulo anterior, o espaço seguro ocupado por grandes empresas permite que o risco seja terceirizado, por meio da compra e posterior assimilação de startups. No entanto, esse risco tem que ser trazido diretamente para os executivos de alta hierarquia. Se isso não acontecer, então você tem – como eu já mencionei anteriormente – líderes cujos objetivos estão centrados em uma rota segura para a aposentadoria, em vez de uma rota arriscada, mas altamente lucrativa, para a reinvenção pessoal, corporativa, e o sucesso.

Encorajar o risco também requer uma mudança na forma como pensamos a recompensa. Os líderes recebem muitas vezes um "bem-vindo" e um paraquedas igualmente de ouro. Muitos CEOs recebem boas recompensas se falharem – e um "acordo mútuo para demitir-se" do conselho impede que eles sejam demitidos. Eles não correm qualquer risco. O oposto é verdadeiro para os fundadores, que muitas vezes vivem de subsídios de cartão de crédito ou hipotecas para realizar seu sonho, realizando-os somente com uma saída ou uma IPO, oferta pública inicial de ações (tendo em mente que a maioria das startups falha). Para os altos líderes colocarem realmente suas carreiras e intelectos em teste, talvez um pouco mais de sacrifício pessoal aguce suas mentes.

E PARA TERMINAR

4
Um último exame nas pessoas

É o fim do livro, por isso, naturalmente, vou pedir que pense nas mesas que vê ultimamente. De verdade. Como era o balcão do último hotel em que fez check-in? O balcão do último serviço de aluguel de carros? O balcão da última companhia aérea? Qual foi a última caixa registradora em que fez algum pagamento? Como é a sua mesa no trabalho? É estranho, mas podemos ver a tecnologia da forma mais esclarecida na interface entre as pessoas e os locais chave de acesso.

Os balcões de check-in dos hotéis um pouco acima da média são fascinantes. Ao chegar em um hotel no fim de 1800, você seria recebido por uma pessoa atrás de uma mesa grande e robusta. Ela tinha que ser grande; era a barreira entre você e todas aquelas chaves pesadas. Quão mais luxuoso era o hotel, maior e mais brilhante as chaves. A mesa estava lá para armazenar grandes quantidades de arquivos, registros de visitas, cartas aos patronos e regras do estabelecimento. Estava lá para guardar dinheiro em um cofre, e para, provavelmente, ter algum tipo de mecanismo de caixa registradora. A minha memória é fraca.

Nos anos de 1990, os hotéis conseguiram reduzir a dimensão do balcão de check-in. As chaves eram menores, havia um grande computador, uma copiadora de cartão de crédito, uma impressora enorme e barulhenta atrás da mesa. Alguns anos mais tarde, digamos, por volta de 2008, as mesas poderiam ser ainda menores. Elas poderiam ter, ou provavelmente teriam, um scanner de laptop e cartão de crédito, e um programador para chaves em cartão. Mas, embora as mesas pudessem ser menores, muitas vezes, não eram. Os balcões eram a linguagem visual da saudação: mesas maiores implicavam um acolhimento mais grandioso e sincero.

Em 2018, os hotéis mais descontraídos têm iPads, outros têm Macs grandes com maçãs brilhantes para transmitir sugestões de design elegantes, mas a mesa permanece grande e volumosa. Sabemos que essa é a linguagem corporal com que estamos conversando. Normalmente, você entrega um cartão de crédito para incidentes, e pedem que preencha uma papelada para eles. E tudo bem, é assim mesmo.

Estou espantado com o pouco que repensamos. Substituímos a tecnologia antiga pela nova, mas não mudamos nada. Assumimos que precisamos de uma mesa, que alguém precisa ficar atrás dela, e que assim é a recepção. Assumimos que não há problema em pedir novamente coisas que já foram requisitadas.

Os balcões de aluguel de automóveis têm seguido a mesma evolução, as caixas são as mesmas. Nós embelezamos com novas tecnologias o que sabemos ser necessário. O que se passa é o seguinte: isso está completamente errado.

NÃO SE TRATA DE TECNOLOGIA: É SOBRE EMPATIA

Se, sabendo o suficiente sobre tecnologia para entender o que é sensato, esperto e confiável, reconsiderarmos a experiência a partir de uma perspectiva do cliente, as coisas seriam muito diferentes.

E se entrássemos em um lobby deslumbrante e, em vez de arrastarmos as nossas malas para uma recepção, nos sentássemos e alguém viesse falar conosco segurando um iPad em que assinaríamos? E se eles guardassem as informações do nosso cartão de crédito da reserva que fizemos on-line anteriormente, em vez de pedi-los três vezes a cada visita? Esse é um exemplo específico minúsculo e extremamente representativo.

E se as locadoras de veículos usassem iBeacons para saber quando você está chegando em suas instalações e, em seguida, verificassem o inventário de carros em tempo real e oferecessem as ofertas especiais e atualizações com preços imediatamente? E se você tivesse um upgrade vendo o carro que você gostaria a um preço sensato e apenas deslizando a tela para a direita? E se os caixas da loja viessem até você?

Insistimos em pensar primeiro na tecnologia. Quando o briefing se torna "como podemos usar óculos de realidade aumentada em companhias aéreas?", temos exemplos absurdos como uma versão demo nos encostos da Air New Zealand para ajudá-los a entender o humor dos passageiros, que, na verdade, enlouqueceria qualquer pessoa normal. Quando o briefing é "como podemos usar *chatbots*?", nós rapidamente estabelecemos uma maneira de irritar os nossos clientes mais valiosos. Temos de usar a tecnologia para resolver problemas, encontrar melhores formas de fazer as coisas que sempre tivemos de fazer, mas sempre a serviço das pessoas que nos pagam.

As melhores soluções da categoria são muito mais sobre empatia do que sobre tecnologia. Elas desafiam todos os pressupostos do passado, na aplicação de soluções criativas em torno do que as pessoas querem.

Aqui estão três maneiras de analisar a mudança e capacitar o seu negócio para o sucesso.

ESTRUTURE EM TORNO DAS PESSOAS

É estranho para mim que os cabeleireiros não trabalhem fora do horário de expediente, ou que as oficinas de automóveis relutem em abrir em um sábado, quanto mais em um domingo. Mesmo em Nova York é quase impossível ver um médico durante o fim de semana ou à noite.

Certamente, é conveniente aos profissionais trabalhar nas mesmas horas que o restante do mundo, mas essas são indústrias projetadas para servir aos outros. Os restaurantes luxuosos não deixam você levar a sua conta do bar para a mesa de jantar, porque é um trabalho árduo para eles resolverem. Os varejistas se separam em divisões de e-commerce e lojas físicas porque é mais fácil para eles.

Desde quando o negócio tem sido mais sobre a empresa do que sobre os clientes? Muitas vezes, se as coisas são difíceis, isso é visto como uma desculpa, e não como um desafio a ser enfrentado. Todas as empresas têm que começar a trabalhar em torno de clientes, e não de si próprias. Precisam criar sistemas, políticas e funções que encontrem perfeitamente o cliente em todos os estágios e, retrospectivamente, criar estruturas em torno disso para atendê-lo melhor. Precisamos criar cargos como o "diretor de experiência" para apoiar isso.

Uma marca é o que ela faz. Ela vive nas mentes das pessoas, e não nas camadas de estratégias das cebolas das agências. É uma loucura que os hotéis gastem 200 milhões de dólares fácil e prontamente em campanhas publicitárias para dizer ao mundo que são amigáveis, e considerar isso um investimento delicioso para maximizar, mas não gastar a mesma quantia em um programa de treinamento para garantir que os funcionários estejam mais felizes e possam servir melhor às pessoas. Consideramos a redução do pessoal em um call center como uma eficiência sensata que fará com que os clientes se aborreçam de formas que não podemos medir, mas gastar dinheiro em publicidade para trazê-los de volta é um investimento cujo sucesso podemos facilmente acompanhar.

Isso importa. As pessoas estão mais mimadas do que nunca, exigem mais e vão compartilhar com maior facilidade todas as experiências que têm, boas ou más. Uma marca está mais ligada às classificações on-line do que ao que os anúncios dizem às pessoas para pensar. As empresas pensavam há muito tempo que as redes sociais eram um lugar para colocar mensagens, para dizer às pessoas o que pensar sobre elas, mas hoje em dia não funciona assim. Se você acha que manter os clientes felizes é caro, então considere o custo de clientes infelizes. Sua estratégia de mídia social em 2018 deve ser garantir que as pessoas tenham uma experiência maravilhosa, e isso deve permear tudo o que você faz.

FOQUE NO QUE IMPORTA

Sempre achei que o melhor diretor de inovação seria um garoto de oito anos e seu pai malvado (é sempre função do pai fazer o papel do policial mau). A criança de oito ano perguntaria infinitamente: "Por quê?", muito além do aceitável, para realmente entender o problema. O pai ouviria com amor e depois, geralmente, ladraria "não".

"Por quê" e "não" são as palavras mais importantes quando procuramos promover a mudança.

A inovação sempre foi mal interpretada como significando mais. Pensávamos que a Nokia era inovadora porque fabricava 72 aparelhos por ano, até que a Apple fez um único e mudou o mundo. O objetivo coletivo das empresas tem que se afastar de fazer mais, e trabalhar arduamente para fazer menos e melhor.

Vamos ajudar as pessoas a tomar decisões. Vamos ajudar as pessoas a comprar. Vamos remover os passos. Automatize o que pode ser automatizado, simplifique a escolha arquitetônica. A inovação deve ser um esforço redutor inteiramente centrado na criação da melhor experiência possível para os consumidores.

Geralmente, pessoas gostam mais de cargos em que fazem coisas novas. Dizer que sim significa que podemos mostrar mais o trabalho que fizemos. Dizer sim é bom para todos. É muito mais lucrativo para uma agência ou consultoria fazer um aplicativo de Apple Watch totalmente inútil para um cliente, cobrar 100 mil dólares para fazê-lo, ajudá-los a investir 10 milhões em uma campanha para promovê-lo, do que dizer não e economizar um ano de trabalho e uma fortuna. Somos pioneiros no mundo ao dizer "sim" e, mesmo que falhemos, podemos "testar e aprender".

Eu adoraria que ficássemos obcecados pelos seres humanos, não pela "próxima grande coisa". Vamos ser empáticos com as pessoas fazendo compras, e não enfiar um novo elemento nas suas vidas. Em um mundo que parece mais complicado e mais rápido do que nunca, vamos nos concentrar em algumas coisas, as coisas que importam. Vamos fazer bem as coisas simples. Não, a simplicidade não é simples. Dizer não às coisas certas é a verdadeira habilidade. Mas é essencial que tenha um objetivo final.

REPENSE O SISTEMA OPERACIONAL

Um briefing comum que chega em mim é o seguinte: "fizemos um aplicativo, as pessoas não o estão usando e dizem que não é muito bom. Então, como podemos fazer com que mais pessoas façam o download?" Não há nada mais caro do que a publicidade e a promoção de um produto que não é o melhor da classe. É evidente que não faz sentido, mas acontece devido ao número de empresas que operam.

A maioria das empresas se concentra principalmente em uma coisa: fazer coisas. É assim que elas foram estruturadas, com funções como operações, finanças e compras impulsionando a maioria dos processos e investimentos. Com poucas exceções, o marketing está no final do processo. Os grandes orçamentos em P&D, as melhorias maravilhosas no projeto da fábrica, melhor aquisição, novo pensamento de gestão são todos voltados para a fabricação de produtos melhores, mais baratos e mais rápidos do que antes. No momento em que um produto é fabricado, tudo o que aqueles no departamento de marketing podem controlar é como ele é vendido, não o que é vendido. Em todo o processo, os consumidores são apenas as pessoas com o dinheiro que acabam comprando os itens, depois que o marketing e a publicidade criaram interesse do cliente em cima do produto.

A grande maioria das empresas ainda opera dessa forma. "Nossas fábricas fizeram televisões de tela curva, encontre uma forma de fazer com que as pessoas as queiram". "Encontramos uma maneira de fazer com que uma lâmpada converse com um celular, faça isso parecer sexy". Muito poucas marcas ou produtos são criados pela demanda do consumidor, ou cocriados com pesquisa adequada; todos são empurrados por departamentos e dados ao marketing para vender.

Os produtos são feitos, o dimensionamento do mercado é realizado, os pontos de preços prováveis são modelados, e um rendimento potencial é encontrado. Nessa base, os orçamentos de marketing são decididos, e, em seguida, o diretor de marketing (CMO) está armado com agências de publicidade para investir esse dinheiro, garantindo que as metas sejam atingidas. Criar a demanda era o negócio em que operávamos.

Parece estranho que gastemos dinheiro empurrando produtos, não fabricando produtos que se vendam sozinhos. Nas palavras de John Willshire, devemos "fazer coisas que as pessoas queiram em vez de fazer as pessoas quererem coisas" (Willshire, 2012).

As empresas devem encontrar um novo sistema operacional que o inverta. Estabelecer o que as pessoas querem, usar isso para informar planos de marketing, experiências de design e produtos com embasamento, decidir orçamentos de mercado necessários, usar isso para informar as fábricas. Encontrar maneiras de garantir o atendimento ao cliente e experiência é o que importa. A Kickstarter mostrou como os grandes produtos podem encontrar públicos dispostos e entusiasmados com facilidade. As empresas ao redor do mundo devem se concentrar menos em empurrar a próxima grande coisa, e mais em ouvir as necessidades dos consumidores, aplicar seus conhecimentos de tecnologia e design, e fazer coisas para um grupo de consumidores ávidos. Meu primeiro desejo: uma máquina de lavar roupa que faça algum sentido.

UM EXAME NA EMPATIA E DESIGN THINKING

O entusiasmo bem financiado do Vale do Silício está criando animação e confiança com a ideia de que as novas empresas sabem mesmo o melhor, e que se você entende de programação e software, pode enfrentar qualquer um e ganhar em qualquer coisa. Isso não é contestado. O software está mudando a vida de tal forma que é praticamente mais fácil uma plataforma ou empresa de software com os melhores programadores do mundo se tornar um banco melhor que um aquele que tentou recrutar os melhores programadores? Pode uma empresa de automóveis tornar-se uma especialista em experiência de utilização e tecnologia de baterias mais rápido do que uma empresa de baterias liderada pelo design pode aprender a montar carros? Uma plataforma como a Netflix ou a Apple, a Amazon ou o Facebook pode aprender a fazer entretenimento fantástico mais rápido do que as emissoras de TV ou estúdios de cinema podem aprender a criar melhores mecanismos de distribuição? A corrida começou para ver qual é o melhor ponto de partida, e muitas vezes parece que não está sendo dominada pelo passado. Acho que o que as indústrias incumbentes precisam para alavancar é a sua experiência em uma determinada categoria. Em teoria, sabem mais do que ninguém o que as pessoas querem e do que gostam.

A teoria do pico final, geralmente atribuída ao dr. Daniel Kahneman, diz que uma experiência ou evento é julgado com base apenas em duas coisas: como nos comportamos no pico (o ponto mais intenso – bom ou mau) e no final da experiência ou evento (Tran, 2015). Assim como uma corrente é tão forte quanto o seu elo mais fraco, também é o serviço ao cliente e nosso sentimento sobre tudo o que temos experimentado.

Também acho que cada vez mais as pessoas estão menos inclinadas a perdoar. Cada vez mais os clientes não se preocupam com a forma como as coisas acontecem ou com a natureza do problema. Não é certo que os computadores estejam funcionando lentamente hoje em dia ou que haja um volume excepcional de chamadas ou que os computadores mostrem que o produto estava em estoque quando não estava.

Na era da computação e das distrações digitais, a empatia parece ser uma qualidade rara.

Uma vez voei em primeira classe com a Singapore Airlines. Ofereceram-me um champanhe de trezentos dólares sem hesitar, kits de viagem feito de couro e pijamas caros para a minha passagem de catorze mil dólares. Acho que é o que se esperava. A sala de embarque foi uma delícia, talvez um serviço adulador demais, ofereciam caviar sem interrupção e mais champanhe, mas, quando pedi emprestado um carregador de telefone, meu cartão de embarque foi confiscado até que eu o devolvesse. Eu não sou exigente, isso claramente não estragou a experiência, cheguei a Sydney vivo, com todos os membros, saudável e feliz, mas é um raro vislumbre do mundo onde a empatia está faltando, e, ainda assim, o dinheiro é abundante. Por que não comprar carregadores de telefone em atacado por um dólar, marcá-los com "um presente da Singapore Airlines" e esperar que eu levasse comigo e gerasse lembranças ao longo dos meses em que o uso?

Quando você entra no incrível *lounge* da Turkish Airlines em Istambul, com comida espetacular e um design de interiores deslumbrante, você é recebido por uma vasta biblioteca de livros maravilhosos e uma placa enorme dizendo que eles são etiquetados para segurança e que os ladrões serão processados. Por toda a tecnologia do mundo, por todo o custo de mapeamento de viagens, de atualizações de hardware caras, o atendimento ao cliente é muitas vezes sobre as pequenas coisas e é sobre a humanidade e a suavidade dos pensamentos.

Acho que tendemos a pensar que o design é feito por designers, que só quando se usa camisa preta de gola rolê, calça jeans e tênis, e se tem um livro sobre Dieter Rams é que se pode ousar oferecer sugestões. Talvez eu seja estranho, mas acho que o design é em grande parte o senso comum, tentando coisas diferentes e pensando. Não acho que seja assim tão difícil. Dos meus voos frequentes, notei que a proporção entre as telas de desembarque e as telas de embarque em todas as salas de embarque das companhias aéreas é de cerca de 50:50. Eu não consigo pensar em nenhum caso de uso remotamente normal onde, depois de passar pela segurança, eu me importe um pouco com os aviões que estão pousando, mas lá estão eles, me assustando quando eu os interpreto mal.

No maravilhoso e impressionante terminal do aeroporto de Barcelona, eles têm enormes sinais digitais na maioria das colunas, não mostrando a hora, mas mostrando a temperatura e a umidade. Não consigo pensar em nenhuma razão para alguém querer isso.

Queremos ouvir os clientes, é isso que significa melhorar o serviço. Então eu nunca vou superar a arrogância de um e-mail com a frase de abertura "ei, como foi?", "queremos saber como foi a sua estadia", de um remetente @noreply – e que simplesmente quer que eu clique em uma pesquisa.

PASSOS FINAIS PARA O SUCESSO

Até meados do século XIX, os pintores europeus mantinham a sua tinta em bexigas de porcos. Isso tornava o transporte de tintas extremamente difícil. As bexigas eram muito difíceis de fechar corretamente, e era provável que arrebentassem a qualquer momento. Foi por causa dessas limitações e problemas que os artistas foram amplamente confinados à pintura nos próprios estúdios. Foi a invenção do tubo de tinta metálica que mudou tudo na arte. Os pintores podiam mais facilmente pintar em outras localidades. O impacto dessa tecnologia simples foi profundo. Pierre-Auguste Renoir disse que "sem cores em tubos, não haveria Cézanne, Monet, Pissarro e Impressionismo" (Hurt, 2013). Foi o efeito da iluminação natural e a capacidade de pintar em qualquer lugar que desencadeou um movimento especial.

A tecnologia muda as normas sociais. Até a instalação comum de elevadores na Paris do século XIX, os pisos térreos eram grandes e arejados, e os andares de cima eram os aposentos dos empregados. Os elevadores literalmente viraram os apartamentos de cabeça para baixo, e um movimento com muitos adeptos de coberturas com vistas grandiosas logo se tornou uma parte fundamental da sociedade parisiense.

Estamos no meio da maior mudança que já vimos. A tecnologia está nos capacitando para fazer coisas quase mágicas em uma base diária ou horária. E, francamente, parece que estamos perdidos na confusão. Estamos olhando uns para os outros em busca de ajuda, estamos distraídos com coisas brilhantes e coletivamente perdemos de vista o que importa. Para melhor lidar com isso, podemos, na melhor das hipóteses, fazer algo inconsequente e fácil, e, na pior das hipóteses, podemos nos esconder. Podemos, por favor, melhorar um pouco a qualidade do nosso jogo?

É estranho para mim como poucas empresas ou indústrias se sentem especialmente entusiasmadas com o que a nova tecnologia torna possível a cada dia. Como afirmei em capítulos anteriores, os ciclos entre as "eras" da mudança tecnológica estão ficando mais curtos. Está ficando mais difícil preparar-se para o longo prazo. Liderar uma empresa, um departamento ou mesmo a própria vida tornou-se assim um princípio de gestão de risco.

Compreendo que possa parecer contraditório quando digo que temos de olhar para as próximas tecnologias de uma forma pragmática, mas também mais ousada. Permitam-me que seja absolutamente claro quanto a esse ponto. As empresas precisam abraçar o futuro do comércio e o futuro da sociedade. Se não o fizerem, então vão falhar. Se os líderes não podem trabalhar com o novo ritmo da mudança, então questiono a sua eficácia na gestão de um negócio para o futuro. A mudança virá (ela já está chegando), e todos nós precisamos nos adaptar – e rapidamente.

No entanto, com essa mudança vem uma maneira refrescante de ver como enxergamos o cliente. O cliente final paga todos os nossos salários. As empresas que falharem no atendimento ao cliente perderão preferência da marca, participação de mercado, acionistas e capitalização. Isso não é conjectura, é uma declaração de fato. Isso significa que não podemos olhar para os pontos de contato isoladamente, mesmo que a tecnologia nos obrigue a adotar esse comportamento.

Em conclusão, o que eu procurei alcançar neste livro é um chamado para reumanizar não apenas a tecnologia, mas nossas interações sociais. Com alguma ironia, pode-se argumentar que esse é o momento mais importante na civilização para ser humano. Os processos podem ser terceirizados, a lógica pode ser contratada, e até mesmo a inteligência pode ser transformada em placas de circuito impresso, mas os antigos princípios da razão, da criatividade, da apreciação e da empatia estarão sempre conosco. Cabe a você, a mim e a todos nós promover um mundo mais humano. Temos ferramentas incríveis e mais equipamentos à nossa disposição, que são mais acessíveis, com implicações mais profundas, do que nunca. Podemos optar por abraçar o poder do desconhecido e procurar criar nosso destino, ou podemos fingir, podemos nos esconder.

Em um mundo onde são os mais capazes de se adaptar que sobrevivem, que antecipam e abraçam, e que se esforçam com confiança para realizar o que só é quase possível na imaginação, sei o que eu faria, e é o que espero que os outros também façam. Estou confiante de que é essa atitude que terá mais sucesso na era do *Darwinismo Digital*.

Referências

OS NEGÓCIOS NA ERA DA DISRUPÇÃO

ABRUZZESE, L. 1988. Disponível em: https://www.joc.com/trucking-logistics/ highway-
-study-shows-need-increase-funding_19881006.html

BISHOP, T. "Amazon and Blue Origin founder Jeff Bezos: The only thing that's disruptive is customer adoption". *GeekWire*, 7 abril 2017, Disponível em: https://www.geekwire.com/2017/amazon-blue-originfounder-jeff-bezos-thing-thats-disruptive-customer-
-adoption/ [Último acesso 7 dez 2017]

DAVIES, A. 2013. Disponível em: http://www.businessinsider.com/ elon-musk-hyper-
loop-is-10x-cheaper-than-hsr-2013-5

GOODWIN, T. "The battle is for the customer interface". *TechCrunch*, 3 mar 2015. Disponível em: https://techcrunch.com/2015/03/03/in-the-ageof-disintermediation-
-the-battle-is-all-for-the-customer-interface/ [Último acesso 7 dez 2017]

KPMG. "Now or never: 2016 Global CEO Outlook". 2016. Disponível em: https://images.forbes.com/forbesinsights/StudyPDFs/ KPMG-Global_CEO_Outlook-REPORT.pdf [Último acesso 7 dez 2017]

LEVY, S. "Jeff Bezos owns the web in more ways than you think". *Wired*, 13 nov 2011. Disponível em: https://www.wired.com/2011/11/ ff_bezos/ [Último acesso 7 dez 2017]

MARSHALL, A. 2017. Disponível em: https://www.wired.com/2017/01/ not-screw-
-spending-1-trillion-us-infrastructure/

MCKINSEY. "The eight essentials of innovation performance". Dez 2013. Disponível em: https://www.mckinsey.com/~/media/McKinsey/dotcom/client_service/Strategy/PDFs/The_Eight_Essentials_of_Innovation_Performance.ashx [Último acesso 7 dez 2017]
MEDLOCK, K. 2017. Disponível em: https://inhabitat.com/china-is-spending-over-500-billion-to-expand-high-speed-rail/
O'CONNOR, E. 2013. Disponível em: http://www.businessinsider.com/how-tesla-builds-the-model-s-2013-7
PLANES, A. 2013. Disponível em: https://www.fool.com/investing/general/2013/06/29/the-best-500-billion-the-united-states-has-ever-sp.aspx
RODRIGUEZ, A. "Even with *streaming* video, a third of Americans still buy and rent". *Quartz*, 24 nov 2017. Disponível em: https://qz.com/1136150/even-with-*streaming*-video-a-third-of-americans-stillbuy-and-rent/ [Último acesso 7 dez 2017]
SAWHNEY, M. 2017. Disponível em: http://fortune.com/2017/05/13/tesla-market-cap-apple/
SMITH, A. "Shared, collaborative and on demand: The new digital economy". *Pew Research Center*, 19 maio 2016. Disponível em: http://www.pewinternet.org/2016/05/19/the-new-digital-economy/ [Último acesso 7 Dez 2017]
THE AD CONTRARIAN. "The Ad Contrarian Says". 2017. Disponível em: http://adcontrarian.blogspot.co.uk/2017/11/no-app-for-gratitude.html [Último acesso 7 dez 2017]
THE ECONOMIST. "The rise of the superstars". 17 set 2016, Disponível em: https://www.economist.com/news/special-report/21707048-small-group-giant-companiessome-old-some-neware-onceagain-dominating-global [Último acesso 7 dez 2017]
WROBLEWSKI, L. (2017) "Your biggest risk isn't occasional failure, it's sustained mediocrity" 14 set 2017. Disponível em: Twitter.com [Último acesso 7 dez 2017]

PARTE UM
CAPÍTULO 1

AMARA, R. 2006. Disponível em: http://www.oxfordreference.com/view/10.1093/acref/9780191826719.001.0001/q-oro-ed4-00018679
CLARK, J. A. (1920) cited in The 1920s (1920–1929), EC&M, 01/06, Disponível em: http://www.ecmweb.com/content/1920s-1920-1929 [Último acesso 7 dez 2017]
CULKIN, J. M. *A schoolman's guide to Marshall McLuhan*. Saturday Review, 1967. pp51–70.
SCHURR, S. H.; BURWELL, C. C.; DEVINE, W. D. e SONENBLUM, S. *Electricity in the American Economy: Agent of technological progress*. Praeger: New York City, 1990.
SCHWARTZ, E. "We're using way more paper than we have before". *Gizmodo*, 3 abril 2012. Disponível em: https://gizmodo.com/5898830/wereusing-way-more-paper-than-we-ever-have-before [Último acesso 7 dez 2017]

THE VICTORIAN EMPORIUM. "History of Lighting". 30 maio 2011. Disponível em: https://www.thevictorianemporium.com/publications/history/ article/history_of_lighting [Último acesso 7 dez 2017]

CAPÍTULO 2

LEVIE, A. "The first Internet era: digitizing interfaces that already existed (catalogues newspapers). Now: creating the ones that should have existed". 14 jul 2014. Disponível em: Twitter.com [Último acesso 7 dez 2017]

CAPÍTULO 3

ADNER, R. *The Wide Lens: A new strategy for innovation*. Portfolio Penguin: New York City, 2012.
CHENG, E. "Cash is already pretty much dead in China as the country lives the future with mobile pay". *CNBC*, 08 out 2017. Disponível em: https://www.cnbc.com/2017/10/08/china-is-living-the-future-of-mobilepay-right-now.html [Último acesso 7 dez 2017]
CLARK, A. "Wear a watch? What for? CBS News". 16 fev 2007, Disponível em: https://www.cbsnews.com/news/wear-a-watch-what-for/ [Último acesso 7 dez 2017]
HAIRE, M. "A brief history of the Walkman". *Time*, 1 jul 2009. Disponível em: http://content.time.com/time/nation/article/0,8599,1907884,00.html [Último acesso 7 dez 2017]
KAUFMAN, G. "MPMAN threatens conventional record business". *MTV*, 4 maio 1998. Disponível em: http://www.mtv.com/news/150202/mpmanthreatens-conventional-record-business/ [Último acesso 7 dez 2017]
KUHN, T. *The Structure of Scientific Revolutions*. University of Chicago Press: Chicago, 1962.
LEVIE, A. "Disruption is the art of identifying which parts of the past are no longer relevant to the future, and exploiting that delta at all costs". *Twitter*, 13 abril 2014. Disponível em: Twitter.com [Último acesso 7 dez 2017]
SAWERS, P. "Jeff Bezos attended 60 investor meetings to raise $1m from 22 people, just to get Amazon started". *The Next Web*, 29 nov 2012. Disponível em: https://thenextweb.com/media/2012/11/29/ in-the-early-days-amazon-founder-jeff-bezos-attended-60--investormeetings-to-raise-1m-from-22-people/ [Último acesso 7 dez 2017]
STROHL, D. "Henry Ford and the electric car". *Hemmings Daily*, 25 maio 2010. Disponível em: https://www.hemmings.com/blog/index.php/2010/05/25/ henry-ford-and--the-electric-car/ [Último acesso 7 dez 2017]
TWAIN, M. *A Connecticut Yankee in King Arthur's Court*. Charles L Webster and Co.: New York City, 1889.

VAN BUSKIRK, E. "Bragging rights to the world's first MP3 player". *CNet*, 25 jan 2005. Disponível em: https://www.cnet.com/uk/news/braggingrights-to-the-worlds-first--MP3-player/ [Último acesso 7 dez 2017]

WOLOSON, W. "How Benjamin Franklin invented the mail-order business". *Bloomberg View*, 13 mar 2013. Disponível em: https://www.bloomberg.com/ view/articles/2013-03-13/how-benjamin-franklin-invented-the-mail-orderbusiness [Último acesso 7 dez 2017]

YGLESIAS, M. "Jeff Bezos explains Amazon's strategy for world domination". *Slate*, 12 abril 2013. Disponível em: http://www.slate.com/blogs/moneybox/2013/04/12/amazon_as_corporate_charity_jeff_bezos_says_ there_s_a_method_to_the_madness.html [Último acesso 7 dez 2017]

PARTE DOIS
CAPÍTULO 1

MEIXLER, E. "IKEA furniture is about to get easier to buy than ever". *Fortune*, 10 out 2017. Disponível em: http://fortune.com/2017/10/10/ikea-third-party-websites-selling/ [Último acesso 7 dez 2017]

CAPÍTULO 2

BBC. "Facebook to buy messaging app WhatsApp for $19bn" 20 fev 2014. Disponível em: http://www.bbc.co.uk/news/business- 26266689 [Último acesso 7 dez 2017]

CHRISTENSEN, C. M.; COOK, S. e HALL, T. *Marketing malpractice: The cause and the cure*. Harvard Business Review, 83(12), dez 2005.

CHRISTENSEN, C. M.; HALL, T.; DILLON, K. e DUNCAN, D. S. "Know your customers' 'jobs to be done'". *Harvard Business Review*. Set 2016, Disponível em: https://hbr.org/2016/09/know-your-customers-jobs-tobe-done [Último acesso 7 dez 2017]

FELDMAN, D. "Netflix is on track to exceed $11bn in revenue this year" *Forbes*, 16 out 2017. Disponível em: https://www.forbes.com/sites/ danafeldman/2017/10/16/netflix-is-on-track-to-exceed-11b-in-revenuethis-year/#417ac27b65dd [Último acesso 7 dez 2017]

FIRST DIRECT. "First Direct turns 21 – 21 facts about the UK's most customer friendly bank". 2010. Disponível em: https://www./ newsroom.firstdirect.com/press/release/first_direct_turns_21_-_21_fac [Último acesso 7 dez 2017]

FRALEY, C. "Why Microsoft Corporation stock is more reliable than Apple Inc". *Stock, Investor Place*, 27 nov 2017. Disponível em: https://investorplace.com/2017/11/msft--stock-more-reliable/#.WikoMmXPyEI [Último acesso 7 dez 2017]

MARTIN, C. "What is Monzo Bank, Tech Advisor" 17 out 2017, Disponível em: https://www.techadvisor.co.uk/buying-advice/gadget/ what-is-mondo-bank-3644615/ [Último acesso 7 Dez 2017]

MASSOUDI, A.; INAGAKI, K. e HOOK, L. "SoftBank's Son uses rare structure for $93bn tech fund". *Financial Times*, 12 jun 2017. Disponível em: https://www.ft.com/content/b6fe313a-4add-11e7-a3f4-c742b9791d43 [Último acesso 7 dez 2017]

RAMS, D. "Speech to Braun Supervisory Board". *Design Museum*, 1980. Disponível em: http://designmuseum.org/design/dieter-rams [Último acesso 7 Dez 2017]

REUTERS. "Walmart has completed its acquisition of Jet.com". *Fortune,* 20 set 2016. Disponível em: http://fortune.com/2016/09/20/walmartacquisition-jetcom/ [Último acesso 7 dez 2017]

RODRIGUEZ, M. "Ten years ago, Netflix launched *streaming* video and changed the way we watch everything". *Quartz*, 17 jan 2017. Disponível em: https://qz.com/887010/netflix-nflx-launched-*streaming*-video10-years-ago-and-changed-the-way-we-watch-everything/ [Último acesso 7 dez 2017]

STAN, A. (2016) The future is the trust economy, TechCrunch, 24 April, Disponível em: https://techcrunch.com/2016/04/24/the-future-is-thetrust-economy/ [Último acesso 7 dez 2017]

STEEL, E. "Netflix profits slide 50% as *streaming* growth lags". *The New York Times*, 14 out 2015. Disponível em: https://www. nytimes.com/2015/10/15/business/media/netflix-3q-earnings.html [Último acesso 7 dez 2017]

TAYLOR, E.; PREISENGER, I. "BMW gears up to mass produce electric cars by 2020". *Reuters*, 7 set 2017. Disponível em: https:// www.reuters.com/article/us-autoshow-frankfurt/bmw-gears-up-tomass-produce-electric-cars-by-2020-idUSKCN1BI1LM [Último acesso 7 dez 2017]

WALCUTT, L. "Zipline is launching the world's largest drone delivery network in Tanzania". *Forbes*, 24 ago 2017. Disponível em: https://www. forbes.com/sites/leifwalcutt/2017/08/24/zipline-is-launching-the-worldslargest-drone-delivery-network-in-tanzania/#763a794a293b [Último acesso 7 dez 2017]

CAPÍTULO 3

ATKINS, R.; BRADSHAW, T. "Nestlé breaks into US hipster coffee market with Blue Bottle deal". *Financial Times*, 14 set 2017. Disponível em: https://www.ft.com/content/8fccb91a-9943-11e7-a652cde3f882dd7b [Último acesso 7 dez 2017]

BARISO, J. "This e-mail from Elon Musk to Tesla employees describes what great communication looks like". *INC*, 30 ago 2017. Disponível em: https://www.inc.com/justin-bariso/this-email-from-elon-musk-to-teslaemployees-descr.html [Último acesso 7 dez 2017]

HALDANE, A. "Patience and Finance". 2 set 2010. Disponível em: https://www.bankofengland.co.uk/-/media/boe/files/speech/2010/ patience-and-finance-speech-by-andrew--haldane.pdf [Último acesso 7 dez 2017]
KELLER, S.; MEANEY, M. "Attracting and retaining the right talent". *McKinsey and Company*, 2017. Disponível em: https://www.mckinsey.com/ business-functions/organization/our-insights/attracting-and-retainingthe-right-talent [Último acesso 7 dez 2017]
MILLMAN, D. *The Way of the Peaceful Warrior: A book that changes lives*. H J Kramer: CA, 1980.
MOLLA, R. "Tech companies spend more on R&D than any other companies in the US". *Recode*, 1 set 2017. Disponível em: https:// www.recode.net/2017/9/1/16236506/tech-amazon-apple-gdp-spendingproductivity [Último acesso 7 Dez 2017]
PRIMACK, D. "Unilever buys Dollar Shave Club for $1billion". *Fortune*, 20 jul 2016. Disponível em: http://fortune.com/2016/07/19/unilever-buysdollar-shave-club-for-1--billion/ [Último acesso 7 dez 2017]
SACKS, D. "The multimillion dollar quest to brew the perfect cup of coffee". *Fast Company*, 18 ago 2014. Disponível em: https://www. fastcompany.com/3033306/the-multimillion-dollar-quest-to-brew-theperfect-cup-of-coffee [Último acesso 7 dez 2017]
SUTHERLAND, R. "Mastering the Future of Marketing, speech at the dotmailer Summit". London, 1 mar 2017.
WEINMANN, K.; GROTH, A. "The shortest-tenured CEOs in history". *Business Insider*, 23 set 2011. Disponível em: http://www.businessinsider.com/ceos-short-tenures-2011--9?IR=T [Último acesso 7 dez 2017]
WINSOR, J. "The Hamptons Effect – What's stopping you from being innovative?". *LinkedIn Pulse*, 13 jan 2017. Disponível em: https:// www.linkedin.com/pulse/hamptons--effect-whats-stopping-you-frombeing-john-winsor/ [Último acesso 7 dez 2017]
YCHARTS. "Nestlé research and development expense (semi annual)", 2017. Disponível em: https://ycharts.com/companies/NSRGY/r_ and_d_expense_sa [Último acesso 7 dez 2017]

PARTE TRÊS
CAPÍTULO 1

LORAS, S. "Why have QR codes taken off in China?". 15 nov 2015. Disponível em: https://www.clickz.com/why-have-qr-codes-taken-off-inchina/23662/ [Último acesso 11 dez 2017]
MARKETING CHARTS. "Digital devices now influence the majority of US in-store sales" 20 set 2016. Disponível em: https://www.marketingcharts. com/industries/automotive-industries-70812 [Último acesso 11 dez 2017]

THE ECONOMIST. "Bots the next frontier", 9 abr 2016. Disponível em: https://www.economist.com/news/business-and-finance/21696477market-apps-maturing-now-one-text-based-services-or-chatbots-lookspoised [Último acesso 11 dez 2017]

CAPÍTULO 2

DRUCKER, P. "Post-Capitalist Society", 1993. In Encyclopædia Britannica. HarperBusiness: New York, 2017. Artificial Intelligence 12 de jan. Disponível em: https://www.britannica.com/technology/artificialintelligence [Último acesso 6 dez 2017]
EVANS, B. "AI, Apple and Google", 2016. Disponível em: https:// www.ben-evans.com/benedictevans/2016/6/23/ai-apple-and-google
EVANS, B. "Cars and second order consequences". *Ben Evans*, 29 mar 2017. Disponível em: https://www.ben-evans.com/benedictevans/ 2017/3/20/cars-and-second-order-consequences [Último acesso 6 dez 2017]
FERENSTEIN, G. "Google's Cerf says 'Privacy may be an anomaly', historically, he's right". *TechCrunch*, 20 nov 2013. Disponível em: https://techcrunch.com/2013/11/20/googles-cerf-says-privacy-may-bean-anomaly-historically-hes-right/ [Último acesso 6 dez 2017]
LOFTUS, J. "Are passwords a waste of time?". *Gizmodo*, 4 nov 2010. Disponível em: https://gizmodo.com/5514469/are-passwords-a-wasteof-time [Último acesso 6 dez 2017]
MCCULLAGH, K. "Cities are about to change forever. Here are 3 key decisions they must make". *Fast CoDesign*, 5 maio 2017. Disponível em: https://www.fastcodesign.com/90123848/cities-are-about-tochange-forever-here-are-3-key-decisions-they-must-make [Último acesso 6 dez 2017]
MCKINSEY. "Poorer than their parents? A new perspective on income inequality". Jul 2016. Disponível em: https://www.mckinsey.com/ global-themes/employment-and-growth/poorer-than-their-parents-anew-perspective-on-income-inequality [Último acesso 6 dez 2017]
PEARSON, N. "The business case for augmented intelligence". *Medium*, 26 jan 2017. Disponível em: https://medium.com/cognitivebusiness/ the-business-case-for-augmented-intelligence-36afa64cd675 [Último acesso 6 dez 2017]

CAPÍTULO 3

BERR, J. "Employers: New college grads aren't ready for workplace". *CBS News*, 17 maio 2016, Disponível em: https://www.cbsnews.com/news/ employers-new-college-grads-arent-ready-for-workplace/ [Último acesso 6 Dez 2017]
BEZOS, J. "Letter to Shareholders", 2017. Disponível em: https://www. amazon.com/p/feature/z6o9g6sysxur57t

Megginson, L. *Lessons from Europe for American Business*. Southwestern Social Science Quarterly, 1963. 44(1), 3–13, p4.
STEPHENS, R. *Marketing is a tax you pay for being unremarkable*. Discurso realizado no evento Customer Service is the New Marketing, Nova York, 4 fev 2008.
SUTHERLAND, R. *Mastering the future of marketing*. Discurso realizado no dotmailer Summit, Londres, 1 mar 2017.

CAPÍTULO 4

HURT, P. "Never underestimate the power of a paint tube, Smithsonian Magazine". Ed. maio 2013. Disponível em: https://www. smithsonianmag.com/arts-culture/never--underestimate-the-power-of- a-paint-tube-36637764/ [Último acesso 6 dez 2017]
WILLSHIRE, J. V. "Make things people want > Make people want things". *Smithery*, 12 jan 2012. Disponível em: http://smithery.com/making/ make-things-people-want--make-people-want-things/ [Último acesso 6 dez 2017]
TRAN, N. "Peak-end theory: How correct is our memory?" *Positive Psychology Program*, 19 fev 2015. Disponível em: https:// positivepsychologyprogram.com/peak-end-theory/

Ouça este e milhares de outros livros no Ubook.
Conheça o app com o **voucher promocional de 30 dias**.

Para resgatar:
1. Acesse **ubook.com** e clique em **Planos** no menu superior.
2. Insira o código #UBK no campo **Voucher Promocional**.
3. Conclua o processo de assinatura.

Dúvidas? Envie um e-mail para contato@ubook.com

*

Acompanhe o Ubook nas redes sociais!
ubookapp   ubookapp   ubookapp